BEYOND

ビヨンド・デジタル

——企業変革の7つの必須要件

PwC Strategy&
ポール・レインワンド＝著
Paul Leinwand

PwC Strategy&
マハデバ・マット・マニ＝著
Mahadeva Matt Mani

PwC Strategy&＝訳

DIGITAL

ダイヤモンド社

BEYOND DIGITAL
by
Paul Leinwand and Mahadeva Matt Mani

日本語版まえがき

本書は、２０２２年1月に英語で発刊された*Beyond Digital*の日本語版である。著者は、ＰｗＣネットワークの戦略コンサルティンググループであるStrategy&（旧ブーズ・アンド・カンパニーを統合した組織）に属し、グローバルの大手企業に対して戦略策定や事業変革などの支援をしている二人である。

本書では、新しいデジタル時代における企業変革の成功の要諦を、12社の実例研究に基づき詳述している。日本企業としては、日立製作所とコマツ（小松製作所）の２社を取り上げている。実際の変革に携わった経営層に綿密なヒアリングを行い、生の声もふんだんに収録している。

すなわち、本書は原題に含まれる「デジタル」というキーワードに焦点を当てたテクニカルな解説書ではなく、**「企業変革（トランスフォーメーション）」に関する経営者目線での指南書**と言える。デジタルの進化に伴い、自社が顧客に提供できるユニークな価値が何かを再考し、ビジネスモデルや組織ケイパビリティを見直していくための経営リーダーとしての必須要件を説く。

企業変革における着眼点

「いま、なぜ企業に変革が求められるのか？」という問いに疑問を持つビジネスパーソンはそれほど多くないだろう。過去十数年に飛躍的に進展したデジタル技術の実装により、企業を取り巻く環境は大きく変化した。プラットフォーマーやテックジャイアントなどと呼ばれる（かつての）新興企業がビジネスの競争ルールを激変させた。変化に対応できない従来企業は、これまでの業界上位企業であっても、市場での地位を大幅に低下させたり、すでに消滅してしまったりしている。

また将来に目を向けると、気候変動をはじめとして、地球や人類の持続可能性に危険信号が出てきており、政府の規制遵守にとどまらない能動的なアクションが必要になってきている。さらに直近では、コロナ禍による消費者行動や労働環境の変容、地政学問題の急進展に伴うグローバルサプライチェーンの混乱など、非連続な環境変化が多発している。

このような中では、企業には、従来の延長線上ではなく新しい前提のもとで、長期的な自社のありたい姿を描き、そこに向けてベクトルを大きく変えることが求められている。

昨今、より重要になってきている問いは、「どうすれば企業は変革を成功させることができるのか？」であろう。自社の変革の必要性を理解し、将来ありたい姿の構想を描くところまではそれなりにできても、変革に着手したところで、さまざまな現実的な制約によって活動が停滞したり、ゴールまでの長い道のりに息切れしたりする場面が散見される。

例えば、全社的な変革プログラムとして、ＤＸ（デジタルトランスフォーメーション）に取り組む企業は多い。経済産業省のDX推進ガイドラインでは、DXを「企業がビジネス環境の激しい変化に対応し、データとデジタル技術を活用して、顧客や社会のニーズを基に、製品やサービス、ビジネスモデルを変革するとともに、業務そのものや、組織、プロセス、企業文化・風土を変革し、競争上の優位性を確立すること」と定義しているように、目指すところは**企業変革そのもの**と言ってもよい。

D（デジタル）は、あくまでイネーブラー（目的達成のための手段）であり、X（トランスフォーメーション：変革）を実現するための十分条件ではない。しかし、次々と出てくる多種多様なデジタルツールの導入や、それらに精通した人材の確保など、目の前の課題の対処に追われ、月日が経つにつれて当初の構想を見失い、D自体が目的化してしまっているケースがよく見られる。

本書で事例を紹介する多くの企業では、**Dを徹底活用しつつも、D以外の要素であるビジネスモデルや組織ケイパビリティに同等以上の力点を置いて変革に取り組む**ことで、成功を収めている。

DX以外にも、最近はさまざまなXのアジェンダが喧伝されている。SX（サステナビリティトランスフォーメーション）、GX（グリーントランスフォーメーション）、EX（エネルギートランスフォーメーション）、MX（モビリティトランスフォーメーション）など、次々と新しいコンセプトのXが提唱され、社を挙げて取り組む企業が増えてきている。

世の中の流行りに流されすぎているという批判的な意見もあるが、変革に取り組むこと自体は否定されることではない。重要なのは、**変革アジェンダを設定して構想を描くだけでなく、それらの変革をやり遂げること**である。

構想策定という行為自体は、多大な検討リソースを投下する「投資」でしかない。それを着実に実行して、ビジネスにポジティブな変化を出してこそ、ようやく「リターン」が刈り取れる。構想止まりとしないためには、構想策定の段階から、あらかじめトランスフォーメーションジャーニー（変革の道のり）を描き切っておくべきである。

山の登り方は一つではない。例えば、領域として「組織や文化などの社内改革から手をつけるのか」、それとも「対外的なビジネスモデルや事業ポートフォリオの見直しから始めるのか」。対象範囲として、「少数の事業部から着手するのか」、それとも「全社一斉に行うのか」。**自社の状況に合わせて、各種施策の着手の順番、実行のスピード、リソースの投じ方などを慎重に設計し、中長期にわたる変革をやり遂げられると皆が腹落ちする**ことが肝要である。

もちろん、変革を進める中で、想定外の出来事が発生して軌道修正が求められるのは珍しくない。しかし、自らしっかり設計した登山マップを持っているかどうかで、有事の対応の巧拙は大きく変わる。トランスフォーメーションジャーニーを描き切って、不退転の覚悟で変革に臨むことが、成功のカギである。

日本企業にとってのチャレンジ

失われた30年——1990年以降、日本経済の低迷やグローバル市場における日本企業の相対的な地位低下が続いている。このまま40年、50年と続いてしまう危惧さえある。

この要因は多岐にわたるが、企業活動という観点では**「変革が後手に回っている」**ことが挙げられる。

多くの日本企業は、戦後復興期から高度経済成長期に至るまで、海外のビジネスモデルや技術を学び、自社に取り入れ、改善を続けることで、国際的な競争力を築いてきた。製造業であれば、国内に一定の技術人材や知的財産の基盤を確立した後に、イノベーティブな新製品を開発し、世界に先駆けて市場に出すことで一世を風靡した企業も存在する。

しかし、ここ20、30年の大勢は「**Do better do more**（より良く、より多く）」、すなわち、日本人ならではの勤勉な改善努力により、欧米企業よりも性能やコスト面で勝る製品を開発し、販売する国や地域を拡大し、現地化によってさらに改善するという「前例踏襲型」の定型的な事業拡大サイクルにとどまっていたとも言える。

この日本企業の成長体験は、プロダクトアウト型思考や技術至上主義というイナーシャ（慣性）を組織内に生み出した。これが、「顧客起点でビジネスモデルを組み直す」「理想像からバックキャストをする」といった、昨今求められている抜本的な変革の足かせになっているように見受けられる。

こうした変革においては、強烈な経営リーダーのビジョンとトップダウンでの意思決定スタイルで運営される欧米企業や、過去のしがらみのない新興国企業が先んじている。特に伝統的な日本の大企業は、良くも悪くも中間管理職の力が強く、ミドルアップ＆ダウンで意思決定が進みがちである。

このような場合、当面の課題解決や改善活動は自発的に進みやすい反面、部署を越えた連携やこれまでのやり方を大きく変えるような変革は構造的に起きにくい。

例えば、先に触れたＤＸでも、業務高度化や働き方改革は現場を中心に進むが、ビジネスモデルの変革といった新しい価値を追求する領域では、各部署の個別最適や海外事例の後追いにとどまっているケースが多い。あえて苦言を呈すれば、**経営層は初期の号令はかけるものの、次第にミドル層から上がってくる提案に受け身でレビューするようになり、実行段階では現場任せとなってしまっている。**結果、変革プログラムが矮小化されてしまうのである。

では、この先の日本企業が取るべき変革の方向性はどのようなものか。

まずはいま一度、「自分たちは何をする会社なのか？」という**自社の存在意義を再構想**することだ。

もちろん、ほとんどの企業には、経営理念、ミッション、ビジョンといったものがあるが、それらは一般的にかなり抽象化された表現になっているため、現在の自社の実態や今後の進むべき方向を明確に示しているとは言い難い。これまで事業多角化を進めてきた結果、自社の生業を簡潔に表現することが難しくなっている企業もあるだろう。

つまり、経営理念が現実から乖離しすぎてしまっていて、その一方で中期経営計画は各部門の前例踏襲型に矮小化されてしまっているのである。

そのようなときには、大局的、客観的な目で、今後のビジネスの大前提となる長期的な社会課題や技術展望を捉え直し、「どういう顧客に、どういう価値を提供するのか」というぶれない北極星を見定めることが重要である。製品やサービスを提供する会社であっても、ただひたすら良いものを求め続けるのではなく、それらを通じて世の中に提供する最終的な価値、そしてそれを実現するうえで他社よりも勝る自社ならではのユニークなケイパビリティをしっかり定義することが一丁目一番地となる。

「マーケティングが苦手」とよく言われる日本企業にとっては、**顧客に関する独自の知見を得る**ことも必要だ。顧客調査などに多大な労力をかけていても、プロダクトアウト（直接の販売先である小売店または卸店までしか見えていない）のイナーシャが働く状況では、どうしても自社の製品やサービスを売るためのニーズ把握に焦点が当たりすぎたり、直接接点がある顧客しか見えていなかったりする。

企業向けの製品を製造してきたメーカーであれば、アフターサービスを充実させる必要性から顧客接点を拡充してきた企業も多い。むしろ消費者向けのメーカーのほうが、プロダクトアウトに陥ってしまう傾向にある。デジタルの時代には、究極的には顧客やその先の顧客までと常につながり、あらゆるものが「見える化」されるという前提に立って、顧客の活動をエンドツーエンドで理解し、真の困りごとや潜在的なニーズに対して、自社はどういう価値が提供できるかを再考する必要がある。

一方、さまざまなデータが豊富に取得できるからといって、いきなり大量の顧客データを集めて、高度なデータ分析にのめり込むべきではない。**最初から多数の顧客ニーズの最大公約数を見つけようとするのではなく、たった一人でもよいので解像度を徹底的に上げて、手触り感をもって理解する**ことが重要である。そして、N＝1で始めたものを、リアルとデジタル双方の手段を活用しながらデータポイントを増やし、顧客理解を深め、最小公倍数を増大させていくというアプローチが有効であろう。

自前主義から脱却し、外部連携を最大活用することも、日本企業が留意すべき点である。顧客視点で真に求められているものを揃えようとすると、自社の製品やサービスだけではまったく足りないことが判明する。もちろん、時間とお金をかければ自社ですべてまかなうことも可能かもしれないが、デジタル時代の技術や顧客ニーズの進化は加速する一方である。スピードとスケーラビリティ（拡張性）を優先して、外部との積極的で迅速な連携により対応すべきである。

実際、ＰｗＣコンサルティング合同会社が２０２２年に実施した「日本企業のＤＸ推進実態調査２０２２」では、変革に成功している企業は、そうでない企業に比べ、競合や顧客、スタートアップなどとのパートナリングを積極的に行っているという結果が出ている。

また、従来は同一業界内で企業間の提携関係が形成されることが多かったが、昨今は業界内における差別化や顧客ニーズの充足が困難になり、製品やサービスを顧客目線でシームレスにつなぐ必要が高まっているため、業界を横断したビジネスエコシステムの形成が進んでいる。そこでは、「自社＋他社」で相互に足しあげた付加価値を分け合う関係ではなく、「Ｎ×Ｎ」（複数社間）の相乗関係で、より大きく新しい価値総和を生み出すという発想が効果的である。

そして、エコシステムの中で自社が差別化し収益を確保していくためには、自ら構築し強化していくケイパビリティと、外部パートナーに依存して活用すべきケイパビリティを明確に見極めることがこれまで以上に重要となる。

外部との協業に加え、**自社の多様性を強化する**ことも日本企業の大きなチャレンジである。一部を除けば大多数の企業が男性中心（さらに言うなら、新卒入社で勤続年数の長い日本人男性中心）であり、忠誠心が高くハードワークもいとわない人材が多くいる一方、考え方や働き方が同質な中では真の変革は起きにくい。今後は、中途入社や女性や外国人の比率といった属性的な偏りの解消にとどまらず、多様な価値観や柔軟な働き方を歓迎し、従来にない発想を促したり、優秀な人材を引きつけたりすることで、企業の競争力にまで昇華させることが重要である。

そういう意味では、近年多くの企業で掲げられているD＆I（ダイバーシティ＆インクルージョン）という言葉が示す通り、ダイバーシティ（多様性）のみならず、インクルージョン（包容）を組織全体にわたって浸透させることがカギである。

特に最近は、伝統的な日本の大企業においても、「経営幹部やスペシャリスト人材の外部登用が増えているが、物事を進めるスピードや考え方に大きなギャップがあり、新旧双方にとってカルチャーショックが発生する」という話をよく聞く。せっかく優秀な外部人材を連れてきても、多勢に無勢では変革が進まない。経営チームが率先して、異質を受け入れる行動や風土作りを行っていくことが必須要件となる。

以上、日本企業が直面する代表的なチャレンジを挙げた。一つひとつがとても重たく、相互に連関するため、これらを克服していくには、全社を動かす**経営リーダーのコミットメント**が最も重要である。

たとえミドル層や外部から招聘した幹部がどんなに優秀であっても、任せきりにするのではなく、自ら率先して10年、20年先を見据えた変革アジェンダを設定し、その実現に向けたトランスフォーメーションジャーニーを描き切る。そして実行段階では、誰よりも強いオーナーシップをもって全組織にメッセージと行動を示し続けることが求められる。強い現場力やたゆまぬ改善意識を持つ日本企業であればこそ、経営チームからミドル層、現場従業員までが一丸となって変革に取り組むことができれば、得られる価値は大きいだろう。

本書の内容――企業変革の7つの必須要件

本書では、企業変革に必要な要件として、7つのリーダーシップ要素を定義し、それぞれについて具体的な企業事例を踏まえて解説する。最初の3つの要素は「対外的に自社が社会や市場とどう向き合うか」について語る。次の3つは「対内的に自社をどう運営するか」に焦点を当てる。最後の1つは「経営リーダー自身について、新しいリーダーシップのあり方」を問う。

〈社会とどのように向き合うか〉

1. 世界における自社の立ち位置を再構想する（第2章）

自社が解決すべき重要な課題は何か、それを果たすために構築すべき差別化ケイパビリティは何かを再定義し、自社（および業界）の将来像を自ら作り出す。

2. エコシステムを作り上げて価値を創出する（第3章）

自社が最も得意とすることに注力するとともに、エコシステム（多数の企業からなる「生態系」）を通じて活用できるケイパビリティ、スピード、スケールと組み合わせることで、すべての参加企業により大きな価値を生み出す。

3．顧客に関する専有的知見を体系的に構築する（第4章）

顧客との信頼関係を構築し、顧客の真の欲求やニーズに関して、自社しか持ちえない知見（インサイト）を得る。データの入手・共有により、自社を差別化する知見を生み出す。こうした知見を活用して変化に先手を打ち、創造する価値を継続的に向上させる。

〈どのように自社を運営するか〉

4．成果指向の組織にする（第5章）

多様なスキルを成果指向型のチームに結集し、自社を差別化するケイパビリティを創出する。これらのチームを組織モデルの中心に据え、新しい働き方を実現する組織ＤＮＡを再構築する。

5．リーダーシップチームの焦点を反転させる（第6章）

リーダーシップチームの役割、スキル、力の構造を再考し、チームが連携して最大の成果を創出することを目指す。トップに権限を集中させるのではなく、現場を巻き込むことで、チームがともに変革を推進することに注力できるガバナンスのメカニズムを導入する。

6．従業員との社会的契約を再定義する（第7章）

変革の中心に従業員を置き、オートメーションの世界においてもヒトが本質的な価値創造力を持つことを認め、変革に必要な自由度と手段を与える。目的、貢献、コミュニティ、非金銭的報酬に焦点を当てた巻き込みの仕組みを構築する。

〈どのように自身がリードするか〉

7．自身のリーダーシップのアプローチを創造的に破壊する（第8章）

新しいタイプの多面的なリーダーシップの必要性を認識し、さまざまなパラドックスの中でバランスよく強みを発揮する。

本書のタイトルは、『ビヨンド・デジタル（*Beyond Digital*）』だが、読者の皆さんには「ビヨンドＤＸ」と考えていただきたい。既存の業務のデジタル化は、前例踏襲型の各部門任せでもある程度は進行するが、それ以上に進むことは決してない。「自分の部門をなくしましょう（もしくは、まったく変えましょう）」という提案は部門からは決して出てこないからである。

本書のアプローチは、**「前例のないレベルのトランスフォーメーション」**である。

昨今、日本で言われているDXは前例踏襲型のデジタル化の域を出ていないものが多い。そのような事例を鵜呑みにしていては、本当のトランスフォーメーションにはたどり着けない。本書で紹介している12社の事例のスケール感をぜひ味わっていただきたい。

本書の作成にあたっては、冒頭で述べた通り、日本からは日立製作所とコマツの2社に取材に協力いただいた。日立製作所の執行役専務でCSO兼戦略企画本部長の森田守氏、コマツの前CEOで現取締役会長の大橋徹二氏および執行役員でスマートコンストラクション推進本部長の四《し》家《け》千《ち》佳《か》史《し》氏には、長時間にわたるインタビューに対応いただき、貴重な経験と教訓を教えていただいた。また、両社の関係部署にも、丁寧なレビューやコメントをいただいた。翻訳にあたっては、Strategy&のシニア・エグゼクティブ・アドバイザーの岸本義之から多大な支援を得た。企画ととりまとめには須田あゆみ、庄子錬があたった。また、アークコミュニケーションズの大里真理子氏、辻仁子氏には大変お世話になった。心より感謝申し上げたい。

PwCコンサルティング合同会社
ストラテジーコンサルティング（Strategy&）
『Beyond Digital』チームを代表して
パートナー　北川友彦

Contents

第4章 顧客に関する専有的知見を体系的に構築する

第5章 成果指向の組織にする

第1章

自社の未来を形作る

未来は予測できないが、未来は発明できる。

――デニス・ガボール（ノーベル物理学賞受賞者）

デジタル時代の幕開けは、トランジスタが発明された約75年前にさかのぼる。インターネットには50年以上の歴史があり、ＩＢＭのＰＣが登場したのは40年前だ。デジタルのパイオニアと見なされている企業も歳を取りつつある。アップルは45歳、グーグルも間もなく25歳である。

約30年前に、初めて商用インターネットブラウザが誕生して以来、「デジタルである」ことはビジネスの教養になってきたが、もはやそれでは不十分である。過去の仕事をデジタル化するだけでなく、新しい形の優位性を確立することに注力しなければならない。

現代のビジネスの土台はデジタルだが、デジタル化への道のりは長く、多くの費用がかかる。持続的な優位性を生み出すためには、デジタル化以上の何かが求められる。**競争優位の本質が変わったこと、そしてデジタルなだけでは不十分**であることを理解しなければならない。

いまこそ、デジタルを越えたその先、「ビヨンド・デジタル」に進むべきだ。

小売業を見ると、その理由がわかる。多くの業界と同様に、１９９０年代後半に小売のデジタル化は始まった。デジタル化を進めることで、在庫管理が大いに効率化し、取引の処理スピードが上がり、購買や流通を支援する分析が可能になった。

こうした変化は価格の低下をもたらし、全般的に顧客の経験も改善した。だが、小売プロセスが根本的に変わったわけではなかった。企業は依然として、店舗数を確保（さらに拡大）し、顧客が欲しがりそうな在庫を仕入れることに注力してきた。そして非必需品を過剰に調達し、売れ残ると安売りした。売れ残りの数量が減り、失敗のタイミングが早まっただけである。

実際に、ベスト・バイ（米国を本拠とする大型家電量販店）の例を見てみよう。オンライン小売業者との熾烈な価格競争に直面した同社は、オペレーションをデジタル化しただけではなく、もっと大胆な取り組みに着手した。すなわち、単に家電を売ることを越えて、商品購入の瞬間から始まるすべての重要な課題の解決を手助けしたのである。

同社は「ギーク・スクワッド」と呼ぶ、顧客に自宅と店頭の両方で技術的なサポートとサービスを提供する部隊を立ち上げ、その任務遂行のために多くのデジタル先進技術を活用した。その結果、ベスト・バイは、顧客との関係を深め、技術的サポートを提供し、消費者の習慣や要求を学習し、家電やテクノロジーに対する支出から顧客が最大の価値を引き出せるように支援するようになった。ベスト・バイは、**過去の仕事をどのようにデジタル化しただけでなく、「自社が果たす役割は何か」「それを果たすうえでデジタルがどのように役立つか」を再発明した**のである。その結果、多くの大型小売企業が店舗を閉める中でも同社は生き残れた。

デジタルを越えた世界では、企業は物事を違う方法で実行できるし、そうしなければならない。企業は顧客に提供できる独自の価値について再考できるようになり、そうしなければならなくなる。デジタルテクノロジーによって、業務のやり方を改善できるだけではなく、より良い業務を行えるようになる。未来を新たに構想することで、まったく新しいビジネスモデルが生まれることさえあるのだ。

そういうわけで、本書に「デジタル化の方法」が書かれていると思った読者は失望するだろう。そのような本ではないからだ。本書で論じるのは、根本的に変化した世界の中で、企業がいかに自社の立ち位置の再考を迫られるかであり、持続的な優位性を確立するためにいかにトランスフォーメーションするかということである。

ベスト・バイや、本書で紹介する企業のたどった道は、他の多くの企業が歩んでいるように見える道とは著しく異なる。不確かな未来に向けて漸進的に進むのではなく、より野心的で有意義な目的のために力を尽くし、その目的を達成するためのケイパビリティ体系を抜本的に見直すことによって、自社の未来を形成しはじめているのだ。

製品寿命が短くなるにつれて、商品やサービスに狭く注力するだけでは差別化されたポジションを維持できないということに、企業は気づきつつある。今日の自社の提供物が最高だからといって、明日も最高だとは限らない。いまや賢明な企業は、自社が販売するモノだけでなく、活動やオペレーションを通じて差別化することに注力している。他社と差別化されたケイパビリティをしっかりと獲得できれば、商品、サービス、ソリューション、エクスペリエンスの流れがついてくる。

アップルのデザインのケイパビリティについて考えてみよう。同社は、コンピュータ、音楽デバイス、電話、カメラ、時計など、同社が進出したすべての業界に創造的破壊をもたらしてきた。アマゾンが小売のインターフェースをデザインするケイパビリティは、検索、コメント、推奨、オンライン決済の優れた機能を通して、ほぼすべての消費者向け業界をオンライン上にシフトさせる原動力となってきた。フリトレーの迅速なフレーバー開発力は、需要を察知してすばやく新商品を投入することを可能にしてきた。チーートスのマカロニ&チーズ味は、その一例である。

テクノロジーは、これらのケイパビリティにおいて重要な役割を果たしてきた。しかしケイパビリティとは、単なるテクノロジーをはるかに越えるものである。ケイパビリティとは、ナレッジ、プロセス、テクノロジー、データ、スキル、文化、組織モデルが複雑に絡みあっているものを高度に統合したものであり、他社にはできない価値創出を可能にする。複雑性があり、統合の必要性が高いため、ケイパビリティは模倣が難しい。そのため、自社が何をする企業かということを軸に自社を定義づける企業は、他社と一線を画し、長期的な優位性を生み出す傾向がある[1]。

ビヨンド・デジタルの世界では、過去の信念体系を捨てて、はるかに大胆で新しい価値提供を定義することに積極的な企業が、未来を手にすることができる。個々の組織では実現できない方法で価値を生み出し、可能性の限界を常に押し広げていくために、ネットワークとエコシステムの中で他社と協力する企業が、未来を手に入れる。「いまの世界に自社はどのような独自の価値を提供しているか」「その価値を誰よりも巧みに生み出すためのケイパビリティは何か」という2つの基本的な問いに、明確で誠実な答えを出せる企業が未来を手にできるのである。

ただし、問題は「言うは易く行うは難し」ということだ。

真に差別化されたケイパビリティは、一夜にして構築できるわけではない。古いモデルでオペレーションを続けたままで、ケイパビリティ主導の新たな方法で価値を創出することは期待できない。創造的破壊が起きている時代の中で、新たな方法で価値を生み出せるようにトランスフォーメーションすることは簡単ではない。

このトランスフォーメーションには、パーパス、ビジネスモデル、組織モデル、そして人材など、自社のあらゆる側面にチャレンジするリーダーが必要だ。自分自身にチャレンジし、これまでのオペレーションの根本的なあり方に疑問を投げかける意思を持ち、それを実践できるリーダーが求められる。

喜ばしいニュースは、これは**実現可能**ということである。

私たちは自身や同僚のコンサルティング活動を通して、これが実現される様子を目にしてきた。また、本書で詳しく研究した企業においてもそれを確認してきた。金融、製薬、宝飾品、ソフトウェア、航空、建設など、多様な業界の企業が、差別化されたケイパビリティを構築することで戦略を転換し、ビヨンド・デジタルに進むことの威力を示してきた。

ビヨンド・デジタルの12社

私たちは、既存企業がビヨンド・デジタルで競争を勝ち抜いている状況の核心に迫るべく、トランスフォーメーションを成功させたビジネスを対象として、3年間（2018〜2021年）に及ぶ研究を行ってきた。

まず、業界関係者や専門家を幅広く調査し、それぞれの業界ごとに、戦略の新たな方向性を定めて実行する能力という点で最も尊敬に値する企業を特定した。次に、業界の専門家らが挙げた数十社について、私たちはいくつかの基準を適用し、以下の12社を研究対象に選んだ。

私たちが注目したのは、**各社がビジネスのトランスフォーメーションを実行したかどうかと、それがその後のビジネスの持続的な成功に結びついたかどうか**である。業界や地域の多様性も確保した。また、困難な時期を乗り越えた企業や、強い立場にありながらトランスフォーメーションを遂げた企業が含まれるようにした。最後に、何回ものセッションに及ぶ踏み込んだインタビューを通して、リーダーシップチームが知見や経験を隠さず共有する意欲を示した企業を選択した。

私たちが詳細に研究した12社のストーリーは以降の章で取り上げるが、ここで簡単に紹介しておこう。

フィリップス

アムステルダムに本社を置く多国籍企業で、19世紀末に電球メーカーとして創業した。その後、照明と家電の主要ビジネスから撤退し、医療機器製造のノウハウと、新興テクノロジーや医療ソリューションのケイパビリティとを組み合わせることを軸にして、自社の未来の方向性を再構想した。その結果、フィリップスは世界の何十億もの人々の健康状態にトランスフォーメーションをもたらしている。

日立

日立は、発電所から家電製品、半導体に至るプロダクト主体のポートフォリオを擁する日本の複合企業であったが、世界の市場状況や競争環境の急激な変化に直面してきた。同社はIT（情報技術）を応用して、世界中の人々の生活の質の向上と、環境問題など世界規模で取り組むべき社会課題の解決を目指し、「社会イノベーション事業」で新たな価値を創造することにフォーカスして自社を再構築した。その結果、同社はIT、OT（制御・運用技術）と、プロダクトに関する強みを生かして、IT、エネルギー、インダストリー（産業機器）、スマートライフ、モビリティという5つの市場にフォーカスすることになった。

タイタン

インドのタタ・グループ傘下にある主要時計メーカーであり、強力なエコシステムを活用してインドの宝飾品業界を再構想し、現代的な小売経験の中で職人的な品質と信頼を実現した。

イーライリリー

米国の製薬企業で、利益性の高いいくつかの主力商品が特許切れを迎えたために危機に陥っていた。健やかな暮らしのための治療薬におけるR＆Dの成功率と、市場投入するまでの時間を大幅に改善するためのトランスフォーメーションを行ったことで、再び業界トップレベルのポジションを回復した。

シティグループ

米国の世界的な銀行で、金融スーパーマーケットとして営業してきたが、2007～2008年の金融危機で倒産寸前に追い込まれた。そこで一歩退いて、自社の独自性は何かを再定義してシティ・ホールディングスを創設し、新たなアイデンティティに合わないものをすべて売却した。同社は引き続きこの基盤を生かし、金融危機で身につけた規律を利用して戦略を刷新し、未来指向の一流のデジタルグローバル銀行を目指してコアビジネスのさらなるトランスフォーメーションを進めている。

アドビ

シリコンバレーのパイオニアで、グラフィックソフトウェアで知られている。同社はサービス内容を大幅に充実させて、クラウドベースのサブスクリプションサービスへとビジネスモデルをトランスフォーメーションし、新たな意義を見出した。そうして得られたデータや消費者に対する知見を、デジタルビジネスの効果的な開発と運用に活用してきた。

コマツ

日本を本拠地とする企業で、建設機械の製造・販売のみのビジネスから、デジタルを活用したスマートコンストラクション・ソリューションのリーダーとしても変貌を遂げ、顧客の生産性と安全性の劇的な向上に寄与している。

ハネウェル

米国に本社を置く多国籍複合企業であるが、競争の激しい民間航空業界の販売・サービス市場をデジタル化によってトランスフォーメーションできる可能性に着目した。同社は、人々が航空機と通信する方法を変えることによってフライトの安全性、生産性、エンターテインメント性を高めることを目指し、コネクテッド・エアクラフト事業を立ち上げた。

マイクロソフト

ワシントン州レドモンドで創業したソフトウェアの巨大企業で、クラウドファースト、モバイルファーストの時代に劇的に対応してきた。同社はソフトウェアのライセンスを供与し、製品を販売するテクノロジー企業であったが、顧客のクラウドサービスの消費をベースとするビジネスモデルへと転換した。同社は現在、組織の業務や個人の暮らしを改善することを後押ししている。この変化には、顧客の成長を自社の成長の原動力とするビジネスを世界規模で確立するための、組織と文化のトランスフォーメーションが必要だった。

クリーブランド・クリニック

イノベーションで知られる医療システムで、優れた患者ケアのケイパビリティを世界のより多くの地域、より多くの患者へと拡大するとともに、成長するエコシステムの中で得た学びを広く展開して、各地で提供するケアを改善してきた。

インディテックス

スペインの多国籍小売企業で、ザラのブランド名で長年にわたり中価格帯アパレル市場を支配してきたが、近年、競争を勝ち抜くために業務をトランスフォーメーションした。その目的は、実店舗とオンライン販売チャネルをシームレスに統合することにより、顧客の要求を深く速く理解して、それらを適切に満たすことだった。

STCペイ

サウジテレコム傘下の金融スタートアップで、サウジアラビアの企業、市民と、外国人労働者に革新的な金融ソリューション、バンキングテクノロジー、デジタルエクスペリエンスを提供するフィンテック・プラットフォームを作り上げて大成功した。STCペイは、これまでサービスの行き届かなかったイスラム圏のバンキングシステムに、前例のない経済的自由をもたらした。

各社のストーリーは異なるが、どの企業も、業界やビジネスモデルについて再構想することを迫られた。強い立場から対応した企業もあれば、存続の危機に瀕した企業もあった。しかしどの企業も、ビヨンド・デジタルの環境で新たな方法で競争し、変化を先取りして自社の未来を形成するための決断をしなければならないことを理解していた。

これら12社を研究したところ、**ビヨンド・デジタルの世界で競争するためのトランスフォーメーションの成功条件となる、７つの基本要素**が明らかになった。これは読者が長期的に成功するための方法を示す強力なロードマップになるものと私たちは確信している。各要素の説明に入る前に、競争力学の変化の背景に少し触れておく（45ページ「スピードの罠」も参照）。

新たな競争力学

最初の作業は、一歩退いたところから、**「今日の成功を牽引しているものは何か」**という一番の基本を再考することである。これは、新たなテクノロジーを列挙することではなく、流行のビジネスモデルや、最新のツールやアプリでもない。競争優位を変化させている根本的な動きのことであり、これが勝者と敗者を生み出す新たな力になっている。

私たちが目撃してきた主な変化は、３つに分類できる。「需要の革命」「供給の革命」「企業を取り巻く経営環境の大きな変化」である。

1 需要の革命

需要サイドでは、個々の企業のウェブサイト経由、もしくはアマゾン、イーベイ、アリババなどのアグリゲーター経由で、インターネットによって顧客の目により幅広い選択肢が見えるようになった。この可視性によって各社の競争相手は急増した。顧客が世界中の提供者から商品・サービスを確認して購入できるからである。オンラインレビューによっても、顧客による比較購買の能力や、他の顧客の体験を知る能力が劇的に向上した。端的に言うと、卓越性も差別性もない企業には、競争から身を隠す場所すら存在しないのである。

デジタルなマーケットプレイスでは、顧客が購入のたびに選択を見直し、最高の価値提供をする相手を選ぶことが容易なため、顧客のロイヤルティと維持率は低下してきた[2]。関係性は依然として貴重だが、真の差別化要素がないまま関係を構築して維持することはかなり困難になっている。パフォーマンスが常に再評価されるため、消費者が期待する信頼性、品質、経験、価値の最低水準は上がり続けている。

中でも重要な変化として、顧客は自らインテグレーターになろうとしなくなっている。企業が問題解決のために必要なものをすべて取り揃えることを求めており、顧客自身が解決策を組み合わせる手間は省きたいと思っている。

さまざまな業界において顧客の要求はより幅広く具体的になったが、よりオプションの多い選択肢を選べるようになっている。顧客は大量のコミュニケーションチャネルを使って自らのニーズを示すだけでなく、それが満たされるべきだと考えている。つまり、**顧客はもはや単純なセグメントには当てはまらない。そして企業は、ほぼ無制限とも言える期待の組み合わせに対応しなければならない**。

最後に、商品・サービスに付随する経験に対する顧客の要求が高まった。商品・サービスの発見、購入から、配達の速さや持続的なサービス関係に至るまで、経験の質はしばしば、商品・サービス自体の質と同程度に重要である。

顧客の嗜好が厳しくなり、価値に対する可視性が高まったことで、あらゆる企業のハードルが大幅に上がった。もはや**「ゲームに参加している」だけでは不十分であり、単純に他社に追随するだけでは不適切である**。未来に重視されるのは、実態のある差別化と、測定可能で有意義な価値の創出である。

2 供給の革命

供給サイドでは、依然として過去の名残は見られるものの、企業の競争に大きな変化が起きている。

1つ目は、**規模**の問題である。数十年にわたり、大企業は大規模な生産、流通、マーケティング、バックオフィス・オペレーションの利点を生かすことで支配力を得られた。現在の企業は、この種のスケールを自社で保有せずとも簡単に利用することができる。

例えばクラウドコンピューティングによって、かつて大企業だけが保持していたバックオフィス能力の優位性は崩された。そして、今日の先進的な製造手法は以前よりもはるかに資本集約度が低い。いまでは小規模企業（しばしば新たな資金調達手法を活用する）が、既存企業と正面から競いあっている。米国のロビンフッド、ドイツのN26、英国のオークノース銀行といったフィンテック企業がいかに金融サービス市場にインパクトを与えてきたかを考えてほしい。既存企業の力は弱まり、参入障壁は低くなった。

2つ目として、**摩擦の減少により、「協力障壁」とも言えるものが大幅に減少**した。30年前に企業が電子的にデータをやりとりしようとすれば、特定の相手との間に数万ドルをかけて専用通信回線を設置しなければならなかった。

しかしいまでは、大小を問わず多数のパートナーと接続することがはるかに容易になった。摩擦をゼロにすることは難しいが、コストや労力が軽減されることにより、企業や機関が力を合わせて、個々では実現できなかった方法で価値を提供できるエコシステムの創出が可能になった。

このエコシステム主導の経済には、多くの劇的な意味合いがある。

- 顧客の切実な問題（モビリティや医療のニーズなど）を解決し、他社が追随を余儀なくされる圧力となるような、非常に野心的な価値提供の実現。
- ネットワークの規模を作り上げてエコシステムへの誘引力を生み出した、アリババやアマゾンなどのプラットフォーム提供者の台頭。
- 自社が真に卓越していることに注力し、それ以外は他社と提携して実現するという、企業の専門特化の進展。いまの時代に優れたマーケティングを行うことの意味を考えてみよう。アナリティクス、ウェブデザイン、ユーザーエクスペリエンス・デザイン、デジタル資産管理、ペイドサーチ、ソーシャルメディア・エンゲージメント、パブリックリレーションズ、ブランディング、広告、他にもたくさんある。専門特化サービスへのアクセスが容易になると、競争に参加するために必要な最低条件は、動きの鈍い万能型の大企業が参加できないレベルにまで上昇する。
- 競争のさらなる激化。エコシステムに容易に参加できるということは、その参加者は皆、自分の立場を防衛する準備が必要になるということである。

これに加えて、企業はデータを取得、保管、分析する能力によって、顧客向けやサプライチェーン向けや製造など、すべての活動の質を大きく向上させてきた。実際のところ、データの規模を拡大することは、自社が求めているデータを持つ企業と提携するときであれ、顧客の要求やニーズに関してより優れた知見をもたらす双方向チャネルを立ち上げるときであれ、多くのビジネスイニシアチブの原動力となってきた。

3 経営環境の大きな変化

私たちが目にしてきた、競争の力学を変えた大きな変化の3つ目、すなわち企業を取り巻く経営環境の大きな変化とは、**世界がはるかに複雑になった**ことである。

過去のリーダーは利益がほぼ唯一の動機となることが多かったが、現在のリーダーは、価値創出を考える際に、より多くの要素のバランスを取る必要がある。顧客に価値をもたらし、従業員に投資し、サプライヤーに公正かつ倫理的に対応し、環境の持続性を保証し、活動地域のコミュニティを支援するといったことを、株主のために長期的価値を生み出しながら実行しなければならない[3]。

今日の企業は、未来を形成する際の目的からESG(環境・社会・ガバナンス)のテーマを外すわけにはいかない。そして、ステークホルダーが企業のESGのインパクトに関する透明性を求めるようになっていることを受けて、企業や投資の総合的な価値を評価するための非財務レポートの重要性が急上昇している。

自分の個人的な価値観と通じあう目的を掲げる組織で働くことを、人々がより求めるようになっている世界に、企業は順応しなければならない。従業員は雇用主に対し、活動地域のコミュニティに、より広範にプラスのインパクトをもたらすことを求める。そして、現代社会を脅かす大きな社会問題である、気候変動、所得の不平等、失業、男女の不平等、人種差別、メンタル／感情の健全性などの解決に、企業が貢献することを期待する。

ますます密接につながりあう世界では、大きな機会が生まれる一方で、不確実性やリスクによる影響も大いに高まった。ハリケーン、洪水、山火事、サプライチェーンの途絶、貿易戦争、政治的混乱、武力紛争、感染症の大流行、その他諸々の事象は、たとえ発生場所が自社の活動地域から遠く離れていても無傷でいることは難しい。企業は、顧客の支出余力、従業員の業務能力、パートナーの供給能力に影響を与える課題に立ち向かわなければならない。

さらに、企業は新たな規制や、相次ぐ規制変更にも直面する。気候変動のコントロールや国家経済の保護を目指すにせよ、パンデミックの中で人々の健康を守るにせよ、規制の変更が生じることは避けられず、これが重大な結果を招く場合がある。

もちろん、こうした変化は一夜にして起こるわけではない。アーネスト・ヘミングウェイの小説『日はまた昇る』の登場人物の一人が、どのように破産したのかと問われて返した言葉が、この現象をごく簡潔に言い表しているかもしれない。彼は、「二通りだ」と答えた。「徐々に、そして突然にだ」[4]

リーダーと企業はいかに対応すべきか

需要の革命、供給の革命、経営環境の変化――。これらが人間のキャリアの半分に満たない期間で発生している。

企業は、どう対応すべきだろうか。リーダーとして、どう対応すべきだろうか。

はっきりしているのは、古いプレイブック、すなわち巨大化して支配力を獲得すること、事業を分離して価値を解放すること、オペレーションのデジタル化や合理化を図る取り組みを次々に実行すること、あるいは単純にスピードアップすることは対症療法でしかなく、根本原因への対処ではないということだ。

より深い対応策とは、変化した競争力学に対処し、根本的に新しい価値創出の道を見つけることである。今日の世界で成功するために重要なのは、**自社独自の差別化された方法で、顧客ひいては世界に価値を提供するための少数のケイパビリティを、デジタルが実現する新たなエコシステムやプラットフォームを活用して、拡大する**ことである。

インディテックスの旗艦ブランドであるザラは、このケイパビリティベースの方法で競争し、デジタルなツールとテクノロジーを総動員して自社を差別化するケイパビリティの発展と規模拡大を果たすことで、自社の市場である中価格帯ファッション・アパレル市場を再形成した企業の例である。

アパレル市場は、需要の革命が早い段階で生じた市場の一つだ。消費者の好みの変化が速く、顧客離れが起きやすい、極めて競争の激しい市場である。

ザラは、このファッション業界のトレンドに、何十年も前から先手を打って対処しはじめた。規模ベースの伝統的な小売業界のモデルを採用する代わりに、他社に先駆けて「需要に合わせる」ことをベースにした独自のビジネスモデルを打ち出した。ザラは次シーズン向け衣料の生産量のシェアを獲得することではなく、少量生産にコミットする。そして顧客のフィードバックと迅速に対応できる生産ネットワークを生かして、週2回のペースで店舗を新商品に入れ替えている。商品を小ロット生産し、柔軟性を高めるために生産力の60％を本拠地スペインの近くに置くというザラの方法は、従来型の大量生産の常識の逆を行く。そうすることで、たった5日で新しいスタイルの試作品を作り、デザイン、生産を経てわずか15日後に店舗の棚に並べることができる。

このコンセプトは驚異的な成功を収めた。1988年に世界進出を開始したインディテックスは、いまや売上ベースで世界最大のファッション小売企業である。オンラインプラットフォームで200を超える市場に販売し、6000以上の店舗を96市場に擁している。

ザラの成功要因は、全社を挙げて確立し、拡大してきた強力なケイパビリティにある。すなわち顧客に関する深い知見、的確に流行に乗ったデザイン、効率良く反応する製造とオペレーション、世界中に浸透した一貫性のあるブランディングである。このようなケイパビリティが、互いに依存しあい強化しあうという、相互補強的なシステムの中で機能している。

しかしザラのリーダーは、この栄光に安住していない。変化のペースに遅れないために、革命的な供給モデルをさらに変化させ続ける必要があると認識しているのである。

彼らはこれまで、ザラを差別化するケイパビリティをまったく新しいレベルに引き上げるために、デジタルを活用してきた。顧客の知見を集める伝統的な方法は、顧客をじかに観察して対応し、顧客の好き嫌いや置いてほしいと思っている商品を判断できる販売員や店長の役割だった。この手法はいまでも重要だが、追加的な情報で補完できるようになった。

２０１４年、インディテックスのリーダーたちは古いテクノロジーに新たな視点を与えた。ザラが販売する全商品のセキュリティタグに、安価で再利用可能なＲＦＩＤ（電波を用いてＩＣタグの情報を非接触で読み書きする技術）チップを組み込んだのである。当時は、ほぼ知られていなかった方法である。このタグにより、いままでは物流プラットフォームから最終販売地に至るまで、世界中のどこでも瞬時に個々の商品を追跡できる。

この知識は、組織がファッショントレンドを発見し、従来を越える精度で次々とコレクションを生み出すことを可能にした。ザラの広報本部長のヘスス・エチェバリアは次のように説明する。

「このRFIDは前へ進む大きな一歩を意味しました。従来の私たちの『需要に合わせる』モデルの精度をさらに上げることに役立つツールとなったのです。店舗が的確なサイズの商品を適切な場所に置いたり、すばやく在庫を更新したりすることが可能になりました。完全に統合された店舗プラットフォームとなり、CEOのパブロ・イスラによるオンラインポリシーの強固な土台になったことも間違いありません」[5]

ザラは、ここでは終わらなかった。RFIDによって物流効率と店頭での商品管理の精度がさらに上がり、それが全体的な顧客サービス水準の改善につながることも認識した。これによって、すべての実店舗とオンライン店舗の完全な統合も実現したが、これは首脳陣がテクノロジーの広範な活用に目を向けはじめた当初は想像すらしないことだった。

しかしいまでは、オンラインの売上が重要性を増しており、同社のRFIDおよび統合在庫管理の責任者を務めるイヴァン・エスクデロは、「どの国でもインターネットが最高の店」だと指摘する。

「インターネットは巨大な店舗で、そこにはすべてのコレクションが揃っています。顧客は大きく変わりました。インターネットで好きな物を見つけて、それから店舗に行き、その服が置いていなければ失望するかもしれません。そのため、いまでは各店舗はインターネット注文の受け取り場所になっています。どの店で注文しても、自宅に届けさせることもできます。

しかしこれは、RFIDを私たちのような方法で活用して初めて実現できることなのです。RFIDによって在庫の正確な場所を把握できるため、集約型の商品倉庫を持てるようになりました。近くで注文が入れば、その商品を倉庫から店舗に移し、その店舗から最終顧客に届けられます」

インディテックスは、店舗コンセプトの変更も進めている。より大規模なハイテク店舗をオープンし、既存店を拡張して最新化し、新しい統合的なサービスを提供するのに向かない小規模店は統合しているのだ。そして、ショッピングエクスペリエンスの簡素化にテクノロジーをさらに活用している。RFIDによって欲しい商品を見つけることが簡単になるうえ、顧客はモバイルアプリや店内のデバイスから試着室を予約し、試着室が空いたという通知が来るまで買い物を続けられ、セルフチェックアウトやモバイルチェックアウトを使って待ち時間を短縮できる。

2017年、ザラは斬新なショッピングエクスペリエンスを提供する新たなポップアップストアのコンセプトを立ち上げ、まずはロンドンに、そして他の都市へと展開した。ポップアップストアには厳選したコレクションが置かれ、顧客はZara.com経由でその店舗から直接購入できる。オンライン注文した商品の受け取りや返品・交換も可能だ。ザラの店員はタブレットを携帯しているため、顧客は店内のどこでも商品を購入し、レジで支払いをすることができる。そしてスマートミラーは商品を実物大で映し出し、他の服やアクセサリーとの組み合わせやコーディネートを試すことができる。

新型コロナウイルス感染症により、インディテックスが掲げる店舗とオンラインプラットフォームの統合戦略を形成してきた流れの多くが加速した。同社は2020年6月、自社のデジタルトランスフォーメーションを加速し、拡大することを発表した。その後の2年間で、オンラインビジネスの補強に10億ユーロ、統合店舗プラットフォームをアップグレードして先進テクノロジーソリューションを展開することに17億ユーロを投資する見込みである。同社は、この新しい顧客経験を提供するのに適さない、比較的規模の小さな1000以上の店舗を統合する予定だ。エグゼクティブチェアマンのパブロ・イスラは、「最も上位の目標は、当社の統合店舗コンセプトを速いペースで完全に実行し、顧客がどこにいようと、どのデバイスを使おうと、どの時間帯であろうと連続的なサービスを提供できるようにすることです」と述べた[6]。

ザラが示すように、自社を差別化するケイパビリティは、機能的部門のリーダーの投資できるものではない。これらのケイパビリティは自社のあり方を定義するものであり、パーパスの中心に置かなければならない。ケイパビリティは顧客に約束した価値提供を実現しなければならない。より多くが資金を割り当てられ、才能ある人材が配置される対象でなければならない。

ビヨンド・デジタルのリーダーシップの7つの必須要素

ほとんどの既存企業にとって、ビヨンド・デジタルの世界で持続的な価値を生み出すためにはトランスフォーメーションが必要である。

しかし、ここで求められるトランスフォーメーションとは、単なる技術革新ではない。そう、企業はデジタルな形で顧客にリーチし、従業員が「働きに行く」ことを保証しなければならないが、現在の加速したデジタルイニシアチブの波に乗れても、ゲームに参加し続けることにしかならない。**どれだけ多くのデジタルイニシアチブを実行しても、競合他社が（ペースは異なるにせよ）似たようなことをしているため、他社と同じでは勝てない**のだ。

それでは、トランスフォーメーションを成功させるには何をする必要があり、どう実行すればよいのだろうか。私たちは企業がいかに成功するかという点について、これまでの経験や調査を

表1-1　組織をトランスフォーメーションするためのリーダーシップの7つの必須要素と、企業が典型的に行う活動との違い

	企業の典型的な活動	事例企業から得られる教訓
外の世界にどのように向き合うか	デジタルイニシアチブを実行し、顧客や競合他社の動向に反応する。	**世界における自社の立ち位置を再構想する**：自社が解決すべき重要な問題や、その約束を果たすために構築する必要がある、自社を差別化するケイパビリティを再定義することを通して、自社の未来を形成する。
	自社のバリューチェーンの要素をサプライヤー、販売業者、その他の第三者から調達する。	**エコシステムを作り上げて価値を創出する**：他の組織（場合によっては競合他社も含む）と協力して、どの企業も単独では成し得ない価値提供を実現する。自社が最も得意とすることに注力し、それをエコシステムのケイパビリティ、スピード、規模と組み合わせることにより、すべての参加者のために、より大きな価値を生み出す。
	顧客の行動をより良く理解するために、データアナリティクスに投資する。	**顧客に関する専有的知見を体系的に構築する**：顧客と信頼関係を構築し、真の要求やニーズについて独自の知見を手に入れる。自社を差別化する知見を生み出す能力を伸ばすためにデータを調達・共有することに積極的である。変化に正面から向き合い、自社が生み出す価値を継続的に改善するために、この知見をベースにして競争する。
基本的な優位性を構築するために、どのように備えるか	機能部門や事業部門に分化したマトリックスモデルで組織を構成し、機能横断的プロジェクトを立ち上げることによって変革に取り組む。	**成果指向の組織にする**：組織の未来を牽引する差別化されたケイパビリティを実現する成果指向チームに、その多面的なスキルを集める。これらのチームを組織モデルの中心に置き、新たな働き方を実現するために組織のＤＮＡを組み替える。
	経験豊富なリーダーにトップダウン式の強力な権限を与え、各担当領域で成果を出させる。	**リーダーシップチームの焦点を反転させる**：協調的な成果を促進するために、リーダーシップチームの役割、スキル、権力構造を再考する。トランスフォーメーションを協力して推進することにチームの焦点を移すようなガバナンスの仕組みを取り入れる。
	変化に対する抵抗を克服し、従業員を動機づけるために、変革とコミュニケーションのプログラムを実行する。	**従業員との社会的契約を再定義する**：従業員をトランスフォーメーションの中心に置き、自動化の進む世界における人間の本質的な価値を改めて保証し、トランスフォーメーションを主導するための自由度と手段を与える。パーパス、貢献、コミュニティ、非金銭報酬を重視した巻き込みの体系を作る。
リーダーがどのように自分自身を見つめ直すか	重要な変化を推進するために、リーダーとしての長所を生かす。	**自身のリーダーシップのアプローチを創造的に破壊する**：新たなタイプの多面的なリーダーシップの必要性を理解し、リーダーシップのさまざまなパラドックスにおいて長所のバランスを取る。

補完するために、前述した12の企業を詳細に研究した。

注意してほしいのは、私たちは単に成功企業を選んで共通点を研究したわけではないということだ。それは、過去に多くの研究者が失敗してきたアプローチである。

私たちが注目したのは実績ある大企業で、その中でも時代を越えて一貫した成果を出すことが判明している（相当の分析的研究と、数十年のクライアントの直接的な経験による裏づけがある）アプローチ、すなわち**自社独自の価値提供を実現する差別化されたケイパビリティに基づいて、自社の未来を形成するという手法を選択した企業**である[7]。

私たちは、このアプローチに沿う企業を選び出して、各社が何を実行し、どう運営したかを研究した。そうすることで、各社がビヨンド・デジタルの時代にも意義を失わず、価値を生み出し続けた経緯を学んだのである。


私たちの目標は、これらの企業が「何を実行したか」だけでなく、「どのように実行したか」を知ることだった。各社はどのように未来を選択し、選択の情報源となる知見にたどり着き、リーダーシップチームを機能させ、従業員を参画させ、前進するうえで避けられないつまずきを乗り越えたのだろうか。

業界、地域、規模が異なるにもかかわらず、12社がたどったトランスフォーメーションの道筋と、リーダーシップチームが変革を率いた方法には、重要な共通要素があった。各社の変革の旅は、社外に目を向け、自社の価値提供や、顧客やパートナーとの関係を見直すところから始まった。次に業務や組織の運営方法が思い描く未来と整合するように、社内のトランスフォーメーションを実行した。最後に、これらの企業のリーダーらは、自分自身、すなわち信念、強み、弱みに目を向け、自社の未来を形作るのにふさわしいリーダーになった。

私たちは彼らの歩んだ道から得た重要な知見を、7つのリーダーシップの必須要素にまとめた。これらを網羅することで、求められるトランスフォーメーションを構造化して実行するための強力なプレイブックができあがる。

ここからの章で一つずつ詳しく解説していくが、まずは、私たちが研究した成功企業が、これらの必須要素をいかに実践しているかを簡単に紹介する。

1 世界における自社の立ち位置を再構想する（第2章）

ビヨンド・デジタルの世界で成功するためには、自社がどのようなポジションを占めようとするのかを明確にする必要がある。想像力を羽ばたかせ、現在のビジネスや商品ポートフォリオの先、競合他社の動向の先に目を向けて、自社がどうなりたいのかを構想する。そして、顧客や社会のために自社が生み出す独自の価値という観点から、また、そうした価値を他社に真似のできない方法で生み出す自社固有のケイパビリティ体系という観点から、世界における自社の立ち位置を定義する必要がある。もし自社が地上から消えたら、顧客や社会にどれほど大きな穴があくだろうか。

企業が生み出す価値は、多くの場合、わずか5～10年前に企業が想像していたものよりもはるかに野心的なものになるだろう。なぜなら、共通目標を掲げたコラボレーションが格段に容易になったし、プラットフォームやエコシステムの進化によって、自社が注力する対象や他組織のケイパビリティを利用できる領域を、より意図的に選ぶことも可能になったからだ。

これは、最大手の組織だけに当てはまることではない。顧客の生活やビジネスのどの部分を自社が支援しようとするかという点について、より大胆で鮮明なビジョンを持つ機会、さらにはそうすべき必要性は、ありとあらゆる企業に与えられている。

強力な立ち位置を構想する作業は、芸術と科学の組み合わせである。トレンドに注目し、顧客に要望を尋ねるだけではもはや十分ではない。以下のようなことが求められる。

- 将来的に価値がどのような基準で評価され、創出されるかという視点を身につけて、変化に正面から取り組む。

- 規制、社会、環境、技術面の変化が未来に与え得るインパクトを理解する。
- 自社のみが得意とすることや、そうした強みを活用して独自の価値を生み出す方法は何かを認識する。
- 「さまざまな価値提供が需要の形成をどう支えるか」「そうした価値提供が外的衝撃に対し、どう役立つか」を見極める。

次に、どのような価値提供が自社に勝つ権利を与えるかという点で、大胆な選択をする必要がある。それによって世界における自社の立ち位置が決まるだろう。

世界における自社の立ち位置が定義できたら、その立場での業務遂行に必要なケイパビリティを再考しよう。そのために、価値提供を実現するための必要条件を業務の全プロセスで見直す必要がある。あらゆるものに投資するゲームに参加するのではなく、テクノロジーに関する判断がどうケイパビリティを支えるのかを明確にすることも大切だ。自社が実現を約束している価値の改善に、テクノロジーがどう役立つかという点に意識を集中させよう。

2 エコシステムを作り上げて価値を創出する（第3章）

自社だけで競争しようとすれば、価値創出が可能となる機会が限定されるだけでなく、顧客に関する深い知見を得たり、必要なケイパビリティの規模を速やかに拡大したりすることもできないだろう。規模や業界を問わず、単独で進む企業は後れを取るリスクを増やすだけである。

今日の問題の多くは非常に大きく、単独で解決できる企業は存在しない。企業や機関が協力しあうネットワークでなければ太刀打ちできないのだ。そして、顧客がインテグレーターの役を果たす時代は終わった。顧客はサプライヤーが協力しあって総合的なソリューションを提供してくれることを期待し、それを求めている。

変化の速さを考えると、企業はケイパビリティの規模を速やかに拡大する必要がある。しかし企業には、必要なすべてのケイパビリティを自前で構築する時間、あるいは財源がない。この創造的破壊の時代に企業が繁栄するための唯一の道は、**他社が確立したケイパビリティにアクセスするために、エコシステムと協力する**ことだ。しかもそれを、速やかに、大規模に、柔軟に行うことである。

とはいえ、エコシステム戦略を機能させることは簡単ではない。複雑性のレベルは明らかに上がる。自社の価値の実現を気にかけるだけでは不十分で、エコシステムのパートナーの動向も心配しなければならない。そして、エコシステムのパートナーに自社のデータ、知的資本、人材に対するアクセスを開放することにより、自社を現実的なリスクにさらす可能性がある。

だが、そうしたリスクや労力にはそれだけの価値がある。なぜなら、これからはエコシステムをベースにして勝敗が決まる傾向が強まるからだ。

3 顧客に関する専有的知見を体系的に構築する（第4章）

顧客を理解することの重要性はいまに始まったことではないが、これまでとはまったく違う緊急性を帯びている。顧客は速やかな変化を望んでおり、彼らのニーズや要望はますます細分化している。それと同時に、データを収集、保存、分析する機会が爆発的に増えた。これを生かさなければ、後れを取るだろう。

顧客に関する専有的知見を体系的に構築するためには、単なる市場調査の購入よりも、はるかに多くのことが求められる。企業は目的と信頼の基盤を構築する必要がある。なぜなら顧客は、企業の提供する価値に共感し、自分の情報を企業が有効活用してくれると信じて初めて、自分の最も有益な情報を提供するからだ。

顧客の最も重要な問題を解決することに注力するためには、以下のことが求められる。

- 顧客に関する知見の獲得について、目的意識を持った戦略やロードマップを展開する。
- 企業は知見獲得の仕組みをオペレーションの必須要素にすることにより、自社がやりとりする多種多様な顧客の「声を聞く」。
- 自社の差別化を維持するために、専有的知見を生かして価値提供、ケイパビリティ体系、提

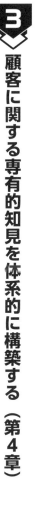

供する商品・サービスを組織的に強化するという形で、知見を業務と結びつける。

価値創出や持続的な差別化という点での専有的知見の重要性を考えると、それを獲得することは最も重要なケイパビリティの一つになるかもしれない。自社を取り巻く世界でどのような変化が起ころうとも、知見が充実すればするほど、顧客にとって意味のある方法で価値提供を改善できる。

そして、価値提供を改善すればするほど、約束が果たされ、自社と関わりを持つ顧客が増えて信頼が生まれる。自社と関わり、信頼を寄せる顧客が増えれば増えるほど、彼らとの結びつきが保たれ、彼らにとって有意義な存在でいられる。

加えて、顧客の行動の絶え間ない変化や、どうすれば常に有意義な存在でいられるかということに不安を抱く企業にとっては、このケイパビリティが後れを取ることを防ぐ最高の手段になるだろう。もっと言えば、価値提供の形成を続けるための最善のツールになるだろう。

4 成果指向の組織にする（第5章）

自社を差別化する少数のケイパビリティの規模を拡大して価値を創出するためには、働き方やチーム作りの新たなモデルが必要である。なぜなら、より大胆な価値提供を実現するにつれて、ケイパビリティの飛躍的な強化が求められる可能性が高いからである。

従業員を現在の機能的役割から引き離し、勤務時間の10～20％、あるいは6週間とか6カ月という期限付きで共同作業に従事させるという方法でごまかすことはできない。典型的な機能横断チームでは、価値提供に命を与えるために必要な献身性、集中力、エネルギーを発揮するには力不足である。その代わりに、**自社を差別化するケイパビリティに必要なものを組織全体から集めて実現する、より長期的で成果指向的なチームを構築する**ことが求められるだろう。

この種のチームを作る第一歩は、価値提供の実現のために揃えておくべき、最も重要な少数の要素を特定することである。その成果を実現するために、どのような専門技能、知識、技術、データ、プロセス、行動を揃えなければならないだろうか。このような検討を通して、機能別で固定的な古い組織から、ケイパビリティ実現のために組織の垣根を越えて機能する成果指向的チームのモデルへと移行できるだろう。

こうしたチームは、本社部門、事業部門、機能部門／シェアードサービスと共存するが、組織の中で際立った存在になっていくはずだ。そのリーダーらは、本社部門、機能部門、事業部門のリーダーらと同じく、最上級チームに席を確保するだろう。機能的専門性を持つ多くの人材が成果指向チームに組み込まれ、さまざまな機能部門や事業部門をローテーションで回ることにより、より幅広いスキルと協調的な働き方を身につけるだろう。

ケイパビリティベースの組織において、純粋に機能的なチームは、単一機能の作業の提供、機能面の方法論や手続きの開発、組織全体の機能別の人材開発の促進にいっそう注力するようになる。この新たなモデルでは、事業部門の顧客・市場中心の傾向がいっそう強まる（商品中心の傾向は弱まる）。そしてこの部門は、顧客のニーズに合わせた適切なケイパビリティを形作るための重要な統合役を担うだろう。

ただし、組織図を書き換えるだけでは、組織をこの新しい協調的な方法で機能させることはできない。投資資金の割り当て方や企画・予算の方法を変え、測定と報奨の対象を見直し、流動的な組織を実現するためのキャリアモデルを整備し、新たな行動を形成して変化を促すことによって、組織のDNAに対処する必要があるだろう。

5 リーダーシップチームの焦点を反転させる（第6章）

正しく差別化されたケイパビリティを確立するために戦略的努力が求められるのと同様に、リーダーシップチームにも、新たな形の価値創出へと移行するための新たなスキルと仕組みが求められるだろう。

一歩退いて、白紙の状態から検討を始める必要がある。適切な役割を設けているだろうか。適切な人材を確保しているだろうか。適切な事柄に焦点を当てているだろうか。求められるトランスフォーメーションを推進しているだろうか、それとも組織の短期的ニーズへの対応に多くの時間を費やしているだろうか。効果的に共同作業をしているだろうか。

私たちの研究の結果、リーダーシップチームがトランスフォーメーションの推進を後押しする、3つの重要なアクションが明らかになった。

①在職年数ではなくスキル構成の妥当性に基づいて、最上級チームを構築する。焦点を当てるべく選んだケイパビリティを実現し、自社が再構想した世界における立ち位置を実現するには、どのような役割、スキル、バックグラウンドが必要だろうか。

②リーダーシップチームの焦点を、単に今日の需要に対応することから、トランスフォーメーションを推進することへと移す。どのような構造や仕組みがあれば、目先の緊急事項が重要事項を押しのけることを防げるだろうか。

③リーダーシップチームのコラボレーションや行動について、当事者意識を持つ。世界における自社の立ち位置に求められるレベルの結果責任の共有やコラボレーションを、どうすれば最もよく根づかせられるだろうか。

6 従業員との社会的契約を再定義する（第7章）

トランスフォーメーションを実行する際に従業員を巻き込むことは、これまでも常に重要だったが、いまではまったく新しい意味を帯びつつある。

人々によるイノベーションや急速な変化を支えるケイパビリティへの依存度が高まっていることを考えると、リーダーシップチームが単独で未来を形作る道はない。

成功する唯一の道は**「市民主導型アプローチ」**の採用だ。すなわち、組織やエコシステムの深いところにいる従業員に、周りで起きていることを常に把握させ、企業の目指す方向に沿って、持続的な貢献とイノベーションを促すということである。

従業員が日々の仕事に全力を尽くすように、彼らとの「契約」を根本的に見直す必要があるだろう。私たちがここで意味するのは雇用条件を記した法的文書のことではなく、企業と従業員がともに繁栄に必要なものを手に入れられるように両者の間で結ばれる、暗黙の契約のことである。

企業が目指す方向について従業員に当事者意識を持たせるために、たとえテクノロジーが主導する世界の中でも、企業の未来を形作るうえでは従業員が重要だということを、改めて保証する必要があるだろう。デジタル化や自動化は、ロボットに仕事を奪われるという恐怖を労働者に抱かせる。従業員は、いまもこれからもケイパビリティ体系の要であり続け、革新的な方法でテクノロジーを活用するためには引き続き彼らが必要だということを明確にしよう。

従業員が各自の役割を理解できたら、彼らに有意義な方法で巻き込む。すなわち、彼らの目的と企業の目的を結びつけること。彼らが確実にソリューションに貢献し、関与できるようにすること。コミュニティ意識を持たせること。必要なスキルや経験（テクノロジーをより有効に活用する能力を含む）が得られるように支援すること。そして、自社の差別化されたケイパビリティを確立するために必要な時間とリソースを与えることである。

社会的契約の改革は、従業員の気分を良くするための作業ではない（実際そうなるだろうが）。肝心なのは、**自社のトランスフォーメーションに参画することを従業員とエコシステムに選ばせることである。**

組織の方向性をさらに明確にすることにより、従業員が自社のすべての活動がどう組み合わさるかを理解し、目的地に皆で到達する方法の決定に貢献できるようにする必要があるだろう。

7 自身のリーダーシップのアプローチを創造的に破壊する（第8章）

ビヨンド・デジタルの世界で変わりゆく状況の中を進んでいくと、リーダーたちの前にはわずか5年、10年前に直面していたものとは異なる課題が現れ、新しい形のリーダーシップが求められる。

私たちが研究の中でインタビューしたリーダーたちが一貫して強調したのは、自社の変革とまさに同じように刺激的で根気のいる自己変革に取り組んだということだ。変革とは本質的に、すでに説明したさまざまな判断について、大胆な思考と行動が必要なものである。

各社、そして各リーダーの発展の過程はそれぞれに異なるが、リーダーたちが対処を迫られた課題には、以下のような共通の性質があることを私たちは確認した。

- 戦略家であり、実行者である。
- テクノロジーに精通しているが、極めて人間的である。
- 常に誠実さを指針としつつも、うまく連携を図り妥協する手腕を持つ。
- 非常に謙虚で自身の限界をわきまえつつも、進むべき道を示して大きな決断を下す。
- イノベーションを常に推進しながらも、自社がどのような企業かということに立脚する。
- グローバルな思考をしつつ、地元コミュニティに深く根ざす。

リーダーはすべての分野で卓越する必要があると言いたいわけではないが、ある限られた分野だけを得意とし他を苦手とする者は、この規模のトランスフォーメーションを率いるうえで困難に突き当たるだろう。

したがって、自身の強みを土台にしつつ、この一連の性質を深く理解することが、自己開発について熟考し、適切な経験を求め、自分のリーダーシップ特性を補完させるために必要な人々を周囲に集めるときの助けになるだろう。

7つの必須要素はいかに組み合わさるか

7つの必須要素は非常に密接に絡みあうため、2つ、ないし3つだけを取り上げて注力することは極めて難しいだろう。

もし、この中の1つを見落としたらどうなるだろうか。

例えば、世界における自社の立ち位置が明確でなければ、顧客に対する価値創出の仕方に根ざした明確なパーパスを掲げられないだろう。エコシステムにどのような組織が参加していて、それらとどう提携するべきかという判断を下す際の指針となる北極星も見えないだろう。顧客に関する専有的知見を体系的に構築しなければ、顧客の要求やニーズの変化がわからず、最も大切な顧客にとって新鮮で有意義な存在であり続けるために、世界における自社の立ち位置をどう発展させていけばよいかの判断もできないだろう。成果指向の組織にしなければ、従業員が縦割り組織の壁を越えて活動したときに問題が生じ、世界における自社の立ち位置を実現するために必要な、差別化された機能横断的なケイパビリティの構築と規模拡大に苦労するだろう。

これらの必須要素のどれか1つでも見過ごせば、その他の要素にうまく対処することはできない。

ただし、良い知らせもある。**必須要素のどれか1つに対処することは、他の要素に関する取り組みにも役立つ**のである。

例えばエコシステムの中で働くと、より多くの顧客をより多角的に捉えて、より深い知見を収集できるようになる。エコシステムのパートナーと力を合わせたり、より大きな価値を顧客に届けたり、世界の中でもっと野心的な地位を占めたりすることもできる。そして、リーダーシップチームに他社の動向を詳しく観察する機会を与えることにより、チームのケイパビリティを強化できる。同様の精神で、従業員との社会的契約を改革し、有意義な形で彼らを巻き込むと、企業の目指すべき目的地およびそこに到達する方法を形成する過程に従業員が貢献できるようになる。現場の従業員は、顧客に関して学んだことをフィードバックする手段を得て、そうした知見を企業の発展の仕方を決める際の情報源にすることができるだろう。そして、彼らはチームの共同作業を改善する道を見出し、従来型の縦割り組織の打破がさらに進むだろう。

「自社が構築する必要がある、差別化するケイパビリティとは何か」を明確にすることの重要性はいくら強調してもしすぎることはない。自社が構想する世界における立ち位置と、そこに実際に立てるかどうかの橋渡し役になるのがケイパビリティだ。自社を差別化するケイパビリティを十分に明確化しておくことは、エコシステムとともに活動する際の前提条件である。なぜなら、そうすることにより、自社が実行する物事と他社が提供する物事を判断するための強力なフレームワークが得られるからだ。

専有的知見を得ることは、多くの場合、自社を差別化するケイパビリティの一つになり、新鮮で有意義な価値提供が保たれる。差別化するケイパビリティは、組織が達成すべき最も重要な成果と、それを実現するために最上級チームに揃えるべきリーダーの顔ぶれを決める。そして自社を差別化するケイパビリティが明確になると、従業員たちの努力やイノベーションが、それを最も必要とする領域へと導かれる。そしてリーダー自身の変革の仕方も見えてくるため、リーダーは自身のケイパビリティを世界に通用するレベルに引き上げることができるだろう。

私たちの経験によると、大半の企業は、これらの領域のほとんどについて大変な作業を強いられる。1つや2つの領域に取り組むだけでは不十分だが、組織は往々にして、やるべき作業を単純化する方法を探し、おそらくすべての領域に存在するはずの根本的なギャップに正面から向き合わない。7つの必須要素のすべてに取り組むことで、これから待ち受ける課題に対応できる企業になるための、真に連結しあったシステムが生まれるのである。

ロードマップ

私たちは、この7つの必須要素が唯一の成功の道だと主張するわけではない。しかしこれらは実際に、リーダーが世界の中で自社の立ち位置の有効性を維持し、そこに実際に立ち、これから先も有意義な企業であり続けるためのトランスフォーメーションの筋力を鍛えることに役立つ、強力で包括的な道筋を描く。また、これは本質的にやりがいのある魅力的な道筋でもある。増え続ける競合他社の動向に逐一反応しようとするのではなく、自社が主導権を握り、変化に立ち向かい、自社の未来を形成できるからだ。

ここからの7章で、リーダーが対処すべき必須要素を一つずつ説明する。第2章から第4章は、「企業と社外とのインタラクション」を取り上げる。第5章から第7章は「社内のインタラクション」に目を向ける。第8章は「リーダー自身の変革の旅」についてである。そして第9章は、「企業の進む道をいかに形成するか」という点について、いくつかの重要な教訓を紹介する。

楽な旅路ではないだろう。そして一夜にして完了するわけでもない。しかし非常に実りの大きい道のりである。そしてリーダーが残すレガシーの要となるだろう。

では、始めよう。

スピードの罠

ビヨンド・デジタル時代の何がそれほど違うのかと説明しようとしたとき、同僚の一人はこう言った。

「変化率の上昇についていまさら聞くなんて、呆れ返って顔が引きつってしまう。アルヴィン・トフラーの『未来の衝撃』が出版されたのは1970年。ビートルズが解散した年のことだ」

人々が変化に関心を持つのは新鮮だからであり、連続性を無視するのは新鮮さがないからだ。停電や水漏れが起こらない限り、電力会社や水道会社に関心を持つ人が少ないのと同じである。

しかし、アマゾンのジェフ・ベゾスは2012年の対談でこう言った。

「『今後10年で何が変わるか』という質問はしょっちゅう受けます。これは非常に興味深く、ごくありふれた質問です。『今後10年で、変わらないものは何か』という質問を受けたことはほとんどありません。私が思うに、実際には二番目の質問のほうが重要です。なぜなら、時を経ても不変なものを中心に事業戦略を立てることができるからです」[b]

この新たな時代を表現するときに、人々の頭にまず思い浮かぶのはスピードだ。しかしこれは、本書の研究対象である、もっと興味深くて多面的な現象の診断としては安直すぎる。「スピード」という診断は短絡的なだけでなく危険でもある。なぜなら、回し車の中で一番速いハムスターになれという誤った処方箋につながり得るからだ。もしスピードを上げるだけならば、同じ失敗をするタイミングが早まるだけである。

これから求められるのは、すぐには変わらないものを探すことである。解決の必要がある世界の巨大な問題、顧客がいまもこれからも抱えるであろう根本的な要求やニーズ、自分の組織だけが実現できるユニークなこと、などである。

もちろん、スピードは重要な要素だが、人々の一般的な解釈とは違うということだ。人々は外面的なスピード（物事の変化がどれだけ速いか）に注目するが、本当の課題は、内部の意思決定をどれだけ速くできるかである。人々は技術分野の驚くべき変化の速さにとりわけ注目するが、それよりもはるかに大きな課題はビジネスモデルの創造的破壊のスピードであり、こちらは技術によってもたらされることが多いものの、はるかにゆっくりと進展する。

すぐには変わらないことを組織の錨にすれば、顧客にとって最も重要な分野や、組織が解決に取り組んでいる問題に努力を向けることができる。そうすることで、変化に正面から取り組み、未来を形作ることが可能になる。外からの力に延々と反応し続けるのではなく、自社が主導権を握り、起こしたい変化を起こすことができるだろう。

a. Alvin Toffler, *Future Shock* (New York: Random House, 1970).

b. https://www.youtube.com/watch?v=O4MtQGRIluA.

1 企業が差別化するケイパビリティを確立し、持続的な優位性の創出に活用する方法の詳細は、Paul Leinwand and Cesare Mainardi, with Art Kleiner, *Strategy That Works: How Winning Companies Close the Strategy-to-Execution Gap* (Boston: Harvard Business Review Press, 2016). を参照。企業が持続的な価値を創出する方法に関する私たちの研究の詳細は、www.strategyand.pwc.com/gx/en/unique-solutions/capabilities-driven-strategy/approach.htmlを参照のこと。

2 Shep Hyken, "Customer Loyalty and Retention Are in Decline," *Forbes*, October 13, 2019, www.forbes.com/sites/shephyken/2019/10/13/customer-loyalty-and-retention-are-in-decline.

3 Business Roundtable, "Business Roundtable Redefines the Purpose of a Corporation to Promote 'An Economy That Serves All Americans,'" August 19, 2019, www.businessroundtable.org/business-roundtable-redefines-the-purpose-of-a-corporation-to-promote-an-economy-that-serves-all-americans.

4 Ernest Hemingway, *The Sun Also Rises* (New York: Scribner, 1926).

5 本書に収録した研究対象企業の幹部のコメントは、２０１８～２０２１年に著者らが実施したインタビューに基づく。肩書きは２０２１年春時点。

6 "Inditex 1Q20 Sales Drop Limited to 44% Despite up to 88% of Stores Closed," Inditex.com, June 10, 2020, www.inditex.com/article?articleId=648065.

7 このアプローチの土台となる研究の詳細は、www.strategyand.pwc.com/gx/en/unique-solutions/capabilities-driven-strategy/approach.htmlを参照。

第2章

世界における自社の立ち位置を再構想する

無難な行動を取り、能力以下の人生に甘んじている状態に、
情熱を見出すことはできない。

——ネルソン・マンデラ

10年前、アムステルダムに本社を置く多国籍企業フィリップスは、オーディオやビデオといった消費者向け電子機器から照明、医療機器に至る多様な事業ポートフォリオを擁するコングロマリットだった。

フィリップスには、際立った歴史がある。1891年に電球メーカーとして創業し、20世紀半ばには電気シェーバーのパイオニアとなった。また、1970年代から1990年代に普及したカセットテープを発明し、1982年にはCDを（ソニーと）共同開発した。医療機器の製造も行っており、第一次世界大戦中のX線技術の開発を皮切りに、病院向けにコンピュータ断層撮影（CT）や磁気共鳴画像法（MRI）の装置などの画像技術を導入した。2011年には、フィリップス・エレクトロニクス（当時の社名）は世界トップの照明機器企業となっており、消費者向け電子機器の主力企業でもあり、さらには世界有数の医療機器メーカーとなっていた。つまり、業界内で多角経営を行う巨大電気機器企業だった。

しかしながら、同社は出血状態にあり、数千人の従業員をレイオフし、15億ユーロもの損失を計上していた。

新たなCEO、フランス・ファン・ホーテンのもと、フィリップスは将来を見据え、自社のあり方を抜本的に再構想する決断をした。そして、ヘルスケアと健康的な生活を中心とした事業に再集中し、「より健康で持続可能な世界を実現し、2030年までに25億人の人々の生活を改善する」[1]という実に野心的な目標の達成を目指すこととした。

フィリップスは、一体化したヘルスケア・ソリューションとサービスを実現することによって、データやAIの力を医療の各側面で発揮し、健康的な生活や疾病予防から診断、治療、アフターケアまでの一連のヘルスケア・プロセスにわたってデリバリーを最適化する、ヘルステクノロジー企業へのトランスフォーメーションを目指すこととなった。このトランスフォーメーションのためには、フィリップスの持つ消費者への深い知見やケイパビリティ、医療機器の高い技術力、データやAIの力を集結させ、ヘルスケアや健康的な生活のコストと品質を一新することが求められた。

今日までに、同社の技術が可能にしてきた商品には、健康的なライフスタイルの管理に役立つウェアラブル・パーソナルデバイスや、健康問題を正確に診断し適切な治療を支援するAI拡張型の高精度診断ソリューション、正確かつ安全に症状に対処するための低侵襲（身体負担を伴う手術を回避する）治療ソリューション、健康的な生活への早期回復をサポートするホームケアのモニタリングやサービスなどがある。

フィリップスは、2つの柱で世界に新たなポジションを確立した。1つは、人々が自身のヘルスケアやウェルビーイングをより一体的に管理するという「**満たされていないニーズ**」、もう1つは、医療機器、消費者への知見、技術イノベーションにおける「**強力なケイパビリティ**」である。ファン・ホーテンは次のように説明する。

「ヘルスケア業界で当社は先進的な技術製品で競争し、主導的な位置にいました。しかし、デジタルデータの革命の到来が見えており、価値は、単にデータを作成することでなく、データを理解することから生まれるようになると考えました。そのため、ヘルスケア業界に真の意味でインパクトを与える大規模なトランスフォーメーションが求められるのです。そのときに私が気づいたのは、当社が照明とヘルスケアを同時にトランスフォーメーションする可能性はあまり高くないということでした。

そこで、選択をしたのです。私たちは、ヘルスケアの行く先を見据えたビジョンを作成しました。私たちは、フィリップスの消費者への知見と、ヘルスケアや臨床技術に関する知見を活用していくと述べました。そして、地球上の数十億人の人々の生活を改善していきます」

フィリップスは、バリューベース・ヘルスケアによって結果の改善と全体的コスト低下を実現できるとする研究をもとにして、世界における新たな立ち位置を確立した（バリューベース・ヘルスケアは、行った治療の量に応じてヘルスケア提供者に対価を払う従来型の「出来高払い」アプローチとは対照的に、患者の症状回復の達成に対して対価を払う方式）。

フィリップスはこの知見にいち早く取りかかり、その基本フレームワークとして「ヘルスコンティニウム」を打ち立てた。このフレームワークは、健康な生活や疾病予防から、正確でタイムリーな診断、適切な治療、在宅でのケアやモニタリング、そして健康な生活への復帰という、個人の一連の流れを示したものである。フィリップスの目標は、このコンティニウム（連続的なプロセス）全体にわたってプレーヤーとなり、ヘルスケアと健康な生活という約束を実現することだった。ファン・ホーテンは、次のように想起する。

「私たちは、ヘルスコンティニウムに既存の活動を配置して、『すべてをいかに結びつけるか』を模索しはじめました。製品をベースに競うだけでは限界があります。『どうしたら人々の健康を維持できるか』『病気になった人の最初の診断を正しく行うにはどうしたらいいか』『病気の診断を受けた人に、いかに低侵襲で回復が早い方法で治療を行うか』、そして『いかに、慢性疾患を抱えた人々がそれぞれの地域社会や家庭で普通の生活を送れるようサポートするか』といった課題に対して解決策を示せるほうがはるかにパワフルです」

これは、フィリップスにとって大きく異なるアプローチだった。最高イノベーション・戦略責任者であったイェロン・タスは次のように言う。

「これまで、私たちは製品に注力していました。心血管超音波では、当社の製品がベストでした。CTでの心血管系疾病の検出も行っていました。16リードのECG（心電図での最先端技術）もありました。他にもまだまだあります。こういった製品はどれも、個々に開発されたもので、非常に狭い目的のためのものでした。

しかしいまは、病状の改善がすべてであり、過去のアプローチとはまったく異なる視点から事業を考えなければなりません。いまでもすばらしいCT装置を持ってはいますが、次の大きな技術的特徴に関する競争をすることが目的ではないでしょう。これからの競争は、『どうしたらもっと良い診断ができるか』『どうしたら患者の経験を向上できるか』『どうしたら放射線技師や臨床医により良い経験を提供できるか』、そして最も重要な『どうしたら患者の症状改善に貢献できるか』といったことになると思います」

ヘルスケアを「製品」という観点からではなく「ペイシェントジャーニー」という観点から捉えるようになったことで、フィリップスは、プラットフォームを整備し、データやインフォマティクス、ワークフロー自動化を活用する必要性を認識するようになった。

ファン・ホーテンはこう説明する。

「私たちは、サイロ化した放射線学と、サイロ化した病理学、分子生物学、遺伝子学をすべて一つに集結させ、患者のどこに問題があるのかについて完全に一致した見解を持てるようにする必要があると考えています。そうすれば、ＡＩやデジタル技術を使って適切な治療方針を選ぶことができます。これが、究極の目標です」

ファン・ホーテンの見解では、このプラットフォームアプローチなら、患者に対して真の価値を創出でき、また生産性の高い医療ケアが提供できるという。

今日、フィリップスはヘルスケアを「全体が一体につながったもの」として扱うことで、成果と効率化を引き出し、患者エクスペリエンスの強化、症状の改善、医療コストの抑制、医療従事者の労働状況の改善という、同社の4つの目標の実現をサポートするイノベーションを推進できるようになった。

フィリップスは新たなミッションのもと、同社のポートフォリオやビジネスモデル、企業文化を根本的に変えることとなった一連のトランスフォーメーションを果たした。

こういった変化は、長年同社のアイデンティティであった伝統ある事業からの脱却を含めた抜本的な改革を意味した。2011年からフィリップスは、テレビ、オーディオ、ビデオ事業を売却し、照明事業は新会社シグニファイに分社化し、2021年に家電事業を売却して主な売却を完了した（これらの事業の一部では、フィリップスブランドで製品の生産、販売を続けている）。

フィリップスは、顧客領域ごとに組織を再編してサイロ化していた機能チームを結集し、技術やデータ、ソフトウェアのケイパビリティを新たなレベルに引き上げて、顧客の成果実現、エコシステムのパートナーシップの構築、新たな人材の投入を行った。現在は、ヘルステクノロジー事業への集中により驚異的な利益率と株主価値を生み出しており、2020年までの5年間で株価は82％上昇した。

フィリップスは、21世紀に最も活気ある業界の一つとなると期待される業界で競争する立ち位置を定めたが、これは、自らの将来像を描くために組織が再構想すべきことを示した好例と言えるだろう。

なぜ、自社の立ち位置の再構想が重要なのか

世界における自社の立ち位置を再構想することは、未来の自社の存在意義を確保するための前提条件となっている。

これにより、自社が提供していく魅力的な価値や、その価値をいかに差別化した方法で創出するかを定義するのである。**「約束した独自の価値」**と**「それを他の誰よりも果たすための差別化したケイパビリティ」**という両方の側面によって、自社の立ち位置が明確になる。

どちらか1つの側面のみに注力したのでは不十分だ。

フィリップスの場合、より良いヘルスケアを通じて人々の生活を改善したいと宣言するだけで

は駄目だった。その目標を実現できる独自のケイパビリティを明確にすること、すなわち同社がすでに有していた一連の差別化したケイパビリティ（医療用画像技術の深い臨床的・技術的理解など）の拡大と、新たな差別化したケイパビリティ（ＡＩによる予測診断など）の構築に注力する必要があった。

２つの側面を組み合わせることで、組織が価値を生むために何をし、どのようにそれを行うかについての強力な枠組みが得られる。ビヨンド・デジタルの世界では、信頼や成果が、単に手に入れたいものでなく、要求されるようになりつつあるため、この枠組みを得ることは極めて重要である。

第１章で述べたように、需要の革命、供給の革命、経営環境の大きな変化は、価値や、価値創出の仕方に対する顧客の期待値を変えている。成功モデルはかつてとは大きく異なり、社会の非常に大きな課題を解決するビジネスに対するニーズが高まっているため、既存企業の多くは、世界における自社の立ち位置を再構想する必要がある。

しかし、こうした変化の重みを（まだ）十分に感じていない企業であっても、単にいま行っていることをデジタル化して、未来に向けて漸進的に進むだけというのは賢明ではないだろう。

もちろん、常にさらなる効率化を進めていくのだが、それは競争相手も同じであり、利益なき競争が続いていく。多少の適合性を維持している市場では、「勝負はまだついていない」と言うかもしれない。

ただほとんどの場合、他社が目立ってくるにつれ、自社のポジションを維持することへの苦労が増すのだ。自社には昔ながらの価値提供や、強いブランド力、長年積み上げてきた評判、そして得意顧客があり、今後とも重要だと考える企業もあるだろう。

しかし、顧客は次第に、企業の過去に知られていた価値ではなく、現在その企業が提供している独自の価値を期待するようになり、また自社の優位性が持続しなければ他社がイノベーションのチャンスと見なすようになる。さらに、ESGを考慮することで価値の捉え方や測り方が変わっていくため、どの企業も、自社が提供している価値が常に今日的で適切なものなのかを見直す必要がある。そのため、競争の性質や外的環境が変化する中にあって、もし差し迫った脅威を感じていなかったとしても、その状態は長く続くものではない。**いまある比較的安定した状態のうちに、自社の将来像をどう描くかを改めて考えるべきだ。**

では、現在の状況において真の差別化とはどのようなものだろうか。

今日の市場で真の意味での優位性を示す例は、ほぼすべて強力な差別化したケイパビリティによるものであり、それは他の誰よりも優れた、少数の要素から生まれている。

例えばザラの、トレンドを押さえた商品を大多数の小売業者よりも迅速かつ的確に生産する能力に見るように、こうしたケイパビリティは本質的に複雑だ。なぜなら、優れたケイパビリティとは典型的に、知識、プロセス、技術、データ、スキル、文化、組織モデルを組み合わせたものであり、機能部門を越えて業務を統合して望ましい成果を上げることが非常に難しいからである（これについては、第5章で取り上げる）。

複雑であることはマイナスと見なされることが多いが、この種の複雑さは、世界におけるポジションを高めることを可能にし、自社の成功を模倣しようとする競争相手にとって大きな障壁となるため、現在の環境では特別な価値を持つ。

しかし、複雑であること以上に重要なことがある。

実際、ケイパビリティとは新たな形態のスケールであり、ミクロ経済的な強い優位性を備えている。かつては事業規模の大きさ自体が企業の優位性になっていたが、いま重要なのは、**差別化したケイパビリティのスケール**である。

今日のケイパビリティは通常、多額の投資（多くの場合は固定資産投資）を要する。特に、データ、技術、人材への投資だ。サプライチェーンを「インテリジェント化」したり、価格設定のケイパビリティを構築したりするための投資を考えれば、膨大なデータや分析、ツール、人材が必要であることがわかるだろう。

こうした投資は、初めは手強そうに見えるだろうが、自社が行うことの中核に対して的を絞って行えば、競争上の大きな優位性となる。なぜなら、この投資によって、顧客にとって重要なことを誰よりもうまくできるようになるだけでなく、自己強化型の好循環に向かう推進力も得られる可能性があるからだ。

ケイパビリティの差別化が進めば進むほど、他にはない有意義な価値提供が現実のものとなっていることに顧客が気づくため、市場でより多く勝利できる。そして、市場で勝利すればするほど、各々のケイパビリティのスケールが大きくなる。

この好循環は、自社の製品やサービスを、再構想した世界における立ち位置の他の部分（さらには、こういったケイパビリティにアクセスできるほどのスケールではない小規模事業）に拡大したり、エコシステムのパートナーにこれらのケイパビリティを「レンタル」したりすることによって、より強固なものにすることができる。このような、適切なスケールの構築は、必要なケイパビリティを持たずに自社のポジションを狙おうとする競争相手から自社を守ってくれる。

ここで、フリトレーのダイレクト・ストア・デリバリー（ＤＳＤ）のケイパビリティを考えてみよう。同社はこのケイパビリティによって、配送を高頻度に行い、店舗の商品棚に影響力を持つことができている。また、何が好調で何が不調かという市場からのフィードバックを迅速に得られるため、特に、新商品や新ブランドを投入する際に有利となっている。

こういった情報は、他社は大金を払ってでも欲しがるものだ。フリトレーは、このケイパビリティを主に自社のスナック事業のために構築したのだが、例えばディップソースなどのもっと小さな商品カテゴリー、つまり自力ではそのケイパビリティを構築できそうにない事業のために用いることもできている。

このようなケイパビリティのエンジンを構築するには、**自社が真正面から向き合って集中投資するのに値する、少数の強みを明確化させておく**ことが必要だ。事業の規模や個々の資産にとらわれることをやめ、自社の行っていることや、この新しい形のケイパビリティのスケールのパワーによって自社を定義するのだ。世界における自社の立ち位置を明確にしない限り、組織は、競争上の差別化をもたらす重要なケイパビリティの背後にスケールを蓄積することはできず、多くのことについて平均であるものの、秀でたものは何もないという存在で終わってしまうだろう。

しかし、立ち位置をはっきりと定めれば、価値提供に沿ってケイパビリティの望ましい体系に注力し続けることができ、自社の立ち位置をしっかりと守ることができる。

ここで、自社の立ち位置を再構想した別の企業の例を見てみよう。その後で、どうしたら同じことができるかをじっくり考えてほしい。

日立――社会イノベーション事業を中心に自社の立ち位置を再考する

２００９年、日本の多国籍複合企業である日立は、２００７～２００９年の世界的な景気後退を受け、７８７０億円（80億ドルに相当）という、日本のメーカーとして過去最大の最終損失を計上した。1910年創業の同社は、当時、薄型テレビやストレージデバイスといった同社の広く知られた製品を含め、発電所から半導体に至るさまざまな規模の幅広いビジネスポートフォリオを築いていた。

執行役専務兼戦略企画本部長の森田守は、当時の状況を次のように振り返る。

「従来通りの事業を続けていたら当社に未来はない、という経営陣の強い危機感がありました。当社の顧客は、設備投資をしてモノを購入する方式からペイ・パー・ユース（利用に応じた課金）方式に移行しはじめていました。つまり、良いモノを作り顧客に提供するという当社の従来のビジネスモデルは、もはや機能しなくなるということです。当社のインフラ事業も同様で、ペイ・パー・ユース型の契約を提案すれば獲得できる顧客を増やすことができると感じていました。鉄道事業では、一部の地域において『その日に使う車両を当日の朝持ってきて、使用後はその日のうちに持って帰ってほしい』という顧客の要望がありました。そこで、日立がサービスレベル契約に沿って車両のリースやメンテナンス、修理のサービスを行うサブスクリプションモデルを構築したのです」

日立マクセルの会長だった川村隆は、2009年に日立の会長、社長、CEOとして日立再生の陣頭指揮を執った。川村が引き入れたのは、米国の日立グローバルストレージテクノロジーズの再建を成功に導き、それ以前は日立ヨーロッパの社長を務めていた中西宏明だった。中西は変革の中心的役割を果たし、2010年に川村の後任として社長に、その後2014年に会長兼CEOに就任した。森田はこう述べる。

「中西氏が日立を率いたことは、日立にとって大きな財産になったと思います。会社を根底から変えることを強い信条としていた人だからです。また誰に対しても、決めたら動け、動きながら考えろという姿勢が明確な人でした」

2009年7月、日立は新たな成長戦略を発表した。

「戦略の作成は、細部に時間をかけるよりも、あえて大まかな方向を示し、会社全体の足並みをその方向に向けることから始めました」と森田は当時を振り返る。「マーケットが急速に変化するいまのような時代、詳細な戦略を練り上げていたら、マーケットの変化についていくことなど決してできないでしょう」

日立は、自らを製品売り込み型の企業から社会イノベーションのグローバルリーダーへと転換しようと試みた。そして、顧客と協創し、社会的価値、環境的価値、経済的価値を生み出す、ITでつながった高度な社会インフラの実現を目指した。「社会の課題を解決する」ソリューションを実現するため、大きな社会的・経済的影響を伴う業界——エネルギー、モビリティ、水・環境など——にフォーカスを絞り、自社のテクノロジーやイノベーションの専門性を加えて価値を生み出すことに挑んだ。

この取り組みによって日立は、発電所の建設やストレージデバイスの製造を行う存在から、自動車メーカーのサプライチェーン改善や鉄道事業者の機器故障の削減をサポートする存在へと進化したのだ。


日立は、5つのマーケットにフォーカスを絞った。モビリティ、スマートライフ、インダストリー、エネルギー、ITである。そしてそのそれぞれで、顧客が直面している問題を深く理解し、ソリューション展開を試みた。

例えば鉄道事業の顧客に対しては、位置情報や運行情報、信号制御などを活用して運行の効率化や乗客サービスの向上をサポートする運行管理ソリューションや、車両やドア、コンプレッサにセンサーを取り付け、故障する前に部品を交換できるようにした故障予兆診断ソリューションを提供した。また、パワーグリッドのデジタル化（エネルギー）、生産のオートメーション・電動化（インダストリー）、自動車のコネクテッド化に対応した車両制御ソフトウェア更新（スマートライフ）、行政におけるデータ駆動型の価値創出（IT）にも力を入れた。

中西は、2016年の日本版ハーバード・ビジネス・レビュー誌のインタビューで、「成長戦略を立てる際に重視したのは、顧客の視点を取り入れることと、日立の強みを生かすことです」

と語っている。

「当社の事業プランを、当社の顧客が進んでいる方向に合わせる必要があると考えました。そこで、日立が最も顧客に貢献できる方法は何かと考え、ITとOTを組み合わせ、社会イノベーション事業にフォーカスすれば、高度な社会インフラを提供できると判断したのです。ITとOTを組み合わせたソリューションで価値創出を行うことで、顧客のビジネスに密接に関われるようになり、この方法でさらなる関連製品を幅広く供給できるようになりました」[2]

社会イノベーション事業のグローバル展開にフォーカスするため、日立は半導体事業を分社化し、テレビ生産から撤退し、火力発電事業を分離した。また、ハードディスクドライブ（HDD）事業を売却し、周囲に衝撃を与えた。中西自身が、米国の日立グローバルストレージテクノロジーズのCEO時代にHDD事業を再建したその人だったからだ。

しかし新たな企業戦略を考えたときに、中西は、HDD事業は世界における日立の新たな立ち位置との関連性があまりないと結論づけたのだ。この決断は、日立のトランスフォーメーションに「聖域はない」という重要なメッセージを組織に送ることになった。この一連の事業譲渡は、大胆なコスト削減計画と合わせて、成長事業に投資するためのキャッシュフローの確保に役立った。

２０１６年の「Lumada（ルマーダ）」の発表は、重要な節目となった。Lumadaは、サイバー世界とリアル世界を連携させ、顧客のパフォーマンス向上や効率化をサポートする実用的な知見を提供することで、顧客に対するさらなる価値を創出する目的で開発された。

「当社には、ＩＴとＯＴ、モノ作りのノウハウやソリューションが揃っており、デジタルを社内でハンドルできるケイパビリティもあります。日立グループ内の事業部門が連携し、他社とも協創して人々の生活の質の向上や社会課題の解決に取り組むことで株主価値を増加させていくのは適切だと考えました」と森田は述べる。

「当社のアプローチでは明確な価値提供を想定しないまま、単に世界中の顧客からデータを吸い上げて分析するということはありません。まず、お客さまに必要なバリューを理解し、『そのバリューを出すために一緒にやりませんか』とご提案するところから始めます。Lumadaを活用すれば、センサーなどのOTを通じて必要なデータを集め、分析し、デジタルでシミュレーションを行えます。その結果に基づいて実際にモノを動かすことによって、価値を出せるのです」

顧客の課題解決は、日立単独では難しい場合もある。その場合は、さまざまなパートナーと手を組み、Lumadaにアクセスしてもらう――つまりLumadaは、目の前の課題を解決するだけでなく、エコシステムを広げる役割も担えるのだ。

2016年に中西からCEOを引き継いだ東原敏昭は、日立の変革の手を緩めることなく、その勢いを維持した。同社は東原のリーダーシップのもと、ABBのパワーグリッド事業とグローバルロジック（米国に本社を置くデジタル・エンジニアリング・サービス企業）を、どちらも100億ドル超で買収した。その目的は、世界のより多くの顧客に高い価値を提供し、日立のデジタルソリューション事業を推進することだった。

日立は、2009年の記録的な損失からわずか2年で記録的な黒字化を実現した。そして、オールラウンド型のコングロマリットから、マーケット主導の社会イノベーション事業に重点を置く企業へと変貌した。すなわち、プロダクト提供型の会社から、Lumadaの開発など、IT、OT、プロダクトの強みを生かしたソリューションプロバイダーへと転換を果たしたのである。

Lumadaは現在、同社の新たなコアビジネスになっている。日立は、世界における自社の立ち位置を根本から再考し、その立ち位置に収まるための変革を断固たる決意で行うことで、これを成し遂げたのである。

自社の立ち位置をいかに再構想するか

本書の読者は、事業戦略の策定に用いられるアプローチ、セオリー、フレームワークが世の中にあふれていることはよくご存じだろう。こうしたアプローチの多くは個々には有用かもしれないが、私たちはいまこそ、一歩下がって自社の最も根本的な戦略上の課題に取り組むべきであり、そこでは妥協して答えを出すべきときではないと確信している。

これからの時代は、解決しようとする課題の大胆さと、約束したことを行う方法の独自性の両方を、極めて明確にすることが求められる。これは決して、戦略に必要な柔軟性が欠けているという意味ではない。ただ、柔軟性だけというのは、いまの状況では通用しない戦略だと私たちは考えている。

ではここで、本書で私たちが研究した企業から得られた4つの知見について見ていこう。

1 未来に対する視点を持つ

リーダーの仕事は、現状維持をすることでも、いまの利益率を維持することでもなく、今後何十年にもわたって成功する組織を作ることだ。そのためにまず行うべきは、**「価値の定義がどのように変わっていくか」という視点を養う**ことである。

今日の企業は、株主のために生み出した利益の金額だけでなく、利益を生み出した方法（二酸化炭素排出実質ゼロの達成など）や、自社の従業員（機会や報酬の公平性など）や事業活動を行っている社会（気候への影響や重要な社会問題の解決など）への幅広い価値の創出という点からも評価される度合いが高まってきた。

また、世界中の規制当局や投資家が、価値のこうした新しい広範な尺度をいっそう重視しようとする中で、企業に対して価値創出の方法を見直すよう圧力をかけているため、年次報告の要件も目まぐるしく変化している。

このような価値の新しい定義をよく理解しておくことが非常に重要である。これが、会社を形作るうえで核となるからというだけでなく、例えば、価値創出のストーリーをどのようにして顧客や投資家に伝えるか、業績をどのような方法で報告するか、従業員やエコシステムのパートナーをどのように巻き込んでいくかといった、組織のアイデンティティの他の多くの側面に影響を及ぼすものでもあるからである。

従業員や社会全般のために生み出す価値は重要だが、世界における自社の立ち位置を再考するにあたって最も重要な出発点は、**自社が満たすべき顧客の基本的なニーズを見極める**ことである。

こう言うと簡単そうに聞こえるかもしれないが、いま、こういったことを明確にしている組織は少ない。

フィリップスはこれを明確にし、「より健康で持続可能な世界を実現し、2030年までに25億人の人々の生活を改善する」という目標を立てたことで、世界における自社の立ち位置を定めた。

この種の信念、そして自社が世界にもたらそうとすることの違いを明言することが、自社のエコシステム全体を動機づけるカギとなる。

つまり、すばらしい仕事をするために出勤する従業員、自社の価値提供をサポートするパートナー、資金を提供する金融市場、そして最も重要な、自社が行っていることに大きな価値を見出すだけでなく、提供内容の継続的な改善にも参加する顧客を動機づけるのである。

もしかしたら、信念を見誤ることがあるかもしれない。しかし、大半の企業は顧客のニーズに対して驚くべき知見を持っており、偉大なリーダーは、自社だけが解決できる真の課題を見抜くスキルを有している（95ページ「大胆な決断に対する阻害要因を克服する」を参照）。

もっとも、この世界は不確実であり、この先も不確実であるから、柔軟性を持たせる必要はあるだろう。だが、今回インタビューしたリーダーは皆、不確実な状況に直面していたにもかかわらず、今後、価値がどのように創出されていくかについて、最終的に明確な立場を打ち出すことを強いられた。
シティグループ（本章の後半で同社のストーリーを紹介する）やインディテックス（第1章を参照）の場合、将来論は、今後も変わらないもの（人々はこれからも金融仲介サービスや低価格ながら質の良いファッションを求め続ける）への確固たる見解に基づいていた。フィリップスや日立などの別の企業では、各社の明確な立場は、価値の全体像が、単一の製品やサービスから、顧客にもっと大きなインパクトを与えられる統合化したソリューションへといかにシフトしていくかという見解に基づいていた。

いずれのケースも、こういった将来への視点は主に、各社それぞれの市場での深い知見や経験から得たものだった。外的変化を強く認識していたいくつかの企業のケースでは、どのように自社やマーケットが最も成果が出るようシフトしていけるかを理解するために複数の将来シナリオを評価した結果、再構想した立ち位置が複数のシナリオのもとで成功すると判明したことも多かった。

念押ししておくが、これは単に、自社が直面している不確実な状況を理解するということだけではない。何よりも、不確実な状況下で将来を切り開いていけるようにすることが重要なのだ。

2 自社のエコシステムを使って間口を広げる

多くの企業は、複数のエコシステムに参加しているか、その支援を行っているのではないだろうか。日立やコマツ（詳細は第3章に記載）のストーリーに示すように、このエコシステムは、解決すべき顧客の真の課題や、満たすべき最終エンドユーザーのニーズに関する知見の豊かな情報源となり得る。また、自社が参加しているエコシステムや、それに対する自社の貢献度、そこから生まれる統合的な価値を深く理解することは、世界における今後の自社の立ち位置に対する構想に必要な知見の強力な情報源となり得る。

3 自社の秘めたる力を発見する

企業には、いま提供している製品やサービスをはるかに超える価値を生み出せる、何かすばらしいことができる可能性がある。独自性のある貴重なケイパビリティを特定し、自社のエコシステムで見えている大きな課題を解決するために、そのケイパビリティで他に何ができるのかを問いかけてほしい。

例えば、アマゾン・ウェブサービスは当初、アマゾン自体の事業に組み込まれたクラウドのケイパビリティだったが、その後アマゾンは、これが他社に対しても強力なサービスになることに気づいた。

組織は、自らが何をもたらせているかということに徹底的に正直になり、「当社の得意分野は……」という古い考えが現在も通用するかどうかを問う必要がある。偉大なケイパビリティは、市場、製品、サービスを長生きさせることが多いが、そのためには維持、投資、そして継続的なイノベーションが必要になる。

自社の秘めたる力は、まずは**特に好調な事業の中から探しはじめる**のが最適だ。私たちはすべての成功の裏に、高度に差別化された優位性のエンジン、つまり成功の原動力として機能するケイパビリティ、またはその体系を見出している。好調なチームに対して成功の要が何かを聞き、その優位性がどのような形で新たな方法で活用可能になり得るかを評価してみよう。

4 チームを制約から解放する

立ち位置を再構想することは、次の2つの要素にとらわれていると非常に難しくなる。「自社が過去に行った決定」と「今後の組織に避けようのない影響を与えると思える破壊的な力の集中攻撃」である。

現在のポートフォリオを適切に維持することにエネルギーのすべてを費やしていると、過去に行われた決定が、リーダーシップチームの検討する選択肢を制限してしまう。しかし、自社のポートフォリオが、（巨大化して支配力を獲得するといった）かつての価値創出モデルを反映したものであり、ビヨンド・デジタルの世界ではあまり役立ちそうにない場合はどうだろうか。

リーダーが、一歩下がって世界における自社の立ち位置を再構想する際は、別の未来を考える必要がある。その未来に、自社の全事業がどのように合うか合わないかは（まずは）別として、である。

つまり、いまいる場所からその未来までをどのように歩んでいくかを示したロードマップを作り、ポートフォリオの決定が与える影響を検討する必要がある。しかし、こうした制約から始めてはならない。

同様に重要なのは、真の外的要素をチームがコントロール可能な要素から区別することだ。

私たちがよく目にするのは、破壊的変動が自らに影響を及ぼすまでの時間をリーダーシップチームが過小評価し、その変動に立ち向かうのに必要な労力や時間を過大評価したために、運命論的な意識に陥ってしまうことである。このような偏った認識によって、リーダーは変化を、自らが引き起こすことができるもの、またそうすべきものではなく、自らに降りかかってくるものと考えるようになってしまうことが多い。

この罠から抜け出すには、世界における自社の立ち位置を再構想する際は必ず、**競争相手が何をしようとしているかを考えるのではなく、根本的な課題やニーズに取り組むために自社が何を**

するのかを考えることから始めなければならない。

政府の規制やマクロ経済的状況といった真の外的要素については、複数のシナリオの下で自社はどうすべきかをチームに検討させればよい。また、再構想した立ち位置がさまざまな現実の下でどのように成功するか、あるいはしないかを理解し、その結果に対応するためにどのような選択肢を設けておく必要があるかを理解すべきである。

ではここで、これまでに学んだ教訓を念頭に、世界における自社の将来の立ち位置を定め、強力な（かつ順応性のある）ポジションを切り開くための３つのステップを紹介しよう。

ステップ1 価値創出の方法として考えられるものを思い描く

自社の立ち位置を再構想するにあたっては、まず価値が今後どのように受け止められ定められるかを明確にすることから始めよう。価値創出とは、短期的な利益を得ることや株式リターンを上げるということだけではなく、顧客や従業員、活動を行っている社会に対して価値を生むことも意味する。

このように広い意味があることを念頭に置けば、いかに価値を生み出せるかというアイデアを明確にしはじめることができるだろう。私たちはこれを、以下の３つの視点を通して行うことを推奨する。

1．業界の将来に対する視点を見出す

顧客に関する深い知見や市場の専門知識を活用して、将来に対する視点を見出すとともに、顧客やエンドユーザーのニーズが今後どのように展開していくと思うか、メガトレンド（ESGや技術トレンドなど）は価値創出にどのようなインパクトを与えるか、価値の全体像はどのようにシフトしていくかを判断する。熟考すべき問いを以下にいくつか挙げてみた。

- **業界や市場の未解決の大問題は何か。**顧客やエンドユーザーが真に求めているものは何か。カスタマージャーニーに対処すべき問題点はあるか（インターフェースが壊れている、情報のフローが途切れている、ソリューションがもっと個人の選好に応じたものになり得る、など）。
- **需要は、今後どのような展開を見せるか。**人口構造の変化や資源不足、都市化といったメガトレンドが、主要な顧客やエンドユーザー・グループ、またそのニーズにどのような影響を及ぼすか。業界特有の主要なトレンドは何で、それはどの顧客やエンドユーザーの要望やニーズにどのような影響を与えるか。
- **ESGの要件は、将来像にどのように影響するか。**価値の捉え方はどのように変化していくか。E（環境）、S（社会）、G（ガバナンス）に自社はどのような好影響を与えられるか。規制の変更にはどのようなものが予測されるか。

- **技術は、可能性をどのように変えていくか。** 技術によって、自社が行っていることやその方法はどのように変革するか。自分の業界に創造的破壊者は登場するか。この業界にいまから参入するとしたら、何から手をつけるだろうか。
- **価値の全体像はどのようにシフトしていくか。** エンドツーエンドのバリューチェーン／バリューネットワークは業界内でどのようなもので、エンドユーザーに価値を届けるにはどのような段階が必要か。こういったバリューチェーンの段階／バリューネットワークの結節点のそれぞれに利益はどのように分配されるか。また、それはどのように変わっていくか。技術革新による創造的破壊によって、バリューチェーンが思いがけない方法で変貌する可能性はあるか。

未来に対するこのような視点を、次のような価値創出のアイデアに変換していく。自社は、どのような大きな問題を解決できるだろうか。顧客のどのような根本的なニーズを満たせるだろうか。業界をどのように刷新できるだろうか。新たな価値の全体像のどこに入れるだろうか。

食品メーカーを例に考えれば、この第一の視点からは、（動物由来ではなく）植物由来の商品を増やしてカーボンインパクトを抑えるとともに、消費者の要望に沿って利便性が高くヘルシーな食品の商品展開を行うといった価値創出のアイデアが生まれるだろう。

2. 典型例や他社・他業界の参考になりそうな類型に注目する

価値創出のために、自社と共通する戦略の典型例（私たちは「ピュアトーン」と呼んでいる）を検討する。これは、Strategy&が２００８年に始めた研究活動の中で生み出したもので、その後、書籍 *The Essential Advantage*[3] の中でそのアイデアを紹介した。ピュアトーンとは、世界中の企業の価値創出の基本的な戦略を示したもので、ある特定の価値提供が自社にとって意義があるかどうかを判断するのに役立つ。

一部のピュアトーンは、最近多く見られるようになった。例えば、アマゾンやフェイスブックなどの「プラットフォーム提供者」や、ウーバーやウェイズなどの「中抜き」などである。一方で、「カテゴリーリーダー」や「業界内の再編者」など、適切性を失ったものもある。しかし、あらゆる場所で力を維持している企業（イケアやウォールマートなどの「バリュープレーヤー」）もある（付章に一覧を設け、ここに17のピュアトーンの実践方法と、実践している企業、新たな競争力学が各実践にどのような影響を与えているかを示した）。

業界内でいかに自社が価値創出を行えるかについて、アイデアを特定しようとする際には、このピュアトーンを参照点にすることができる。また、自社の業界と同じような力学を経験している他の業界を観察すれば、類似例から学ぶこともできるだろう。

先ほどの食品メーカーの例で言えば、この2つ目の視点からは、消費者と直接関わり、栄養や調理、食事の支度、商品のセット化などに関する消費者の問題を解決する「ソリューション提供者」への転換を検討することができるかもしれない。

3．自社独自の強みと、それによっていかに他社が真似できない方法で価値を生み出せるかに注目する

次のように自問してみよう。

- **自社のみが得意とすることは何か。**市場で自社は、何によって認識され評価されているのか。自社が好調な事業ではなぜ勝てているのか。自社の成功の核となる差別化されたケイパビリティは何か。
- **その強みによって他に何ができるか。**世界レベルで別の大きな課題の解決に使えないだろうか。自社のエコシステムのパートナーに役立たないだろうか。

食品メーカーの例では、この3つ目の視点から、自社の効率的なサプライチェーンのケイパビリティを活用したり、自社独自の鮮度保持技術を土台にしたりすることが考えられるかもしれない。

以上の3つの視点を通して見れば、自社の業界でいかに価値を創出できるかというアイデアが、非常に長いリストになって頭に浮かんでくるのではないだろうか。

結果的に「常識外れなアイデア」だと思われるようなものを盛り込んだとしても、心配はいらない。むしろ、チームの思考を制約から解放し、ありきたりな内容で終わることのないようにするために、わざといくつかをプロセスに投入したいとさえ思うかもしれない。

ステップ2 ステップ1で出したアイデアを、世界での立ち位置に関して適切な複数のオプションに組み込む

ステップ1で間口を広げ、自社の業界でいかに価値を創出できるかについてのアイデアを出したら、ここではそれを、自社にとって適切な、世界における自社の立ち位置の複数のオプションに組み込む。

求めているものは、**市場が向かおうとしている場所で共感を呼び、自社ならではの強みが生かせる価値提供を行う**ことだ。適切なオプションは通常、単純なピュアトーンではない。おそらく、真に差別化された力強い価値提供を生み出すには、複数のピュアトーンを組み合わせる必要があることに気づくだろう。

適切なオプションでは、単に顧客の問題に取り組むだけではなく、大きな利益源をうまく活用できるようにもなる。さらに、適切なオプションでは、単に市場のニーズを満たすだけではなく、

そのニーズを自社のみが得意とする方法で満たせなければ（あるいは、そうなる道筋が描けていなければ）ならない。

適切なオプションを特定する際には、野心度は必ず高く設定しよう。現在の自社の価値提供やその実行力の枠にとらわれないでほしい。21世紀のエコシステムでは、トランスフォーメーションを急速に進めることができる。なぜなら、他の組織とのコラボレーションが容易になったため、顧客により大きな価値を提供でき、変革を成し遂げるために必要なすばらしいケイパビリティを手に入れやすくなったからだ。したがって、これから特定するオプションには、エコシステムについての視点と、それによって何を実現できるかを必ず盛り込むようにする。

食品メーカーの例で言えば、次の3つのオプションが考えられるかもしれない。

第一に、バリュープレーヤーとなり、いくつかの主要カテゴリーに重点を置くとともに、自社の大規模なサプライチェーンのケイパビリティを活用して、コスト削減と売り場の棚の支配を行う。第二に、植物由来食品のイノベーターとなり、自社の深い消費者インサイトを生かし、健康的な食事やサステナビリティへの人々の需要に応える。第三に、健康食品のソリューション提供者となり、利便性や健康に対する人々の需要に応える。

ステップ3 大胆な選択をする

世界における自社の立ち位置について、最も適切なオプションを特定したならば、勝つ権利を得られるのはどのオプションなのかを評価する準備が揃ったことになる[4]。これは、2つの側面から検討する必要がある。「市場の潜在力」と「真に独自性があり、差別化された何かを生み出せる自社の能力」だ。

この時点で、それぞれの大胆なオプションのもとで自社がどう発展し繁栄するか、そして、市場が自社を軸にどう展開していくかを図式化したくなったのではないだろうか。そこで、次のような問いに取り組む必要がある。

- 各オプションに対応した価値創出で卓越するには何が必要か。各オプションで、独自の優位性をいかに活用できるか。
- どのような差別化したケイパビリティを構築する必要があるか。欠けているケイパビリティを構築、獲得する体制は整っているか。この戦略で成功するために、自社よりも適している可能性がある競争相手または潜在的な競争相手はいるか。
- 各オプションは自社のポートフォリオにどのような影響を及ぼすか。一部の事業を売却し、別の事業を買収する必要はあるか。

- 各オプションは、自社のエコシステムとの関わり方や、エコシステムでの価値創出の方法にどのような影響を及ぼすか。
- 各オプションは、時間とともに市場でどのように変化していくか。また、考え得る最良の未来を築くには、自社は何をする必要があるか。

特に最後の質問に答えるために、何らかの形のウォーゲーム（図上演習）を試してみてほしい。これは、今日あるいは明日の競争相手に対して自社がどう位置づけられるか、自社のポジション確立にはどのような手を打つのが特に有益か、自社をリスクにさらすのは何か、といったことをより深く理解するためだ。

このような戦略シミュレーションでは、チームに分かれて各種プレーヤーの立場（一般的には、自社、顧客、競争相手、エコシステムのパートナー、規制当局）になり、お互いの行動にダイナミックに反応する。規制の変更や地政学的な混乱のようなショックをゲームに織り込めば、外的要素によって自社のポジションを維持できなくなる可能性があるかを確認できる。読者が知りたいのは、間違いなくこれだろう。

しかし、大抵の場合、世界における自社の立ち位置を成功させるのは自社次第であり、市場との向き合い方次第だということを忘れないでほしい。

ウォーゲームはまた、このプロセスをクリエイティブで魅力的で楽しいものにもしてくれる。まったく新しい未来を打ち出そうとしているなら、テンプレートに次々と入力を求められ、マーケットの成長を4％ではなく、3％と想定した理由を正当化するなどという、旧式の戦略プラン作成プロセスを捨て去らなければならない。世界における自社の立ち位置を再構想するには、皆が想像力をフルに発揮する必要があるため、ウォーゲームは特に効果的だ。

チームが方向性をなかなか一つに絞れず、複数のオプションに賭けてヘッジしたいという場合はどうだろうか。

覚えておいてほしいのは、最終的なゴールは、あらゆる創造的なエネルギーを結集し、その大半を自社の新たなポジションに注ぐことでなければならない。私たちは、これをコヒーレンス（一貫性）と呼んでいる。勝つ権利を得るために最善を尽くすために、また、自社の力強いケイパビリティが自社のあらゆる活動の中核となっていくことで生じる経済的スケールメリットを築くために、自社の価値提供、差別化したケイパビリティ、そして製品やサービスのポートフォリオがすべて一体となって機能しなければならない。

もちろん、一貫性のなさが多少あるのは自然なことであり、追求しないはずのオプションから学びを得る実験を行う場合などは、むしろ価値があると言ってもいい。ただし、一貫性のない状態は小さく収めておくべきである。自社のリーダー、組織、エコシステム、そして何よりも顧客は、自社に対して、自社が約束した価値提供を行うことを期待しているのだ。

そしていよいよ最後に、適切性と独自性があり、自社が正当性を持つポジションを特定する。この立ち位置は、自社の製品やサービスを購入する可能性がある一連の顧客やユーザーにとって、適切性のあるものでなければならない。つまり、規模を問わず、誰の生活やビジネスを、自社が何らかの方法で改善しようとしているのかが明確でなければならないのである。また、その立ち位置には独自性がなければならない。自社が消えたら、市場に穴があくのだ。さらに、自社は、その立ち位置の正当性のあるオーナーでなければならない。つまり自社は、それに秀でており競争相手より効果的、効率的にそれを行えるケイパビリティを有しているか、それを構築する力がなければならない。

シティグループの例を見れば、世界における自社の立ち位置を根本から再構想し、絶えずアップデートするために、この3つのステップをいかにして実践に移したかがわかるだろう。

シティグループ——金融スーパーマーケットからデジタル銀行への集中へ

シティグループ（以下「シティ」）の歴史は、1812年のシティバンク・オブ・ニューヨーク設立にさかのぼる。以来、南北戦争から世界大恐慌、20世紀後半に始まった規制緩和の波、2007〜2008年の金融危機とその後の景気後退まで、勝利と苦難の両面で、米国の銀行の歴史の中で中心的役割を果たしてきた。

シティは、常にイノベーションを起こしてきた。１８６５年に初の大西洋横断電信ケーブルに資金提供し、１９７０年代にはＡＴＭのパイオニアとなった。２０００年代までには、金融に関するあらゆるものを世界中のすべての人に提供することを目指し、銀行、証券仲介、債券取引、保険、資産管理において広範なビジネスポートフォリオを有する本物の金融スーパーマーケットとなった。

全キャリアをシティとその前身企業で過ごし、２０１２年から２０２１年2月までＣＥＯを務めたマイケル・コルバットは、当時、支配的だったマネジメントスタイルは買収重視型だったと回想する。

「外へ出て、事業を買収し、それからそれで何をするかを考えます。そして次に進み、結局またそれを繰り返すのです」

金融スーパーマーケット時代にシティが買収した事業に、２００７年に市場崩壊して金融危機を引き起こしたサブプライム住宅融資があった。シティは、２００８年秋に解体または国有化の寸前にまでなったが、その後、他の多くの銀行とともに救済され、４５０億ドルの連邦予算でシティグループの株式が取得された（シティは２００９年12月に米国政府に全額返済している）。

しかし、問題はサブプライム住宅融資だけではなかった。この危機以前からシティの戦略は定まっておらず、事業や収益の規模に見合う純利益を伸ばすことに苦闘していた。

同社のリーダーにとって、破綻寸前にまで至ったことは大きな痛手だったが、これによって、トランスフォーメーションが喫緊となった。金融危機の際に戦略部門のトップを務めており、いまはシティグループのCEOであるジェーン・フレイザーは、危機が最悪の状態となり、シティの破綻が十分に考えられる状態だった2008年秋のある夜のことをこう回想する。

「米国の金融システム全体が崩壊していくと思いました。しかし実際にそれを経験してあらゆるもの、顧客の預金もシステム内の準備金もその他も何もかもがなくなってしまったと思ったときに、異常なくらい明確になりました。組織について下さなければならないいくつかの決断が、驚くほどどうでもよくなってしまうのです。そして、あらゆる既得権益は消えてなくなってしまうのです」

コルバットは、次のように述べている。

「この危機で痛感させられたことは、会社を再定義し再構築して、持続性を築く必要があるということでした。規制当局の視点での持続性、顧客やクライアントの視点での持続性、従業員の視点での持続性です」

自社を見つめ直した結果、シティは、自社が勝つ権利を有しているビジネスに集中すべきと結論づけた。強くなるためには、より小さくなり、コヒーレンス（一貫性）を高める必要があった。幹部チームは、**シティは原点に返るべき**という結論を下した。

第一の認識として、シティの根幹は昔もいまも銀行である。保険会社でも、資産管理会社でも、ヘッジファンド会社でも、ＰＥ（未公開株式投資）会社でもない。

リーダーたちが行った第二の選択は、シティのグローバル性を維持・活用すべきというものだった。グローバルなビジネス展開はシティならではの優位性の一つであり、これは、多国籍企業に特有の複雑な取引や通貨、自社事業の複雑さに起因するリスクを管理してくれるパートナーを必要とする法人顧客にとっては特に価値のあるものだ。

コルバットは言う。

「次に、銀行とグローバルというこの2つの軸を取り上げ、『これに適切なものと、適切でないものは何か』という点で話し合いました。すると、必ずしも不振の事業というわけではないが、今後の戦略の核ではない事業がたくさんあることがわかったのです」

リーダーたちには、シティは憧れの一流ブランドであってほしいという考えもあった。これは、一部の事業や地域では依然として事実だったが、他ではそうではなかった。

シティのリーダーたちとは、非中核の資産の管理・売却を行うため、同社の組織内に、独自の経営チームを持つシティ・ホールディングスという名の子会社を創設した。フレイザーはこう回想する。
「2つの異なる事業体を持つ必要があることは非常に明らかでした。午前に事業をいかにうまく売却するかを考え、午後に中核事業をいかに育てていくかを考えることはできませんから」

トランスフォーメーションのスケールは大規模だった。シティ・ホールディングスを通じて、シティは非中核事業と見なした40カ国以上の60以上の運営事業から撤退した。これは、資産約8000億ドルと従業員約10万人に相当する。

2009年にシティ・ホールディングスのCEOに就任したコルバットは、「これほどの規模での試みはこれまでなかったと思います」と語る。「8000億ドルという金額は、当時モルガン・スタンレーよりも、ゴールドマン・サックスよりも多く、GEキャピタルの2倍の規模でした。さらに、従業員の3分の1が最終的に会社を去らなければならなかったのです」

企業向け銀行業務では、顧客数は3万2000から1万3000となり、個人向け銀行業務では（この分野では、企業向けほどにはグローバル拠点が価値提供に重要でなかった）、金融危機前は60カ国でビジネス展開していたものが、2020年末時点では19カ国となった。

シティは、同社が宣言する「個人および企業に、成長と経済発展に寄与する金融サービスを責任持って提供するグローバル銀行」という、世界における新たな立ち位置に集中することで、ターゲットとした顧客セグメントの有機的（買収によらない）成長に注力できる体制が整った。これを行うには、サービスや顧客への価値創出を重視し、これに全力で取り組むリーダーシップが求められた。

コルバットは、次のように説明する。「私たちはモデルを180度転換し、商品重視型の組織から、商品ではなく顧客を中心とした、マルチリレーションに基づくクライアントアプローチへと移行しました」。未来のシティとは、顧客への価値と、それに伴う経験（同社が提供する商品、サービス、ソリューションと、顧客と同社との関わり方のプロセスなど）の向上に必要なケイパビリティに集中するものとなった。

シティは、テクノロジー分野と、自社のケイパビリティを実現する要素に多額の投資を行った。最高の銀行になるには、最高のデジタル銀行になる必要があるのは明らかだった。

コルバットは言う。

「人々はスケールやスケールメリットを話題にしますが、何のスケールなのでしょうか。資産でしょうか。預金でしょうか。支店数でしょうか。顧客数でしょうか。進出国の数でしょうか。そうかもしれません。しかし私の場合、テクノロジーと、テクノロジーへの支出のスケールを重視するでしょう。なぜなら、いまはそれが真の差別化要因だからです」

シティは、年間予算の約20％をテクノロジーに支出していると報じられており、実際、数千人のコーダーやデータアナリストなどのスペシャリストを追加採用した（2020年のみで、トレーディング業務と投資業務で2万5000人）。また、ペイパルやグーグルと提携し、さらなるデジタルサービスを提供している。例えば、財政状態把握機能とモバイル機能をデザインの中核に据えた新しいデジタル当座・普通預金口座などである。

コルバットは、「従来の銀行の枠を越えて」人々に影響を与える幅広い事柄について考えるよう、また、彼が「人生で最高」の経験と呼ぶものに匹敵するか、それを上回るソリューションをシティが顧客や取引先に提供するにはどうすべきかを考えるよう、あらゆる機会に働きかけた。「顧客によるウーバーでの経験であれ、アマゾンでの経験であれ、どんな経験であれ、少なくともそこに到達できていないのなら、脆弱性があるということです」と彼は言う。「私たちは、こうした人生で最高の経験を生み出す責任を負うべきです。このような経験は、現在は多くの場合、人々の生活から摩擦をどの程度取り除けるかという点で評価されます。摩擦とは時間であり、費用であり、苛立ちです。良い組織は、摩擦を継続的に取り除くことができるものです。それができる組織は、競争力を維持する能力を得たということだと思います」

シティが摩擦を減らした例として、「書類の削減」と簡便な「デジタル・オンボーディング」がある。これは電子署名を使って口座を開設できるサービスで、新型コロナウイルス流行時には特に高く評価された。

シティのトランスフォーメーションは、定期的に刷新しながらいまも継続中である。シティのCFO（最高財務責任者）マーク・メイソンは、シティ・ホールディングスでの経験から主に学んだことは何かという問いに対し、彼らが身につけた規律を強調する。

「私たちは絶えずポートフォリオを確認し、『理に適っているだろうか。私は、そこにいる必要があるだろうか。それは私が持っているコアコンピテンシーだろうか。私が顧客に提供するあらゆるものにとって不可欠だろうか』と問い続けています。戦略についての私たちの考え方は、当社が経た経験ゆえ、広く知られていますが、おそらく戦略的に意味を成さない物事を切り落としたいという気持ちがもう少し強いでしょう。戦略とは結局、何をするかということと同様に、何をしないかを決めることでもあるのです」

この規律は、ジェーン・フレイザーがシティグループのCEO就任当初に概要を示したトランスフォーメーションの道のりの指針にもなった。フレイザーは、「デジタル世界でグローバルなニーズを持つ顧客にとって卓越した銀行」という、世界におけるシティの立ち位置を改めて確認し、次の4原則に基づいた戦略の刷新に着手した。

- **実証的である。** デジタル化がいっそう進んだ世界で、シティはどのビジネスで有力な市場ポジションを維持または確保できるかを評価する。
- **集中する。** 力強い成長を推進でき、長期的に見て利益が増えるビジネスに投資や資源配分を行い、そうでないビジネスは避ける。
- **連携させる。** ビジネスが互いにうまくかみ合い、ビジネス同士のつながりからメリットを得られるようにする。
- **よりシンプルになる。** よりシンプルな企業を実現し、顧客により良いサービスを提供する。規制当局に対する義務を果たし、株主に対する価値を引き出す。

この戦略の刷新によって、すでに資産管理の強化や、シティが成功するためのスケールがないアジア、ヨーロッパ、中東の13の市場での個人向け事業からの撤退といった、数々の思い切った決断が行われている。

シティのトランスフォーメーションは大胆なものだった。自社をこれほど劇的にスリム化し、小さいながらも強化したコアからビジネスを育てていくのは、非常に勇気がいることだ。

シティは、存続の危機に直面したからこそ、この道のりを歩みはじめた。そして、世界が向かう方向の一歩先を行き、自社の将来像を描くために、この道を進み続けている。2021年3月1日にCEOに就任した際にジェーン・フレイザーが指摘したように、規制当局から提起された重要課題への対応や同社の利益増大のために、やるべきことはまだたくさんある。

しかし、考えてほしい。2008年に瀕死状態を経験し、世界でのポジションを再構想した後、シティは2020年にグローバル・ファイナンス誌の「ワールド・ベスト・デジタル・バンク」に選ばれたのだ。当時、身につけた規律は、これから先の道のりに大いに役立つだろう。

世界における自社の立ち位置を明確に定めることは、ビヨンド・デジタルで成功を手に入れるためのカギだ。

念頭に置くべきは、競争上の優位性の条件が、毎日、目の前から出荷される商品やサービスにおいてだけでなく、自社に何ができるかという点において、競合より優れていなければならない世界にシフトしているということだ。

顧客やエンドユーザー、社会全体に対して自社が創出している価値を再考せずに、また、自社がこれから拡大する差別化したケイパビリティを定めることもせずに、また過去の競争力学のモデルの下で構築したポートフォリオに疑問を投げかけることもせずに、自社の未来を確かなものにすることはできない。

今日、世界における自社の立ち位置を再構想するには、自社の存在意義や、自社が大きな選択をする必要性を根本から問う必要がある。技術、市場構造、そして経済や環境の状況がこれほど不安定で、ビジネスリーダーの安眠を妨げているこのような状況下にあればなおさらである。

これまで観察してきた企業の例から見た通り、また、おそらく読者も自身の経験からわかっている通り、このようなトランスフォーメーションの選択をするのは大変なことだ。しかし数々の事例から、ひとたび決断すれば、その選択は心強いコンパスとなって、自社の未来を背負い変革の道のりを歩む読者に手を差し伸べてくれるということも、私たちは確信している。

大胆な決断を阻害する要因を克服する

競争上の優位性を確立したいかと経営幹部に問えば、ほぼ間違いなく力強いコミットメントを示す答えが返ってくるだろう。事業譲渡や、まったく新しいケイパビリティの構築といった大胆な決断をするかと問うと、今度はためらいや疑念の言葉が返ってくることが多い。なぜ、こういった大きな選択をする企業はほとんどないのだろうか。何が、妨げになっているのだろうか。

私たちは、調査から、大半のCEOにとって大きな選択がこれほど難しい5つの理由を特定した。

①株主と経営者のインセンティブ

株主は、複数の投資先のポートフォリオを保有することで大きな選択に対するリスクに対応できるが、経営陣には、大胆な戦略的選択肢を追求することに逆インセンティブが働くかもしれない。経営陣は、単に大胆な選択が通常は利益を生むかということだけでなく、大胆な選択が自社や個人のキャリアにとって利益になるかということも懸念する。

②長期的な視点と短期的な視点

多くの経営陣は、戦略の大幅な方向転換が利益を生むまでに必要な時間は、財政的成功を示すべきタイムリミットを超えると考える。短期での結果を求めるマーケットの圧力によって、多くの場合大胆な決断が先延ばしにされたり優先度が下げられたりする。経営陣もまた、未来は不確実であるために長期的な投資は見当違いになる可能性があると考えることが多い。

③認識している制約と実際の制約

CEOは通常、決定事項を引き継ぐ。特に事業のポートフォリオ（地理的な拠点を含める）に関しては顕著だ。こういった継承は、特に政治的理由などで変化が難しいと思われる場合、明確な戦略的決断を困難にすることがある。

④現在から未来までの道のりを描けない

経営陣は、トランスフォーメーションの必要性を認識し、どのように変革すべきかも知っているが、いまいる場所からたどり着きたい未来（例えば、大規模で低成長の事業から撤退し、はるかに小規模だが将来性のある事業に投資できる資金を得るなど）までの道のりを描けない場合もある。

⑤一度火傷すると二度目はためらう

過去のすばらしい戦略的決定がうまく実行されなかったために、経営陣はためらい、また新たに大きな方向転換を行うことに不安を感じる場合もある（私たちに言わせれば、戦略がうまく実行されないのは大抵の場合、その戦略が実行可能でないからだ）。

こういった困難があるにもかかわらず、私たちは、自らを信じて思い切って行動に移し、それが報われた多くの幹部（本書のインタビューを受けてくれた幹部もそうだ）を知っている。

世界にしかるべきポジションを確保することが、このような大きな決断をする理由として不十分であるなら、行動しなさすぎることもリスクであることを覚えておいてほしい。これは、経営陣にとって必ずしも正しく測定できないリスクだ。自社が大きな戦略的決断をしないなら、自社がしない賭けを競争相手が喜んでして自社の市場に進出してくる可能性は十分あり得る。

米国のタクシー業界が良い例だろう。GPSやスマートフォンアプリの技術によって、道順の知識や配車システムなどのタクシーのかつての優位性が損なわれると、多くのタクシー会社には、顧客を喜ばせるものが大して残っていなかった。運転手や配車オペレーターは対応の良さで知られていたわけではなかったし、車両は特に清潔でもなかった。タクシー会社は最新技術を絶えず展開するわけでもなかった。運転手や車両所有者は、変化の必要性などほとんど感じていなかった。規制が新規参入者の脅威から守ってくれると考えていたのだ。

このような、実質的な優位性の欠如のため、タクシー業界は創造的破壊に対して長年無防備な状態だった。しかし最近になってやっと、ライドシェア企業の登場によって、地域のタクシー会社の多くは、配車アプリの導入や他の設備の改善などによって建て直しの努力を始めている。

もし、地域のタクシー会社が、数年早くから、世界における自社の立ち位置を再構想し、変革に着手していたとしたらどれほどよかっただろうか。

大胆な決断をする企業や幹部は、今日の環境が非常に不確実で変動しやすいにもかかわらず、今後どのような状況になったとしても後悔しない選択ができることを知っている。顧客のために自社ならではの価値を創出するという点に根ざした戦略的アイデンティティを選んでいれば、世界がいかにシフトしようと、選択の多くは結果的に正しくなるのだ。

リスクについての議論は大抵、「もし間違っていたらどうするか」ということが中心になる。これは当然の問いではあるが、**決断を撤回することは、そもそも決断をしなかった場合よりも常に簡単で生産的**である。

むしろ、投資の一部は、組織がいかに速く世界の新たな立ち位置に立ち、いかにその立ち位置を拡大できるかを調査・検証することに費やす必要がある。不確実要素があまりに大きく決断ができないのであれば、例えば自社に足りないケイパビリティをレンタルしてもらうために他の組織と提携するなどして、決断を先延ばしにすることも可能だろう。

ただし、先延ばしにすることを理由に決断を避けてはならない。あらゆる面で後れを取ると、決断しないことによって自社は基本的な優位性がない状態となり、重要な領域で立場が弱くなり、時間とともに適切さを失っていく恐れがある。

そして、ビジネスモデルの崩壊のスピードが、多くの人が考えるよりも遅かったとしても、リスク指向の競争相手の犠牲者となるかもしれないのだ。

1 www.philips.com/a-w/research/vision-and-mission.html.

2 「日立の挑戦：脱日本企業への道」、ＤＩＡＭＯＮＤハーバード・ビジネス・レビュー誌（２０１６年７月号）での中西宏明のインタビュー。https://www.dhbr.net/articles/-/4325.

3 Paul Leinwand and Cesare Mainardi, *The Essential Advantage: How to Win with a Capabilities-Driven Strategy* (Boston: Harvard Business Review Press, 2011).

4　勝つ権利は、レインワンドとメイナルディが著書*The Essential Advantage*で説明した重要な概念。勝つ権利の評価に役立つエクササイズを以下のウェブサイトに掲載している。www.strategyand.pwc.com/gx/en/unique-solutions/capabilities-driven-strategy/right-to-win-exercise.html.

第3章

エコシステムを作り上げて価値を創出する

私はあなたにできないことができる。あなたは私にできないことができる。一緒ならすばらしいことができる。

——マザー・テレサ

日本の建設業界は根本的な問題に直面している。コマツの前社長兼ＣＥＯで現取締役会長の大橋徹二は、「建設業の労働人口の約３分の１は55歳以上で、その人たちはやがて引退します。一方で、若い世代はなかなか建設業界に入ってこないという課題があります」と述べる。

日本建設業連合会によると、２０２５年度には熟練した建設技能労働者が１３０万人不足すると予測されているが、需要は高まる一方だ。大橋は「道路や橋などの社会インフラの老朽化が進行しており、日本では洪水や地震といった自然災害が多いので、労働力不足は深刻です」と述べる。

大橋がコマツの社長に就任した２０１３年、同社はまず建設業界を待ち受ける労働力の問題に対処することを目指し、効率性を高めるべく、ＧＰＳ、デジタルマッピング、センサー、ＩｏＴ（モノのインターネット）接続を用いた半自動制御機能を持つＩＣＴ（情報通信技術）建機を導入した。

コマツの人々は、顧客が直面する作業現場の課題をより深く知るために、顧客にもっと近づく必要があると考えていた。そこで大橋は、伝統的な「プロダクトアウト」アプローチの機械販売ビジネスモデルの代わりに、同社が２０００年に立ち上げたレンタルのビジネスモデルのネットワークを活用するという結論に達した。

レンタルを通じた顧客とのより緊密な結びつきを土台にして、コマツは他社とは違う知見を手に入れた。新型建機が期待したほどには現場の生産性を上げていないことにすぐに気づいたのである。建機を使用する工程ではなく、その上流や下流の現場プロセスにボトルネックがあることがわかった。

例えば、高速道路の建設現場の場合、コマツのＩＣＴ建機は従来型の機械より１・５倍の土砂を掘り出し、積み込むことができた。しかし建設会社は、土砂を現場から搬出するのに必要な台数のダンプトラックのスケジュールを組んだり、手配したりできなかったのだ。しかも、掘り出すべき土砂の量すらも正確に予測できていなかった。

結果の分析にあたったコマツのチームは、同社の建機の生産性が、建設現場の多くのプロセスのうちのほんの一部にしか影響を与えていないことに気づいた。建設現場の生産性を大幅に向上させるためには、個々の工程の改善では不十分で、現場全体の工程の高次元での調整が必要であった。

そこで大橋は２０１５年、顧客と他の関係者とより密接に協力するために、スマートコンストラクション推進本部を創設した。大橋は、その本部長に建設現場分析チームを統括していた四家千佳史を任命した。

四家はこう振り返る。

「大橋は私たちに、建設現場の視点、受注から完了までにわたってそこに携わるあらゆる関係者の視点で物事を見るよう指示しました。結果的にコマツの建機の利用につながらなくても、そのことを頭に入れて進まなければならないと言われました」
つまり、スマートコンストラクションに託されたのは、機械の販売、レンタル、サービスの域にとどまらず、顧客がより安全で生産的な建設現場を実現できるようにするソリューションを生み出すことだった。

その後わずか数カ月で、高解像度ドローンによる測量と3D地形データ収集、建設作業計画ツール、クラウドにアップロードされた3Dデータの管理・活用ツールなどの新たなソリューションが始動した。言うまでもなく、これらすべてのソリューションをコマツだけの力で開発することはできなかった。

同社は多くの企業のさまざまな能力を活用し、それらを統合した。例えば、プロペラ・エアロボティクスのドローンマッピングと分析技術、エヌビディアが持つ画像処理、視覚化、AIの経験、アドバンテックの車載用コンピュータと通信の専門技術、そしてセシウムの3D地理空間技術などである[1]。

コマツは測量から設計、施工前準備、施工、施工後検査、維持、保守に至る工事プロセス全体と、建設現場のあらゆる要素（機械、土砂、建材など）を3Dデータで可視化することに全力を挙げた。そしていままでは、建設・生産タスクに関与するすべての人や企業をデジタルで結びつけられるようになった。可視性が格段に高まったおかげで、エコシステム全体で効率性や生産性を高めるための企業間のコラボレーションが可能になった。

コマツは2017年、自社の取り組みを建設業界全体に展開して顧客サービスを強化することを目指して、「ランドログ（Landlog）」というオープンプラットフォームを立ち上げた。

ランドログは、コマツのスマートコンストラクションの情報に加えて他社の機械の情報を利用できるプラットフォームで、主に以下の3つの機能を持つ。

①建設プロセスを可視化する。
②データや画像を実践的な情報に変換する。
③よりスマートで安全な建設現場を実現するために、ユーザーがランドログのプラットフォームに対して独自アプリケーションを構築できるようなアプリケーション・プログラミング・インターフェース（API）を提供する。

例えば、ドローンを使うと、一般的な建設現場の測量の所要時間を従来の3日から20分に短縮できる。その後、ランドログがドローンの収集したデータを統合して、建機の自動運転プログラムに提供する。

現場のスマート化を果たした顧客は、建設作業を従来の2倍の速さで完了できるようになり、コストを節約でき、建設作業員にかかる業務負荷が軽減したと報告されている[2]。日本では建設会社の約90％は、年間売上が60万ドル未満で従業員数が10人以下の会社が占める。コマツは、こうした企業が自力では決して得ることのできないケイパビリティを提供している。そして顧客基盤が拡大していくにしたがって、より多くのデータやアプリケーションを獲得し、ケイパビリティへの投資をさらに有効活用できるため、コマツ自体のケイパビリティも向上するのである。

コマツは、個々の施工プロセスを一つずつデジタル化（同社では「縦のデジタル化」と呼ぶ）することから出発し、最近ではプロセス全体のデジタル化（「横のデジタル化」）を図る「デジタルトランスフォーメーション・スマートコンストラクション」を掲げて、新たなＩｏＴデバイスやアプリケーションを導入している。

これによって、実際の現場とデジタルツインを同期させて現場のオペレーションを最適化できるようになり、その結果として現場全体の安全性、生産性、環境パフォーマンスの大幅な改善が実現している。個々の作業現場がデジタル化されたら、次のステップは複数の現場をリモートでつないで最適化することである（コマツは「奥のデジタル化」と呼ぶ）[3]。

四家はこう述べる。

「コマツは、新しいオープンプラットフォーム、アプリケーション、IoTデバイスを活用するスマートコンストラクションによって自社の未来を形成しようとしています。かつては弊社の機械に関連するプロセスだけに関与していましたが、それでは顧客の問題を解決できず、多くの人々を巻き込む必要がありました。そして人々が協力しあうために必要な、オープンプラットフォームを開始したのです。実際のところ、これが業界構造を変えるかもしれません」

2020年末までに、コマツは日本で1万を超える建設現場にスマートコンストラクションを導入した。そして米国、英国など、海外へのサービス提供を広げてきた。これらの国々では建設労働者の高齢化はそこまで問題ではないかもしれないが、建設現場の安全性や生産性という意味でのメリットはまったく同じである。

1921年に、工作機械と建設機械のメーカーとして創業したこの日本の多国籍企業は、それからの100年で何度も浮き沈みや変化を経験してきた。しかし、自社がどのように機能し、どのように価値を生み出すかを根本的に見直したことで、同社は未来を形作り、デジタルを越えた世界へと確実に前進したのである。

変わりゆくビジネス環境の中で組織が占めるべき場所を再構想し、展開すべきケイパビリティを構築して自社を差別化していくと、読者の企業においても、ビジネスのエコシステムがもたらすゲームチェンジャー的な機会をどう生かすかという点で多くの選択を迫られることは間違いない。

なぜ、エコシステムが重要なのか

第2章で論じたように、世界における立ち位置は、顧客やエンドユーザーの現実的な問題を解決することに根ざしていなければならない。しかし、今日の未解決の問題の多くは非常に巨大で複雑であり、どの企業も単独では解決できない。

人々のモビリティのニーズについて考えてみよう。これを満たすには公共、共有、私有の交通手段をはじめ、インフラ、パブリック5Gネットワーク、エネルギー供給、資金、規制、その他諸々の要素に対処する必要がある。あるいは健康増進のニーズなら、疾病予防、診断、治療、治療後ケアの改善が必要だ。

こうした問題には、共通の目的に向かって協力しあう企業や機関のネットワークでなければ立ち向かうことはできない。課題の規模と、それに対処するために必要な投資額の大きさを考えると、ほぼ例外なくエコシステムのアプローチが要求される。

さらに、サプライヤーを取りまとめる役割を顧客に期待する時代は過ぎ去った。今日の顧客が期待するのは、各サプライヤーがバラバラの要素を提供するのではなく、コマツが建設会社のためにエコシステムを通して取りまとめているようなソリューションを、協力しあって提供することである。顧客は増え続ける課題と、複数のサプライヤーやパートナーのリソースを組み合わせるコストに直面しており、彼らが期待するレベルはますます上がっている。サプライヤーは、とてつもない複雑性を、まとめて処理することによって顧客の労力を省かなければならない。そうすれば、顧客は見返りを与えてくれるだろう。

エコシステムと協力することは、別の理由でも不可欠である。単純に、**自社だけでは必要なケイパビリティの規模を確立する時間や資金が足りない**からだ。

例えば、ビヨンド・デジタルの世界において価値提供を支えるのは消費者に関する深い知見であり、これを構築する際にはデータが必須の通貨となる（詳しくは第4章を参照）。そしてこの種の知見を得るために必要なデータにアクセスし、規模を確保するためには、自組織の外に手を伸ばさなければならないだろう。

それだけでなく、自社を差別化するケイパビリティの規模を、他社に先を越される前に速やかに拡大する必要がある。これに失敗するわけにはいかない。十分な人材を必要なタイミングで確保できないといった状況に陥るからだ。

ある特定のトピックについて深い専門知識を持つ人材は、その領域を専門とする組織や、魅力的なキャリアパスを提示できる組織で働くことを選ぶことが多いため、そうした人材のスキルにはエコシステム経由でアクセスする必要があるかもしれない。それに加えて、特に技術に関する選択は長期的な影響をもたらすことが多いので、陳腐化のリスクを軽減するという意味でも、自社で開発するより他社のイノベーションをいくつか統合したほうがよいだろう。

信頼できるエコシステムに参加する他社のケイパビリティにアクセスすることは、自社の差別化の源を迅速に、確実に、コストを抑えて開発する強力な方法になり得る。間違ってはいけないことだが、いくつかのケイパビリティについては、自社で所有して規模を確立し、専門知識やデータを自力で統合できるだろう。しかし、**自社が真の意味で差別化できる分野はどこかということを熟考すべき**なのだ（139ページ「現代のビジネス・エコシステムの本質」を参照）。

第2章で取り上げたフィリップスの劇的なトランスフォーメーションは、企業がエコシステムを生かして、まったく新しい領域で事業機会を開発した例の一つである。

より良い症状改善の実現、効率性の向上、患者および医療提供者のエクスペリエンスの改善に焦点を定め直したフィリップスのリーダーたちは、これらの目標が本質的に、より大きな医療エコシステムの中で追求するべきものであることを理解した。その結果、フィリップスは顧客である病院に対して成果ベースの医療サービスを提供するために、医療システム、医療機器メーカー、直接的な競合企業、在宅介護プロバイダー、テクノロジー企業、その他多くの企業との間でエコシステムのパートナーシップを構築した。

エコシステムを利用した活動の効果として、フィリップスは、例えばスウェーデンのカロリンスカ大学病院との14年間の革新的な戦略的パートナーシップを構築することができた。両組織はこのパートナーシップのもとで協力し、病院に運び込まれる脳卒中患者を救うために「ドア・ツー・ニードル（入口から手術まで）」の時間を短縮するソリューションをはじめとして、患者ケアのライフサイクル全体の変革を目指している[4]。

フィリップスの最高イノベーション・戦略責任者であるイェロン・タスは、同社がエコシステムを利用して成果を出した例の一つに、自らがすでに有力な機器提供者だったMRIを挙げる。

「MRIのことだけでなく、患者のより正確な診断について考えるなら、MRI、超音波検査、デジタル病理学、遺伝学など、当社が製造していない多くの事柄を組み合わせなければなりません。競合他社が設置したMRI装置と接続する必要があるかもしれません。つまり、そうしたソリューションの構築の仕方、他社の医療用撮画機器との接続の仕方を再考しなければならないということです」

マイクロソフトのサティア・ナデラはこう述べる。

「提携がゼロサムゲームと見なされることが多すぎます。一方が何かを得れば、もう一方はそれを失うという関係です。私は、そのような見方をしていません。提携を適切に行えば皆のパイが大きくなります。顧客はもちろん、提携した各企業もそうです」[5]

ナデラのもとでマイクロソフトは提携に対する姿勢を刷新した。世界で何十万もの企業が、マイクロソフトの製品やサービスを利用したソリューションを構築し、販売している。これによりマイクロソフト製品の利用の拡大が見られており、同社が得る恩恵は大きい。

しかし、この提携はパートナーにも恩恵がある。マイクロソフトの強みを活用して、特定の市場やニーズに合わせたソリューションを開発できるからだ。顧客にも恩恵がある。彼らの多種多様なニーズや要求は、どこかの一社が対応する場合よりも適切に満たされるからだ。

エコシステムによって実現するメリットと、そこにアクセスしやすくなった状況を考えると、エコシステムを回避する道はない。自社がエコシステム経済を利用することを決断しようとしなかろうと、競合他社は必ず利用するだろう。ビヨンド・デジタルの世界で繁栄したいなら、企業はこの現実を無視できない。自社の壁の中だけで価値を創出する方法は、かつては良い結果をもたらしたかもしれないが、今後はそうはいかない。

エコシステムを利用した力強い活動には、業界全体の動きを変えるポテンシャルがある。そこで、インドで宝飾品を作る職人のエコシステムを作り上げた、ある企業の例を見てみよう。

タイタン――エコシステムを利用した広範な戦略で自社の未来と業界の未来を再定義する

タイタン・カンパニー・リミテッドは生粋のエコシステムプレーヤーであり、このことが、職人の独創的な芸術性を保ちながら現代化と規模拡大を果たすという、インドの宝飾品産業のトランスフォーメーションを可能にした。

タイタンは、1868年創業の複合企業タタ・グループ最大の消費財企業である。タタ・グループは現在、ソフトウェア、自動車、製鉄、化学から通信、コンサルティング、消費財までを含む幅広い事業ポートフォリオを擁している。タイタンは、1984年にタイタン・ウォッチズ・リミテッドの名で発足し、その後の年月で、宝飾品、アイウェア、フレグランス、アクセサリー、インド衣装（高級サリー）と事業の多角化を進めた。また1994年、小規模企業が林立する宝飾品市場に勝機を見出して進出した。当時、インドの宝飾品ビジネスは非常にローカルで、ブランドジュエリーという概念がほとんど存在しなかった。人々は一般的に、両親や祖父母の代から信用してきた家族経営の宝飾品店で購入し、商品は大抵注文生産で製造された。

タイタンがこの市場に進出するのは、容易ではなかった。タイタンのマネジングディレクターで、宝飾品ビジネスの前ＣＥＯであるＣ・Ｋ・ヴェンカタラマンはこう語る。

「私たちは時計事業で出発した当初から、気持ちとしては製造業の企業だと思っています。ですから地場の職人から宝飾品を仕入れて小売りに注力するのではなく、自前の宝飾品製造工場を立ち上げたのです」

同社は欧州ブランドの現代的なアイデアを取り入れたデザインの商品を提供しはじめたが、インドの人々の好みには合わなかった。

苦難の時期が数年続いた後、タイタンは一歩退いて、顧客が購入し慣れている商品の提供を増やしつつ、独自の価値を付加する方法を考えた。

同社のリーダーシップチームは、システム全体を改善するというタイタンならではのケイパビリティを生かしながら、製造中心の企業から脱却し、地場の職人と消費者による既存のエコシステムの力をより発揮させる存在へと変化しなければならないと結論づけた。同社は現代的な小売エクスペリエンスの中で職人品質と信頼を実現することに乗り出した。

ヴェンカタラマンは、次のように述べた。

「私たちは２００６、２００７年頃に、カリガルと呼ばれる地場の職人たちに積極的に接触しはじめましたが、そのときようやく、彼らの仕事の仕方が過去300～400年でほとんど変わっていないことに気づきました。彼らの見事な宝飾品が、あんなに薄汚れた場所で作られているとはなかなか想像できません。部屋は狭くて天井も低く、夏場の気温は軽々と40～45度に達します。カリガルは床に座り、頭上の蛍光灯が作業を照らします。彼らは床で作業し、床で食事をし、床で昼寝をします。これは職人にとってまったく不当な環境であり、私たちは、何とかして彼らの状況を大きく変えない限り、当社のモデルを機能させる道はないと認識しました。そこで私たちは『カリガルの笑顔を取り戻す』ために、彼らの状況を改善することをミッションに掲げました」

2014年、タイタンは宝飾品生産のための最初の「カリガル・センター」をタミルナド州ホスールに開設した[6]。このセンターは300人の職人を収容し、専用の作業場、快適な宿泊施設、清潔な食堂と食事、そして娯楽エリアを提供する。タイタンはさらに踏み込んで、合計300～400の拠点で約6000～7000人を雇用する、80～90社のパートナーからなるエコシステムを構築した。ヴェンカタラマンはこう述べる。

「パートナーや地点ごとに、そこでの仕事の進め方を、人、プロセス、場所、地球環境という4項目で評価しました。例えば場所について、私たちは職人たちの作業台、座る椅子、使う道具などを観察しました。4項目のそれぞれについて、成熟度を『劣悪、基本、標準、世界レベル』という段階で評価しました。これらの拠点とベンダーパートナーが皆、2023年までに全4項目で『標準』を達成できるように、それぞれに4年計画の概要を作成しています」

このプログラムは職人の労働環境を大幅に改善する一方で、品質の向上にもつながっている。例えば、機械で作った部品は、手作業で作ったものよりも対称性や精度が高いのだ。

タイタンは顧客の経験も改善した。それまでの顧客接点は、主にインド全土に400店以上あるタイタンの小売店であった。しかし、いまではデジタルチャネルが、顧客のニーズの理解や特注商品の提供という点でなくてはならない役割を果たしている。

タイタンの前CEOであるバシュカル・バットはこう付け加える。

「当社の過去数年の投資のうち、金額は最大ではないけれども最も重要だったのが、アナリティクスとCRM（顧客関係管理）への投資です。当社の総合ロイヤルティプログラムであるエンサークルは、全カテゴリーを合わせて約1800万ユーザーの基盤を擁しています。顧客にデジタルで働きかけることにより、行動を理解し、それを効果的に解釈して、ターゲットを絞ったプロモーションを1000件以上実施できました」

ヴェンカタラマンは、このように述べる。

「カリガルに注目したこのプログラムは、宝飾品部門における、巨大で非常に刺激的な、自由をもたらす種類のプログラムです。なぜなら、私たちは職人の独創的な芸術性を保つと同時に現代性を取り入れているからです」

エコシステムを利用したタイタンの活動は成果をもたらした。タイタンの旗艦ブランドであるタニシュクはインド有数の宝飾品ブランドとなり、宝飾品売上は2014年から2020年に倍増し、利益は150％伸びたのだ。

ここからは、企業が関心を向けるべきエコシステムと、その中での戦略を決定する際にリーダーシップチームがどのような手順を踏めるのかを見ていこう。

エコシステム戦略を機能させる

エコシステム経由で価値を創出するための出発点は、自社がすでに属している**エコシステムの**

棚卸しである。自社がすでに多くのシステムの一部になっている可能性は高い。自社の商品・サービスのエンドユーザーは誰かを考え、次に、自社が何らかの役割で関与している大きな目標に、他の誰が貢献しているかを考える。自社の活動を補完し、エンドユーザーにより良いサービスを提供するために、他社のどの商品、サービス、ケイパビリティが補完できるかを考える。

次に、自社が現時点では参加していなくても、**参加する可能性のあるエコシステム**について考えてみよう。パートナー経由でどのような新規顧客にリーチできるだろうか。どのような重要データを収集できるだろうか。世界における自社の立ち位置を再構想すると、このような問いを検討することになる可能性が高い。だがこれは、顧客や社会の大きな課題に対する自社の参画の仕方を継続的に問い直し、その幅を広げていくチャンスである。

一筋縄ではいかないだろう。私たちが研究した企業のリーダーらは、必ずしも最初からエコシステムを正しく理解していたわけではなかった。ときには一歩退いて、何かを修正しなければならないこともあった。しかし彼らは、エコシステム戦略を機能させることに役立った数々の要素を強調した。それらは、大きく4つのテーマに分類できる。

①エコシステムを利用した戦略のビジョンを形成する――エコシステムの中でどのような役割を果たすべきか。

②自社がエコシステムから引き出す価値だけではなく、エコシステムのために自社が生み出す価値に注力する。
③どのケイパビリティに自社が貢献し、どれを受け取り、どれをエコシステムとともに実現するかを明確に定義する。
④パートナーとともに、信頼と深い理解を構築することに投資する。

1 エコシステムを利用した戦略のビジョンを形成する

本書で一貫して論じているように、ビヨンド・デジタルの時代には、自社が所有するものから、自社が生み出す価値へと関心を切り替える必要がある。

この指針は、エコシステム戦略について熟考するときにも役立つはずだ。新たな道を切り開くために、何かを開放してみよう。もしかすると、それは自社が所有するデータの一部かもしれない。自社がエコシステムを通して生み出す価値を測定できる限り、自社が何を占有しているかは大した心配事ではない。

エコシステムの力を発揮させる支援役になるための要素、例えばプラットフォーム提供者、オーケストレーター、インテグレーター、あるいはイノベーションのパートナーシップのオーガナイザーとしての要素が自社にあるかどうかを検討してみるとよい。おそらく、幅広いケイパビリティで卓越する必要があるだろう。例を挙げるなら、信頼できるプラットフォームの開発と管理、技術的イノベーション、価値管理、パートナーシップ管理、信頼できるガバナンスなどだ。そして変動の大きさに対処するための、相当の投資と不屈の精神も求められるだろう。エコシステムを生かして未来のアマゾン、ウーバー、エアビーアンドビーになろうとする企業のすばらしさを論じた文献は多々あるが、これらの企業がいずれも、人々に認められるプラットフォームとしての最低限の規模を確保するために、多額の投資を維持しながら利益の出ない年月を生き抜いてきたことを忘れてはならない。

プラットフォーム提供者の場合は特に、需要サイド、供給サイド、あるいはその両方で相当のネットワーク規模を達成する必要がある。ネットワークの規模はプラットフォームの価値提供の重要な要素である。

例えばライドシェア企業の場合、プラットフォームを利用する消費者が多ければ多いほど、そのプラットフォームはドライバーを集めやすくなり、ドライバーが増えれば増えるほど、消費者に提供するサービスが向上する。最も成功しているプラットフォームはこの種の好循環を達成し、そのメリットを強化している。

だが、こうしたメリットが比較的小さい場合、供給者と買い手は複数のプラットフォームに参加することを迫られるかもしれない（例えば、フードデリバリーやエンターテインメントについて、複数のプラットフォームを利用する消費者やサプライヤーは多い）。自社がプラットフォーム提供者ならば、あるいはそうなることを検討しているならば、複数のプラットフォームに参加する際のネットワーク効果と障害を明確にすることが必須である。

プラットフォーム提供者の中には、ネットワーク自体の価値を考えて、それさえあれば持続的な競争優位を得るのに十分だと誤解しているところもある。しかし、ネットワークを越えた有意義な差別化要素に十分に投資しないと危険である。他社が有意義な差別化要素を獲得した場合、あるいは政府がネットワークの巨大化を防ぐために介入した場合にポジションを失う事態に陥ることになるからだ。

将来的にプラットフォーム提供者として（より一般的に言えば、エコシステムの支援者として）成功するには、常に先頭を走って価値提供への投資と改善を継続し、ネットワークのロイヤルティを保つ必要がある。例えば、アマゾンはワンクリックで完了するショッピングの先駆者となったが、それにとどまらず、2日間の送料無料サービスを出発点とするプライムサービスに多額の投資をした。これによりプライム会員はアマゾンで購入する可能性が格段に高くなり、いまや会員数は米国だけで1億5000万人である。同社は顧客をロックインし、競合他社に対抗意欲すら起こさせないように、エンターテインメント分野を含めてプライムに次々と新機能を追加している。そして、サプライチェーンに対する同社の継続的で大規模な投資は、安価で確実な配達がカギを握る領域で、他社が対抗することをますます難しくしている。

プラットフォーム提供者、オーケストレーター、インテグレーター、あるいはイノベーションのパートナーシップのオーガナイザーという形でエコシステムの支援者になることは、自社にふさわしい選択かもしれない。

しかし、自社だけで達成できる範囲をはるかに上回る価値を生み出す手段は他にもある。それは複数のエコシステムで、一つあるいは複数の領域の参加者になることである。

フィリップスの戦略、M&A、パートナーシップの責任者であるスチュワート・マクローンはこう述べる。

「自社を宇宙の中心と考えることはやめなければなりません。必要ならば補助的な役割に就かなければなりません。完璧な宝の山であるエコシステムにおいては、自社がナンバー2やナンバー3になることもあります。そして分け前を獲得するのです。そのように頭を切り替えることは難しいですが、私は自分のチームに、そのエコシステムはどのようなものか、どこを目指しているか、私たちはどう行動できるかということを、もっと考えるようにと促していきます。私たちが主導権を握ることもあれば、握らないこともあるでしょう」

多くの場合、参加者としてスタートするほうが容易である。なぜなら、ビヨンド・デジタル時代の商取引は摩擦が少なく、他社とつながったりエコシステムに参入したりすることが簡単だからだ。参加者は通常、データ、顧客アクセス、知的財産、あるいはバリューチェーンの一部を提供する。

ただし参加者の場合、支援者よりも差別化の必要性は高まる。自社がエコシステムに簡単に参入できるなら、それは競合他社も同じであり、そのことがエコシステムにおける自社のシェアや重要性に影響を与えるからだ。

また、成功するエコシステムを確実に選ぶことも必要だ。いくら自社がきちんと役割を果たしても、自社が属するエコシステムが他のエコシステムに負けてしまえば、やはり負けることになる。そして、エコシステムのパートナーや支援者の意図にも注意を払わなければならない。

自社の役割も変化する可能性がある。コマツは最初からランドログの開発を計画していたわけではなかったが、このプラットフォームによって同社はエコシステムのオーケストレーターになった。同社の首脳陣は、参加者の役割からステップアップしてエコシステムの支援者に変わらなければ、顧客の建設現場の効率性を期待通りに改善することは不可能だと判断して、それを決断したのである。

2 自社がエコシステムから引き出す価値だけではなく、エコシステムのために自社が生み出す価値に注力する

エコシステムが繁栄すれば、皆が恩恵を受ける。各自がエコシステムから獲得できるものだけに興味を持っていたら、エコシステムは崩壊するだろう。

エコシステムのパートナーと共生的に価値を増やす方法に注目する必要がある。自社の価値提供は、エコシステムの価値を増大させることに貢献しなければならない。そしてエコシステムは、自社がより大きな価値を創出することを支えなければならない。このコラボレーションがなければ、通常のパートナーシップや顧客とベンダーの関係性よりも多少優れているだけで、有益かもしれないが、真に差別化された価値の創出には役立たない可能性が高い。

タイタンは、職人に価格競争をさせて自社の利幅の拡大を試みることもできたかもしれない。しかしそうすれば、職人の境遇はさらに悪化し、エコシステムに対する彼らの興味は薄れただろう。タイタンのリーダーたちが実行したのは、その逆だった。彼らは、カリガルの状況を大きく変えない限り職人の子や孫は別の職業を選び、いまも、これからも同社のモデルを機能させる道はなくなると理解した。

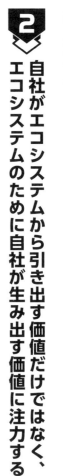

そこでタイタンは、エコシステムとの共生関係を築いたのだ。同社はカリガルの優れた職人技にアクセスし、このことが地域によって異なる消費者の嗜好に合った宝飾品の販売を可能にした。カリガルの作業環境は大いに改善し、その作品は彼らが拠点とする村以外の顧客の手にも渡るようになった。顧客は、職人が手がけた信頼できる高品質な宝飾品を、現代的な小売体験を享受しながらインド全土から購入することができた。エコシステムを利用したこの活動を通して、タイタン、カリガル、そして顧客のそれぞれが、より優れた価値を獲得したのである。

皆が勝利したときにエコシステムは機能する。自社が得ているものと、自社が提供しているものの両方を測定しなければならない。

3 どのケイパビリティに自社が貢献し、どれを受け取り、どれをエコシステムとともに実現するかを明確に定義する

すでに論じたように、現代的なエコシステムの主なメリットの一つは、パートナーのケイパビリティを迅速に、大規模に、柔軟に利用できることである。したがって、この新たな世界で繁栄するには、それに必要な差別化するケイパビリティを確立するために、自社が何をするか、パートナーが何をするか、力を合わせられる分野はどこかを再検証する必要がある。そうすることにより、自社の組織の境界線が大幅に動く可能性が高い。

まずは、**自社がこの世界で立ち位置を確保し、約束した価値をエコシステムに提供するうえで、何がカギになるかを判断する**ことから始めよう。そこに相当のエネルギーを注ぎ込むべきである。それ以外のことについては、エコシステムのどこかに、そのケイパビリティを実現するのにふさわしい企業が存在する可能性が高い。その理由としては、その活動が目的の核心に近いか、すでに自社より大きな規模を獲得しているか、あるいはその他の理由がある。

自社の価値提供の要となるケイパビリティについては、あくまでも最大限の成果を出す必要があるが、すべてを自社で生み出す必要はない。エコシステムと力を合わせればよいのである。以下のことを自問してみよう。

- そのケイパビリティを世界レベルに引き上げるために必要な要素のうち、欠けているものは何か（何らかの技術など）。
- エコシステムの中に、自社の差別化要素を脅かさない方法で、その空白を埋めることに協力してくれる相手はいるか。その相手はスピード、手腕、コスト面で自社を上回るか。
- それは、将来の不確実性があまりに高いために、全力では取り組みたくないと考える分野か。そのリスクをパートナーと共有すべきか。

これらの問いを熟考することが、自社でするべき領域と他社と提携すべき領域の評価に役立つはずだ。自社の成熟度や成功条件の変化に伴い、適切なモデルは時間とともに変わるだろう。

4 パートナーとともに、信頼と深い理解を構築することに投資する

エコシステムを利用した戦略を機能させるためには、エコシステムのパートナーにとって何が重要かを確実に理解し、エコシステムと信頼を築き、変化への対処に投資する必要がある。

エコシステムのパートナーにとって何が重要かを深く理解する

ともに価値を創出するためには、エコシステムのパートナーが、どういう動機を持っているか、どういう活動をしているか、どう思考するか、どのようなDNAを持っているか、自社の活動が実際に彼らにどのような価値を与えるかということを理解する必要がある。理解していない相手と効果的にコラボレーションすることはできない。

私たちがここで指しているのは、合同の交流会や毎年恒例のキックオフ会議といった表面的な相互理解の努力ではない。こうした戦術にもそれなりの意味はある。だが、成功するエコシステムの関係には、必ずしも即時の結果を求めない共同作業に費やした時間という、真の投資が求められるのだ。

マイクロソフトは新たなパートナーシップ精神の一環として、「ワン・コマーシャル・パート

ナー」という組織を立ち上げた。その焦点は、パートナーのニーズに対する理解を深め、パートナーとマイクロソフト自体の営業組織の間のやりとりを簡素化し、パートナーのより効果的な顧客サービスを実現することである。企業の中には、表面的ではない真の理解を確立するために、オフィス空間の共有や長期的なオフィス同居を決断したところもある。

エコシステムのパートナーをしっかりと理解するには、時間と労力が必要だ。パートナーは規制がもっと厳しい、あるいは緩い業界の企業かもしれないし、行動のスピード感が自社の慣れているものとはまったく違うかもしれない。自社よりはるかに小さい、あるいは大きい企業かもしれない。エコシステムという環境での活動経験にも差があるだろう。パートナーが何を求め、なぜそのような方法で活動しているかを理解することは簡単ではないはずだ。

しかし、エコシステムのパートナーに対する深い理解がない限り、ビヨンド・デジタルの時代に求められる類の価値は生み出せない。

エコシステムとの信頼を築く

各プレーヤーが信頼しあう必要があるのは、エコシステムのルールに則って活動するためだけではなく、関係を築いた目的を守り続けるためでもある。エコシステムを利用した活動では、必要なレベルの信頼と理解を築けるだけの関係を育むまでに、（ときには何年もの）時間を要することが珍しくない。だからこそフィリップスなどの企業は、すでに強固な関係を構築しているパートナーや顧客が存在する領域で、エコシステムを基盤とした価値創出モデルの開発を始めたのである。エコシステムを利用した戦略では、必要な信頼を確立するために、各参加者のリーダーシップ、政治資本、財務資本の多大なコミットメントが求められる場合もあるだろう。

パフォーマンスを客観的に測定し、信頼を確保するための方法に確実に投資しよう。現在、いくつかのエコシステムが、エコシステム内の信頼できる取引を確保するために、安全なブロックチェーン・トークンのような技術を利用している。公平な第三者による監査を通して、信頼できる関係を保証しているエコシステムもある。どのアプローチを選ぶにせよ、エコシステムの健全性を保つためには、信頼を築いて維持する仕組みを確立することが重要だ。

変化への対処に投資する

バックオフィス・プロセスの一部をアウトソーシングすることに順応しているリーダーは多いが、エコシステムはまったくの別物だ。エコシステムの要は、コストを数%削減することではなく、顧客に提供する価値を最大化することである。そしてサプライヤーの利鞘を圧迫することではなく、パートナーが成功して初めて自社も勝利できるような戦略的パートナーシップを確立することである。エコシステムが意味するのは漸進的な変化ではなく、組織の境界や、リーダーに求められる統率方法の大規模な変化である。

エコシステムやパートナーシップの管理は、かつては事業開発グループや政府渉外部門に委ねられることが多かった。しかし、いまでは組織全体がもっと外の世界を意識し、把握し、外とつながる必要がある。

組織のＤＮＡや、プロセス、システムの影響下で、従業員が狭い視野で価値や競争に勝つためのアイデアを定義してきたという、長年の状況を作り変える必要があるかもしれない。

新たな価値創出の道を求めるうえで、内ではなく、まず外に目を向けるようにと組織に学ばせるにはどうすればよいだろうか。従業員が社内ですべてを行うことにとらわれず、もっと広い視野を持って、他社との提携によって生み出せる価値を検討できるようにするには、どうすればよいだろうか。社内で行うべきことと、社外で行うべきことをどう判断すればよいだろうか。競争すべき分野と協働すべき分野を、どう選択すればよいだろうか。

これらを判断するには、組織のすべての機能で、明確に定義されたプロセスを実行することが求められるだろう。すべての機能部門、そしてすべての階級の従業員が、エコシステムの思考を意識して、何が重要で何が重要でないかを理解する必要がある。世界における自社の立ち位置と、エコシステムの中での自社の役割の定義を明らかにしておくと、組織の構成要素が各自バラバラにエコシステム戦略を追求することを防ぐのに役立つ。

このような根本的な組織の組み変えは、一夜にして簡単に達成できるものではない。慎重な移行計画を立てる必要がある。最初にどの機能部門から着手すればよいだろうか。どのエコシステムパートナーを最初に仲間にすればよいだろうか。

そして最も重要なこととして、従業員が価値についての考え方を変え、新たな形のコラボレーションを習得することを支援するために、彼らを個人レベルで巻き込んでいかなければならない。

クリーブランド・クリニック――エコシステム戦略でリーチを広げ、ケアを向上

もう一つ、例を見てみよう。

クリーブランド・クリニックは、2020年に106億ドルの収入を上げ、世界中に19の病院と220以上の外来患者施設を展開し、世界屈指の評価を得ている医療システムである。同社が雇用する7万人以上の医療提供者が行う診察は、年間800万回を超える。

1921年に創設されたこの医療システムは、より良い治療と患者エクスペリエンスを実現するために、患者中心のケア、基礎研究と応用研究の併進（新たなアプローチを研究室から病室に導入する）、医師や看護師などへの継続的な人材教育という面で際立ったケイパビリティを築いてきた。冠動脈造影（1958年）、声帯移植（1998年）、ほぼ完全な顔面移植（2008年）、経カテーテル弁置換・修復術（2011年）、単孔式腎臓移植のロボット手術（2019

年）など、米国初の取り組みを数多く行ってきたクリーブランド・クリニックは、ニューズウィーク誌の世界病院ランキングの第2位、USニューズ&ワールド・レポート誌では心臓病・心臓外科分野で26年連続の第1位に選出されている。また、デジタル医療のリーダーでもあり、電子医療記録、遠隔医療、機械学習やＡＩを使った健康データ分析の先駆者だ。

しかし、この輝かしい成功にもかかわらず、クリーブランド・クリニックは、自社の物的インフラがあって実際に患者を受け入れられる地域に縛られた、地域レベルの医療システムという存在にとどまっていた。テクノロジーによって多少の知識共有は可能だったものの、医療サービスにおける差別化されたケイパビリティを、明白かつ有意義な形で複数拠点に拡大するにはどうするかという問題は解決されていなかった。

ところが、この状況はエコシステム戦略を取り入れたことで打開された。取り組みの一つとして、同社は２００６年にムバダラ開発公社とエコシステムのパートナーシップを締結し、３６４床の最新鋭の専門病院であるクリーブランド・クリニック・アブダビ（ＣＣＡＤ）を開発することを発表した（その他にも、同院はオハイオ州全体、ネバダ州、フロリダ州、カナダ、最近では英国へと拡大した）。両者の協力のもと、クリーブランド・クリニックの独自のＤＮＡを複製し、エコシステムのパートナーが持つケイパビリティを生かしてイノベーションや知見を吸収し、より迅速に動くことによって、同院の画期的で差別化されたケイパビリティへのアクセスが拡大することを目指した。

このパートナーシップは、クリーブランド・クリニックと、アラブ首長国連邦（ＵＡＥ）の政府系投資ファンドであるムバダラ開発公社の双方にとって非常に重要だった。クリーブランド・クリニックにとっては、本拠地から遠く離れた場所の患者にリーチし、必要とするすべての人に治療をという大きな夢を叶える道となった。

ムバダラ開発公社にとって、このパートナーシップは医療に対するアブダビ住民特有の複雑で多様な要求に応え、外国で治療を受ける必要性を軽減するために、世界トップクラスの強固な医療セクターを構築することを目指すという、政府の「経済ビジョン２０３０」の実現に向けた重要な一歩だった。同公社は、ＵＡＥの人々に西洋医学を提供するというビジョンを策定して資金を拠出していたが、これに加えて、現地のプロセスや規制の誘導、新しい病院と現地医療システムの統合、この複雑なパートナーシップの管理、財務管理、画期的な構想の提供という点で専門性を発揮し、実現可能と見なされる範囲を全般的に押し広げようとした。

２００４年に心臓外科医としてクリーブランド・クリニックに入り、現在はＣＥＯ兼プレジデントを務めるトム・ミハレビッチ博士が、２０１５年に新しいアブダビの施設のＣＥＯに指名され、この新事業にクリーブランド・クリニックのＤＮＡを刻み込む使命を担った。

ミハレビッチはこう述べる。

「アブダビは、私たちの組織構造の質、そしてケアの質とエクスペリエンスを、出発点であるメインキャンパスから遠く離れた場所で複製する最初の試みでした。そして、北米以外にも米国の卓越した医療を届けられることを実証しました。これは、私たちの業界では過去にまったく例のないことです。クリーブランド・クリニック・アブダビは、いまでは中東で一番の病院として広く認知されています。成功の理由は、私たちのシステムを複製することに全力でコミットしたからです」

クリーブランド・クリニックの影響力をより広い医療エコシステムへと拡大できたことは、それだけでも大きな収穫だった。

しかしＣＣＡＤのパートナーシップは、クリーブランド・クリニックのシステム全体の活動やケイパビリティを強化するという点で期待を超える効果ももたらした。２０１８年にアブダビのポジションから本国に復帰し、世界的組織であるクリーブランド・クリニックのＣＥＯ兼プレジデントに就任したミハレビッチはこう述べる。

「学びの逆輸入も継続的に発生しています。向こうでの学びは、私たちの他地域の新事業だけでなく、米国のシステム全体の機能のすみずみに影響を与えてきました。冗談半分ですが、私たちは4、5年おきに大規模なグリーンフィールド（更地からの）・プロジェクトを行うべきだという結論に達しています。なぜなら学習を加速させ、そこから一般化してシステム全体に展開する現実的な機会だからです」

ＣＣＡＤから逆輸入した学びの一例がデジタルツールである。ミハレビッチはこう述べる。「目標は、クリーブランド・クリニック・アブダビを世界で一番デジタルを活用する病院にすることでした。ゼロから出発しているので、他ではやっていないことを実行し、それをシステム全体で利用することができました。例えば、新しい電子医療記録や、病院の利用を案内する患者に優しいモバイルアプリなどがそうです」

非常に重要で差別化されたプロセスの一つが、**「毎日の階層的ハドル」**（ハドルとは、アメリカンフットボールの試合中の選手同士による短時間の打ち合わせ）の導入である。これは、毎朝行われる15分間の定例会議で、チームメンバーは、安全やクオリティ上の懸念、入院患者数、入院待ち患者数といった重要事項を話し合う。階層は病院内の最前線のユニットからスタートし、組織のピラミッドを上がっていって経営陣に至る。こうすることで、クオリティ、患者の安全、アクセスに関する日々の実績データがリーダーに提供されるのだ。

ミハレビッチは発生していることを自身がすべて把握できるように、この活動をアブダビで開始した。それがいまではクリーブランド・クリニックの世界中のオペレーションで採用されている。そしてチームが日々の実績に向き合うようになったために、ケアのクオリティと安全性が劇的に改善した（「毎日の階層的ハドル」の詳細と、これがどう組織全体の巻き込みを促すかという点については、第7章を参照）。

エコシステムのさまざまな部分から学ぶクリーブランド・クリニックのアプローチは、「自前主義症候群」とは対極にある。クリーブランド・クリニックの前最高学術責任者で、現在はアカデミック・アフェアーズのエグゼクティブディレクターを務めるジェームズ・ヤング博士は、次のように述べる。

「私たちはアブダビでデジタル技術の新たな用途をいくつか見出し、それをこのメインキャンパスで利用しています。メインキャンパスの心臓外科で画期的なことを行い、それをアブダビで応用しています。そして、これらをすべてロンドンに持っていって、私たちに何ができるかを確認するつもりです。多面的な学びと多面的な関係が、私たちの医療システムを前進させるのです」

現在、クリーブランド・クリニックは、イノベーションをエコシステム全体で、ロンドンからアブダビ、あるいはアブダビからクリーブランドへと共有し、拡大してシステム全体の向上を図っている。

より戦略的なレベルで言えば、CCAD事業の成功によって、クリーブランド・クリニックは、自社が提供するケアの質を確実に複製できるという自信を得た。そして、このエコシステム戦略が、同社のサービスをメインキャンパスから遠く離れた地に拡大するための正しい仕組みだという点でも自信を得た。

ミハレビッチは「これは魔法のような方法でもなく、オハイオ州北東部でしか拡大できない方法でもないことがわかりました。アブダビでの成功という励みがなければ、クリーブランド・クリニック・ロンドン（バッキンガム宮殿の近くに、2022年に開業予定の205床の施設）には着手しなかったでしょう」と述べる。

CCADはクリーブランド・クリニックに、エコシステムを通した価値創出に関する重要な教訓を与えた。同社の前最高戦略責任者であるジョゼット・ベランは次のように述べる。


「たとえモデルが違っても、そこまで完全に制御されていなくても、大きなインパクトを与えられることを学びました。パートナーと協力することを通して、厳密さ、ビジネス手法、他組織の活動の仕方、効果的なガバナンスや権限委譲について多くを学びました。異文化の相手と協力する方法についても多くを学びました。文化的なニュアンスや敏感さを理解し、違いがあることを尊重し、交流の仕方を知るということです」

この画期的なプロジェクトは、エコシステムの他のパートナーやサプライヤーも巻き込み、ロンドン進出を含めてクリーブランド・クリニックの医療提供の限界を押し広げることにつながった。

もう一つのエコシステム戦略として2021年初めに発表されたのが、「グローバル・センター・フォー・パソジェン・リサーチ・アンド・ヒューマン・ヘルス」である。ここでクリーブランド・クリニックは、オハイオ州政府およびIBMと協力して、新型コロナウイルス感染症のような公衆衛生の脅威に備えて世界を守ることを目指している。

クリーブランドに本部を置き、クリーブランド・クリニックの世界の拠点にも展開する同センターは、世界トップクラスの研究チームといくつかの研究センターの力を結集して、ウイルス病原体に関する理解を広げるだろう。IBMは量子計算、クラウド、人工知能のケイパビリティを提供して、ウイルスや遺伝学の研究の加速に貢献するだろう。オハイオ州政府は同センターを州北東部の経済の重要な起爆剤と見なしており、2029年までにクリーブランド・クリニックで1000人、2034年までにオハイオ州でさらに7500人の雇用が生まれると推計している。

クリーブランド・クリニックは、アブダビの病院の立ち上げを成功させたことにより、差別化されたケイパビリティを拡大し、医療提供者を特定の地域や医療システムに縛りつけていた鎖を断ち切って世界中にインパクトを広げられることを証明した。

新しい病院はクリーブランド・クリニックに、エコシステムの形成や研究など新たな領域への進出という点で、より積極的な役割を担う自信も与えた。臨床トランスフォーメーション最高責任者のジェームズ・マーリーノ博士は、「昔は他社に提携を持ちかけられると、それについて協議し、どうするかを決めていました。しかしいまでは、『私たちは何を達成したいか、それを実現するために誰と提携する必要があるか』という考え方にシフトしています」と述べる。

ビヨンド・デジタルの時代には、顧客や社会にとって重要な大きな問題を解決するために、企業はエコシステムの中で協力する必要がある。適切なエコシステムを作り上げ、それを利用して生産的に活動することは簡単ではない。しかし私たちは、本章で挙げた例がエコシステムを本格的に活用するきっかけとなり、エコシステム戦略を機能させるための有益な指針になることを望んでいる。

現代のビジネス・エコシステムの本質

エコシステム（生態系）という用語をビジネスの文脈で初めて用いたのは、1993年にハーバード・ビジネス・レビュー誌に掲載されたジェームズ・F・ムーアの論文である。彼は後に、オープンテクノロジー、デザイン思考、社会変革といった分野における先見的思想で名を馳せた企業戦略家である[a]。

ムーアは、デジタル時代の初期に新たな種類のネットワークを築きつつある企業について説明した。かつてのネットワークは戦術的なもので、サプライヤー、流通業者、販売チャネルなど、一握りのパートナーに限られていることが一般的だった。通常はメンバー限定型の閉じたグループでもあった。ハブ・アンド・スポーク型を取る場合が多く、最も多くのコネクションを持つ（価値の大半を保有する）者がネットワークの中心に位置するリーダーとなった。こうしたネットワークは、主にリーダーのコスト削減や効率向上に貢献した。例えば、自動車産業や繊維産業の典型的な製造下請の関係を考えてみればよい。

これに対し、20世紀の終わりから21世紀の初めにかけて発展したビジネスエコシステムは、より戦略的なものである。コスト削減や効率向上を実現することに加えて、いまやエコシステムのパートナーが、顧客の業績の改善や新規市場の開拓という点で協力するケースも多い。

こうした新たなエコシステムにはより多くのパートナーが参加し、その顔ぶれも多彩な傾向がある。通常、パートナー企業には正式なルールはほとんどなく、協力しあう相手は次々と変わる。コネクションはしばしば、一対多ではなく多対多の形になる。

新たなエコシステムの際立った特徴の一つは、パートナーが「トータル」の価値の最大化のために協力することである。組織が自らの生産力を高めるために物資やサービスを購入する20世紀型の下請構造とは異なり、パートナーは最終顧客およびユーザー志向でより良い成果を上げるために協力する。そして皆が報われるような、より大きな成果が生み出されるのである。

大きく分けて、４種類のエコシステムが発展してきた。プラットフォーム提供者、オーケストレーター、インテグレーター、イノベーションのパートナーシップである。

最もよく知られているのはプラットフォーム提供者を中核とするものである。マーケットプレイスで売り手と買い手を結びつけるアマゾン、あるいはソーシャルプラットフォームでユーザー同士を結びつけるフェイスブックが構築してきたのが、このタイプのエコシステムだ。オーケストレーター主導のエコシステムは、複数の参加者が協力しあい、顧客とともに、より広義の目標に取り組むことを促す。あるプレーヤーがエコシステムの基本的な要素を提供し、活動の調整はするものの、ひとまとまりのパッケージとするわけではない。

コマツは、オーケストレーターの例である。同社は、多くの企業が共通プラットフォームで建設プロジェクトに役立つ情報を共有して、顧客に恩恵を与えられるようにしている。例えば、搬出する土砂の容積情報を透明化することで、油圧ショベルやダンプトラックを調整し、無駄な時間の最小化を図ることができる。

3つ目のタイプとして、インテグレーターを軸とするエコシステムは、関連する商品・サービスを組み合わせて一括提供する。これを実践するのが、多様な医師、医療サービス、外来診療所を一つの医療システムに統合して患者に提供する病院である。

4つ目のタイプであるイノベーションのパートナーシップには、画期的な商品を共同開発するための、企業の垣根をまたいだ活動が含まれる。これがかなり一般的に見られるのが自動車産業や航空宇宙産業で、サプライヤーやパートナーからなる広大なエコシステム全体で企業が協力しあい、製品やソリューションを開発している。

幸いなことに、デジタル技術のおかげで、エコシステムの立ち上げや管理のハードルのいくつかは低くなった。より広範囲にリアルタイムにつながりあえるということは、従来のハブ・アンド・スポーク型の一対多ネットワークを多対多に再構成できることを意味する。それに加えて、各パートナーが貢献する価値を分析、追跡したり、安全な支払いの仕組みを設けたりすることも、より容易になった。信頼をめぐる潜在的な懸念も和らいだ。エコシステムのパートナーのリアルタイムの動向に関する透明性が増し、不適切な行為を早期に発見できる。ブロックチェーンなどの技術によって、知的財産を守る仕組みも改善している。

もちろん課題が消えたわけではないが、全体として、パートナーシップの締結と解消はかなり容易になった。

a James F. Moore, "Predators and Prey: A New Ecology of Competition," *Harvard Business Review*, May–June 1993, hbr.org/1993/05/predators-and-prey-a-new-ecology-of-competition.

1 "Komatsu Partners with Propeller," *Modern Contractor Solutions*, August 2018, mcsmag.com/komatsu-partners-with-propeller; "Japan's Komatsu Selects NVIDIA as Partner for Deploying AI to Create Safer, More Efficient Construction Sites," NVIDIA press release, December 12, 2017; nvidianews.nvidia.com/news/japans-komatsu-selects-nvidia-as-partner-for-deploying-ai-to-create-safer-more-efficient-construction-sites; "Komatsu Partners with Advantech for AIoT Heavy Duty Construction Equipment," Advantech website, April 1, 2020, www.advantech.com/resources/case-study/komatsu-partners-with-advantech-for-aiot-heavy-duty-construction-equipment; Patrick Cozzi, "Cesium and Komatsu Partner on Smart Construction Digital Twin," Cesium.com, March 10, 2020, www.cesium.com/blog/2020/03/10/smart-construction/.

2 "The History of Smart Construction," Komatsu website, October 16, 2019, www.komatsu.eu/en/news/the-history-of-smart-construction; "Everyday Drone Survey," Komatsu website, https://smartconstruction.komatsu/catalog_en/construction/everyday_drone.html.

3 "Realizing the Safe, Highly Productive and Clean Worksite of the Future: Launch of 'Smart Construction Digital Transformation,' " Komatsu website, March 10, 2020, home.komatsu/en/press/2020/management/1205354_1840.html.

4 "Patient First: How Karolinska University Hospital Is Transforming to Meet Future Demands of Healthcare," Philips website, www.philips.com/a-w/about/news/archive/case-studies/20190128-patient-first-how-karolinska-university-hospital-is-transforming-to-meet-future-demands-of-healthcare.html.

5 Satya Nadella, *Hit Refresh* (New York: Harper Collins, 2017), 124.

6 U. N. Sushma, "Titan Opens India's First Karigar Centre at Hosur to 'Transform the Lives of Goldsmiths,'" *Times of India*, February 22, 2014, timesofindia.indiatimes.com/articleshow/30810718.cms.

第4章

顧客に関する専有的知見を体系的に構築する

知見の伴わない活動ほど恐ろしいものはない。

——トーマス・カーライル（スコットランドの歴史家・評論家）

企業は、顧客情報を得ることに毎年数十億ドルを費やして市場調査会社からデータを購入し、研究を次から次へと行い、ビッグデータや高度な分析モデルを使ってその意味を解明しようとしている。

ところが、自社の顧客について「独自の」データを持っていると明言できる経営陣は少なく、顧客のニーズや要求について独自の適切な「知見」を持っていると答えられる経営陣はもっと少ない。しかし世界がビヨンド・デジタルへと進む中、企業が競争で抜きん出るためには、そのような独自の知見を持つことが不可欠だ。

今日の市場環境で非常に大きな意味を持つ、顧客に対するこの種の理解のことを、私たちは「**専有的知見**」という言葉で説明している。専有的知見はその組織に固有のものであり、通常、その組織ならではの価値を持ち、競合他社にはないデータ、経験、関係を組み合わせて開発される（178ページ「必要不可欠なデータとテクノロジー」を参照）。

こうした知見は、組織を他社から差別化し、周囲の状況が変わっても市場で意味を失わない商品、サービス、ソリューションを開発するための強力な武器となる。知見を獲得する活動を日常業務の一環として適切に行うと、顧客の経験が改善し、自社が提供する価値が強化される。例えば、アップルのジーニアスバーが、ユーザーが端末をフル活用できるように支援するとともに、ユーザーの最も重要なデジタルの課題を同社に直接伝える場になっていることを考えてみてほしい。

顧客とのやりとりが拡大すれば、より多くの学びがもたらされる。学びが増えれば、価値提供をいっそう改善できる。価値提供を改善すれば、（自社の約束を実現することを通して）より大きな信頼が生まれ、顧客との関わりや学びの機会が増える。

私たちが実施したアドビに関する研究は、専有的知見がどのように開発され、それによってリーダーがバリューチェーンをいかに深く把握し、顧客に最高のサービスを提供する方法について過去にない理解を得られるかという点で、広範囲に及ぶ強力な事例を提供する。

カリフォルニア州サンノゼを拠点とするこのソフトウェア企業は、２０１４年に変革を成功させ、広く普及している自社アプリケーション（フォトショップ、イラストレーター、インデザインなど）をパッケージ製品として（多くはＣＤの形で）サードパーティーの販売業者経由で販売するというモデルから脱却した。

同社は代わりに、クラウドベースのソフトウェア・アズ・ア・サービス（ＳａａＳ）のソリューションとして、直接的なサブスクリプション契約でアプリケーションを提供しはじめたのである。２０１４年は、サブスクリプションによる売上が全体の50％を占め、２０１６年には78％になった。転換のインパクトは売上高にもしっかりと表れ、２０１４年の40億ドル強から、２０１６年には60億ドル近くにまで増加した。

アドビのクラウドへの移行は成功例ではあるが、本書で注目したいメインストーリーではない。私たちが検証するのは、**活用できるようになったデータや消費者に関する知見を軸に、同社がいかにして経営モデルを再構成し、事業を強化したか**ということである。

実際にアドビのリーダーたちは、成長を加速させる余地は大いにあり、顧客のニーズに対する意識を高めることによって、良い未来を形成できると感じていた。デジタルメディア担当シニア・バイスプレジデント兼ゼネラルマネジャーのアシュリー・スティルは、「私たちは、ビジネスの転換点にいました。市場の成長ペースに乗り、顧客基盤とともに成長していましたが、それを加速させることには苦戦していました」と述べる。

クラウドベースのアプリケーションとサブスクリプションベースの販売モデルに移行する前は、同社のマーケターはユーザーのことをほとんど理解していなかった。同社の製品は大部分がサードパーティー経由で販売され、アプリケーションは主にオフラインで使用されていたため、アドビが把握できたのは、顧客がいつ製品登録をしたかということだけだった。

しかしＳａａＳに移行したことで、同社は顧客がアプリケーションを使用している状況をリアルタイムで確認し、取得可能になった何百万ものデータポイントを分析することによって、機会と問題点の両方を連続的に特定できるようになった。

アドビは次に、価値創出モデルの大部分と、そして論理的な次のステップとして組織構造を、顧客に関する知見を軸にして本質的に再構築することに着手し、新しいモデルが提供する機会を最大限に活用することを目指した。スティルは次のように述べる。

「私たちは、これまでにない方法で顧客と直接的な関係を築くことを望みました。これは、戦略的に大きな転換点でした。顧客が数名ならば、彼らがアドビを使用する際のエクスペリエンスやジャーニーを、背後から覗いてすべて観察できます。しかし顧客が何百万人もいると、一人ひとりと直接関係を築くことは規模の面から不可能でしょう。販売チームやパートナーが直接これを行うのは無理だとわかっていました」

アドビのリーダーは、データとデジタル計装を活用することで規模拡大の課題を克服し、勝利のための顧客経験を創出できると結論づけた。

同社はこのときから、現在で言う「データドリブン・オペレーティング・モデル（アドビの社内用語でＤＤＯＭ）」の導入を開始したのである。アドビは、データアーキテクチャを組織全体で統一し、顧客に関する知見の取得と分析を堅牢で拡張性のある新たな方法で実行できるように、全社を挙げた変革を開始した。

アドビのシニア・バイスプレジデント兼ＣＩＯのシンシア・ストッダードは、「多くの企業と同様に、私たちのデータもサイロ化していました。従業員は各自のデータセットを保有し、それを使って報告していました。そのため、数値が合わない理由を調べるために四苦八苦していました」と説明する。

DDOMは、アドビのすべてのデータをアドビのアプリケーションを使用する顧客のカスタマージャーニーの5段階、すなわち発見、試用、購入、使用、更新という観点で整理する。

5段階のそれぞれについて、同社は主な指標を定義した。例えばオーガニック・トラフィック（発見の段階で）、非クオリファイドからクオリファイドへの転換（試用の段階で）、コンバージョン（購入の段階で）、第4週返品率（使用の段階で）、ユーザー主導のキャンセル率（更新の段階で）である。そして同社は、これらの段階に沿って作業チームを再配置した。5つの各段階にバイスプレジデント級の「指標オーナー」が設けられ、KPIの進捗状況をレビューする週次のミーティングには100人以上が参加し、ときには最高経営陣も出席した。

南北アメリカ・デジタルメディア市場開拓&セールス担当バイスプレジデントのエリック・コックスは、DDOMがもたらした顧客に関する新たなレベルの知見が、いかにアドビのオペレーションを変えたかを説明する。

「このモデルは、データに関する共通言語を生み出すことによってオペレーションを根本的に変えました。個々のスタッフから経営陣に至るまで、全体的な顧客経験に影響を与える判断をする場合は必ず、単なる直感や経験に基づく勘ではなく、知見を踏まえていなければなりません」[1]
そして一つの例を挙げた。

「これまでは、私たちにとって優先度が高いと直感的に思われる特定のモバイルアプリに、大量のリソース（と関心）が集中することがありました。DDOMと、ユーザージャーニーに注目したKPIを通して明らかになったのは、なおざりにしていた一部のアプリが、実は顧客のためにとてつもない価値を生み出していたということです。これをきっかけに当社のチームはリソースの割り当てを変更し、ユーザーの利用開始時の新たな経験を提供することになりました。それ以降、こうした取り組みが、アドビのモバイル製品全体で利用率や転換率をかなり向上させてきました」

アドビのCFOであるジョン・マーフィーは、次のように述べている。

「DDOMは、私たちにとってゲームチェンジャーでした。最初はカスタマージャーニーについて53項目のKPIを測定しようと考えていました。しかし間もなく、より良い顧客サービスを目指してさらに多くの知見や方法を見出すために、カスタマージャーニーのもっと深くまで踏み込めることがわかりました。現在、DDOMでは数百のKPIを測定しており、最も重要な知見を際立たせ、より動的な経験を生み出す手段になっています」

例えば、ある消費者がフォトショップを購入したとする。マーフィーによると、フォトショップは多くの強力な機能を備えた複雑な製品であるため、ユーザーの中にはそれに戸惑って使わなくなり、最終的にサブスクリプションを解約する者がいる。

「人工知能のおかげで確認できるようになったことや進化したことを通して、私たちはユーザーが何をしようとしているかを予測できます」とマーフィーは言う。

例えば、あるユーザーが写真編集に手こずっていた場合、アドビは、その人がアクセスしたメニューやクリックした場所に基づいて問題を検知できる。これは、多くのウェブサイトやプログラムでポップアップ表示される、何かお困りですか、というような一般的メッセージの域をはるかに超えている。

マーフィーはこう述べる。

「ユーザーは、アプリから『こんにちは、このフィルターを適用したいのですね?』といったメッセージを受け取ります。そしてワンクリックで問題を解決したり、問題解決策を詳しく教えるチュートリアルを表示したりすることができます。私たちは何年もかけて、この種のやりとりを生み出すケイパビリティを強化してきました」

ＤＤＯＭの勢いは同社内で急加速した。ストッダードはこう説明する。

「少ない指標で小さく始めたことが非常に重要でした。そのおかげで、一揃いの指標を設定すること、統一されたデータアーキテクチャを持つこと、データや知見が主導する形でビジネスを管理することの価値を証明できました。それで『私たちもこれに参加したい』と皆がやって来るようになったのです」

ＤＤＯＭの成功を受けて、同社は知見のシステムを他社に販売するために、２０１９年初めにアドビ・エクスペリエンス・プラットフォームを投入した。マーフィーはこう述べる。

「私たちは、ＤＤＯＭを他社向けに『製品化』しました。そうすることにより、当社と同様のカスタマージャーニーを作り出し、各社にとって有意義な、それぞれの分野特有のデータを収集できます。アドビ・エクスペリエンス・プラットフォームを使えば、顧客とのやりとりを再検討する際に当社の経験を活用できます。これは私たちにとって、まさにトランスフォーメーション的な出来事でした」

何百万もの顧客がカスタマージャーニーをたどるうえで生じる、自社の提供物の利用経験に対する好き嫌いを把握するアドビの能力は、マーケティングメッセージ、顧客エクスペリエンス、製品機能に関するあらゆる選択の情報源となっている。

アドビの売上は、２０１６年の59億ドルから２０２０年の１２９億ドルへと成長したが、同社のリーダーたちは、その大部分がデータドリブンの知見のケイパビリティのおかげだと考えている。同社は、次のように表明している。

「私たちは、長い道のりを歩んできました。顧客との関係は、遠い距離がある断続的なものから、24時間３６５日のパーソナライズされたインタラクションへと変化しました。その結果、一貫して恩恵がもたらされています。例えば、顧客の満足度や利用率の向上、継続収入の増加、他にもたくさんあります」[2]

多くのソフトウェア会社と同様に、アドビは箱に入ったソフトウェアの販売からＳａａＳの販売へと移行した。しかし多くの企業とは異なり、同社はこの変化を最大限に活用し、専有的知見を体系的に構築することによって、以前をはるかに上回るスピードで成長を遂げた。

この専有的知見はアドビの従来のビジネスを成長させただけでなく、ＤＤＯＭのケイパビリティを他社に販売することによる新たな収益の流れも生み出した。これは個別のプレーヤーが提供できるケイパビリティの価値を大きく高める方向に、エコシステムが変化した例である。

専有的知見の獲得——重要なケイパビリティ

いつの世もビジネスでは顧客を知ることが必要だが、ビヨンド・デジタルの世界では知見、それも専有的知見の必要性がさらに差し迫ったものになる。顧客の根本的なニーズにどこよりも的確に対処できることが企業の勝利の条件になる。

しかし、その正確なニーズは時間とともに変化する。そしてイノベーションサイクルがますます加速する中、ニーズにうまく対処する条件も変わり続けている。

顧客に関する優れた知見は他社も獲得できるため、それを持っているだけでは不十分である。その代わりに、**競争上の差別化要因を強化すべく、専有的知見の獲得に投資することに注力しなければならない**。

すでに顧客との直接的な関わりを持っていても、そこで求められる類の成果を出すためのシステムやツールが自社に欠けているかもしれない。うれしいことに、そのような必要要素を提供するテクノロジーは、そうした要素を提供する企業と同じく、もはや当たり前の存在となりつつある。以下に例を挙げる。

- データ収集については、新たなツールやテクノロジーのおかげで、顧客とのやりとりのサイクルの全体を通して、より粒度が細かく有益な顧客情報を入手できる。小売店では天井に設置したカメラが顧客の動きを（人物を特定しない形で）観察し、時間をかけて見ていたのに買わなかった商品や、手に取ったが棚に戻した商品など、さまざまなことを確認できる。

　そしてもちろん、こうした追跡は顧客がウェブサイトで情報を調べる行為にも適用できる。IoTデバイスは、顧客の許可を得たうえで、商品の使われ方やパフォーマンスのデータを供給できる。顧客のオンライン上のコメントや評価も同様の役割を果たす。その他の顧客とのやりとり（コールセンター、保証サポート、融資、フォローアップサービスなど）も、顧客のニーズの理解につながる問いを組み込んで活用でき、いままでは分析のためにデジタル化することも可能だ。テクノロジーは、社会的習慣に関する情報も提供して、購買判断に関する知見も提供できる。

- 情報分析については、AIによって、顧客の要求やニーズに対する理解を深めることに役立ち得る行動パターンを探索できる。得られた結果に行動心理学を適用し、小規模なテストを際限なく繰り返すことにより、理解の正しさを確かめたり、学びを深めたりすることができる。テクノロジーと社会科学の組み合わせは、顧客の行動の意味を解釈したり要求を予測したりするための新たな機会を、多様な形で企業にもたらすのである。

このような進歩によって、企業と顧客の接点を増やし、顧客にもっと直接的に働きかけたり、そうしたやりとりに基づいて適切な知見を築いたりすることが可能になる。

顧客に関する専有的知見の構築には、単なる市場調査の購入やグーグルからのデータ購入（競合他社でもできること）を越える何かが求められる（185ページ「従来型の市場調査の成長と限界」を参照）。

そして、この努力は一度きりのプロジェクトや一つの機能部門の仕事ではない。むしろ社内の各機能、エコシステムのパートナー、顧客の全体から知見を求め、その知見を組み合わせて価値提供やケイパビリティ体系の基となる理解を形成するという仕事の進め方なのである。

実際のところ、専有的知見の獲得は、最も重要なケイパビリティの一つになる可能性がある。それは、顧客の要求やニーズをより適切に満たし、要求やニーズが変化した場合にはそれに適応できるような商品・サービスを持続的に提供することによって、競合他社から抜きん出ることを可能にする、複雑で多目的なケイパビリティの最たるものである。そして、固有のデジタル資産と、ケイパビリティに命を与えるツール、プロセス、人材が真の融合を果たしているため、ケイパビリティの良い意味の複雑性の好例と言える。

専有的知見を体系的に構築するための4ステップ

アドビの他、顧客に関する知見の王者であるSTCペイ、フィリップス、イケア、コマツ、インディテックスなどに学ぶにはどうすればよいだろうか。それを実現するために（ほぼ順番通りに）実行できる4つのステップを紹介する。

1. 目的と信頼の土台を確立する

顧客との関係を成立させるための信頼を得る方法として、自社の価値観、理念、そして顧客データの取り扱いや知見の利用法に関するガバナンスを完璧に明らかにする。

2. 顧客に関する知見についてのアプローチとロードマップを意図的に展開する

自社の目的に力を与える重要な問い、すなわち顧客に自社との関与を促す問いを軸にして、専有的知見の戦略を立てること。自社が解決したい顧客の問題を指針にして、知見のケイパビリティとロードマップを構築する。

3．顧客に関する知見を獲得する仕組みを作り、強化する

ターゲットに選定した顧客とやりとりする方法を新規に開発する、あるいは既存の方法を強化することにより、その仕組みをオペレーションに欠かせない要素にする。

4．専有的知見を仕事の進め方に組み込む

専有的知見を自社のオペレーション（戦略やイノベーションのケイパビリティを含む）と結びつけて機能させることにより、自社の価値提供、ケイパビリティ体系、提供する商品・サービスを体系的に強化できる。

以下、それぞれ解説していこう。

1 目的と信頼の土台を確立する

顧客が企業に進んで情報を提供するには、その企業の目的を受け入れていることが必須条件だ。そして提供したデータ、知見、機密情報を企業が正しく扱うはずだと納得している必要がある。目的と信頼は、専有的知見のケイパビリティを築く能力の土台なのである。

世界における自社の立ち位置を決定したときの作業が、このステップの基礎となる。この作業

が適切にできていれば、明示したその立ち位置によって、自社が顧客のために生み出す価値は何か、自社の目的が顧客にとって重要な事柄とどう結びつくかということを顧客が理解しやすくなる。約束を守ることは、信頼を築くうえで間違いなく非常に重要な要素である。

それに加えて、顧客情報の用途や、構築した知見の使い方に関する倫理基準も、一点の曇りもない状態にしておく必要がある。明確な原則を表明して周知し、それを実行するための適切なガバナンスを設ける必要がある。

また、専有的知見の分野では、データ保護やサイバーセキュリティに関するミスは一つも許されない。**この分野の支出は、何とかして最小化すべき事業運営コストではなく、戦略的投資と見なす必要があるだろう。**

アドビのアシュリー・スティルは、同社の指針となる顧客データ利用の原則について非常に明確に考えている。

「私たちはデータプライバシーの保護を約束し、データの取り扱いに神経を使っています。顧客データを、責任を持って使用すればすばらしい経験を生み出せますが、それを戦術的なアドバンテージを得るために使いはじめれば、その瞬間に道を外れてしまいます」

顧客からデータを引き出すことではなく、顧客をバリューチェーンに不可欠な存在にすることが重要なのだという理解を、リーダーは組織全体に確実に浸透させなければならない。

2 顧客に関する知見についてのアプローチとロードマップを意図的に展開する

専有的知見のケイパビリティを構築する作業には必ず、どの知見を重視し、どこから着手するかを決めるという課題がつきまとう。より多くの、あるいはより優れた知見があれば、企業のほぼすべての部署が恩恵を受ける。例えば、物流部門が配達に関する顧客の期待値と許容範囲を理解したり、営業部門が価格と価値の適正なトレードオフを判断したりするときなどである。

しかし、私たちが定義する専有的知見に関しては、自社の未来、つまり世界の中で自社が狙う立ち位置の形成に役立つ重要な問いと知見に焦点を固定することを推奨する。知見を生かして今日のオペレーションを改善すれば、とてつもない価値を得ることができるし、そうすべきだ。

それと同時に、専有的知見を生かす道をたどりはじめた企業にとっては、顧客のために解決したい大きな問題への対処に役立ち、自社の未来の指針となるような重要な問いに答えることにレーザーの焦点を当てることが重要である。また、詳しくは後述するが、自社の価値提供は顧客との関わり方と連動するべきであり、そうすることで「知見の収集」を孤立したプロセスにしないことが重要だ。

自らの要望やモチベーションを企業に積極的に伝えて親密な関係を築きたい顧客ばかりではないことを忘れてはならない。

自社にとって専有的知見の最高の情報源になる顧客、つまり自社の目的に最も強く共感し、自社が最も大きな価値を提供できる人々を特定する必要があるだろう。こうした顧客は、（いまはまだ）自社の大ファンとは限らず、最大の顧客でもないかもしれない。長い付き合いや取引実績がある顧客でさえないかもしれない。

それを示す例が、サウジテレコム傘下のフィンテックのスタートアップ企業ＳＴＣペイだ。サウジテレコムは、２０１５年に戦略の大転換に着手した。同社の新たな成長領域の一つに金融サービスがあった。

ＳＴＣペイは２０１８年に、個人と企業を結びつけて金融サービスのオペレーションを全面的に支援するような、革新的なテクノロジーとデジタルエクスペリエンスを提供することを目指して始動した。最初の取り組みは、一つのスマートフォンアプリで顧客の送金／着金、ショッピング、家計管理を可能にする「デジタルウォレット」だった。

ＳＴＣペイの創業者で元ＣＥＯの（現在は親会社のグループＣＥＯアドバイザー）サレ・モサイバは、「白紙からのスタートだったことが、当時もいまも、この市場の既存企業と比べた私たちの主な強みになっています。当時は何もありませんでした」と話す。

ＳＴＣペイの最初のサービスは、サウジアラビア政府の将来の成長を目指す「ビジョン２０３０」を踏まえて同国の銀行規制当局が提案したものでもあったが、同国で働く大勢の外国人労働者向けのソリューションだった。一般的に彼らのほとんどは銀行との取引がなく、賃金の大部分（平均85％）を本国の家族に送金する。ＳＴＣペイは使いやすいスマートフォンアプリを開発し、ウエスタン・ユニオンと提携することにより、ウエスタン・ユニオンの世界52万５０００カ所の拠点経由で即時支払いを実現した。

モサイバは「送金ビジネスが軌道に乗ってわかったことは、一つのサービスがうまくいくと、顧客は新たなサービスを求めて集まってくるということです」と述べる。

同社はそれ以来、外国人労働者以外の顧客を集めるための機能を追加してきた。例えば、ＱＲコードをスキャンして商品の支払いをしたり、ナンバープレート・リーダーを備えたガソリンスタンドでガソリンの支払いを認証したりといった機能だ。いまやＳＴＣペイは、企業向けに総合的な給与サービスまで提供している。モサイバはこう述べる。

「当社の顧客はＳＴＣペイを心から気に入っていて、フィードバックや提案を返してくれます。弊社のイベントに参加して『あなたたちの大ファンです』と言ってくれます。

彼らの熱心さの源は２つあります。１つ目は私たちが提供する顧客経験で、実際に彼らの多くの悩みを和らげています。２つ目は、彼らが私たちを非常に反応が速い企業と見なしていることです。通常は、ソーシャルメディアやその他の方法でフィードバックを送っても、すぐに返事は来ないだろうと考えます。しかしSTCペイは違います。私たちはファンからたくさんのアイデアを得て、実行しています。こうした人々をもっと見つけて育てていくことに取り組んでいます」

フィードバックから生まれた新たなサービスの例が、ＳＴＣペイの「共有アカウント」だ。モサイバによると、サウジアラビアの裕福な顧客は「大家族で、使用人がいることが一般的」である。ＳＴＣペイの顧客は、親族や使用人に金を与えて、その人の金の使い方をある程度コントロールすることを望んでいる。

そこで、同社は新たなコンセプトを設計した。モサイバは「共有アカウントを作成して毎月の上限額を設定し、誰がそれを受け取るかを決めて、使い道に制約をつけることができます」と述べる。

例えば、使用人にはガソリンスタンドや食料品店での支払いを許可できる。家族にはレストラン、特定の店、ウェブサイトでの支払いや、ＡＴＭでの現金の引き出しの権限を与えるかもしれない。アカウントの所有者はすべての取引をいつでもリアルタイムで確認することができ、許可の条件を変更したり、共有アカウントを閉鎖したりすることが可能だ。

ＳＴＣペイの設計は、ペルソナ（具体的な人物設定）から始まるため、同社は顧客が何に苦労し、何を必要とし、それをどう満たせるかを顧客の身になって考えられる。そのようなペルソナの一人が商人モハメドだ。雇い主は彼を信用しておらず、彼が何かを購入するたびに必ず請求書の提出を求めた。ＳＴＣは独自の専有的知見によってこうした顧客モデルを作り、真に価値のあるサービスの提供を保証できるのである。

モサイバは次のように述べる。

「私たちをはじめとするフィンテック企業が、人々の資金管理を支援するというバンキングの基本的で核心的な原則に踏み込んだため、金融業界に創造的破壊が起きています。銀行はこうした原則を忘れてしまっています。私たちは『お客さま、何をお求めですか』と言って彼らに接します。私たちがバンキングを再発明していると思われているかどうかは、どうでもよいことです。私たちにとって大切なのは、本当に人々の力になれているかということです。私たちは、本当に付加価値を提供できているでしょうか」

顧客に関する専有的知見に基づくＳＴＣペイのアプローチは奏功している。ＳＴＣペイは設立後わずか2年で企業価値評価額10億ドルを達成し、サウジアラビア初の、また中東のフィンテック企業として初のユニコーン企業となった。現在はサービスをＵＡＥ、クウェート、バーレーンに拡大する準備を進めている[3]。

ＳＴＣペイが示すように、顧客が企業に対して、「自分を尊重してくれていて、他にはない方法でニーズを満たしてくれる」という感覚を抱けば、長い歴史を持たない企業でも顧客との専有的な関係を築くことは可能である。顧客が商品、サービス、経験の改善に参加することを望み、企業固有の貴重な知見となり得る情報を提供する可能性も高まるだろう。

3 顧客に関する知見を獲得する仕組みを作り、強化する

どの企業も顧客からのフィードバックを受け取っているが、すべての企業が専有的知見のケイパビリティを築けるとは限らない。このケイパビリティの構築や強化について検討しはじめると、おそらく思っているよりも、そして実際に利用している範囲よりも、もっと多くの顧客情報にアクセスできることに気づくだろう。その既存情報を活用するだけでも顧客に対する理解は深められるが、そこで終わってはならない。

より多くの知見を得るために、現在の顧客との関わり方をどう強化できるか、あるいはどのような新しい関わり方があるかと自問しよう。

そのような仕組みを、片手間に実行してやがて失速するような形ではなく、オペレーションに完全に統合するためにはどうすればよいだろうか。顧客に関する知見を得るための関わり方は、理想を言えば、自社が顧客への価値提供のために行うことの一環として、知見と顧客経験を結びつけるものであるべきだ。その良い例が、多くの消費者向け業界に出現しているさまざまなダイレクト型ビジネスである。

有効な方法は多種多様に存在する。

顧客がどう行動し、商品をどう利用しているか、あるいは、もしその商品があったらどう利用するかを個別に観察することに賭けている企業もある。テクノロジーを利用したソリューションを模索する企業もある。顧客に接近するために、ビジネスモデルの全面変更に至った企業さえある。

どの道を選ぶにせよ、**人間同士の深いつながりが必要だ**。もし顧客の声に真剣に耳を傾けず、彼らの悩みの解消を助けることを考えなければ、成功はないだろう。

例えばフィリップスは、病院やその他の医療機関にアクセスできる独自の立場を、顧客がいま必要としていることに関する知見の獲得や、将来要求しそうなことの予測に生かしている。

フィリップスのコネクテッドケア・アンド・ヘルスインフォメーション部門のチーフ・ビジネ

スリーダー（および同社経営委員会のメンバー）を務めたカーラ・クリウェットは、毎年1週間を病院の研修生として過ごし、医師と看護師の回診に同行した。

クリウェットは、「当社の機器をどう使用しているか、懸念事項は何か、そして率直に言えば、彼らが何を考え、どう感じているかを理解するための活動です」と述べる。数年前、クリウェットは大学を出たばかりの若い看護師の巡回に同行した。看護師は仕事に対する情熱を持っていたが、一般病棟の12人の患者の責任を負うことに押しつぶされていたと彼女は回想する。「最初の患者のところに行くと、あまり具合が良くないとのことでした。看護師は一連のチェックを行いましたが、特に問題はありませんでした」

別の2人の患者から要請があったため、看護師とクリウェットは最初の患者の元を離れた。その後、最初の患者のベッドに来てみると、「看護師が、彼の容態が悪化していることに気づきました。彼はそのまますぐに亡くなってしまったのです」。

この患者は心臓発作を起こしていた。しかし入院していたのがＩＣＵではなく、一般病棟だったため、異状発生を検知できたかもしれない高度な監視装置が装着されておらず、異状を予期する手立てがなかった。そうした装置は高額であり、大型で移動もできないため、一般病棟での使用には適さない。

クリウェットはチームに指示し、病院の患者監視システムに接続できる、簡素で体に装着可能なモバイルバイオセンサーを開発させた。

「この装置は基本的なバイタルサイン、つまり呼吸数、心拍数、体温を測定します。スマートアルゴリズムを使用して、臨床医がリスクを検知することを支援し、介入できるようにします。これは、現実的なインパクトを与えられます」とツリウェットは述べる。

イケアも、人々に接近する方法を改善することによって、顧客を理解する手段を継続的に改良している企業の例であり、顧客と同じ視点で物事を考えて、彼らの希望、不満、態度をより正確に感じ取っている。その主な手法の一つが、人々の暮らしの理解を深めるためにマネジャーやスタッフが顧客の家を訪問する「ホームビジット」だ（イケアの従業員は、毎年世界で何百もの家庭を訪問している）。

同社はこのアプローチを拡大し、ストックホルム、ミラノ、ニューヨーク、深圳で、自宅にビデオカメラを設置しても構わないという顧客の協力を得た。人々の暮らし方や不満の原因、ニーズ、夢に関してイケアが得た知見は、革新的な商品の創出を可能にしている。

最近ではこうした知見が、若者や全年代の独身者のニーズをより敏感に捉えることに役立っている。子どものいない人々は歳を取ると都市の狭いアパートに住む傾向がある。そして彼らの社会生活や住まいは、イケアの当初のコア市場を構成していたファミリー層や学生のそれとは大きく異なる。

一つ例を挙げよう。イケアは顧客が日々の出勤準備で感じている苛立ちに気づき、クナッペルを考案した。これはスタンドミラーで、衣服やジュエリーを掛けられるラックが付いているため、身に着けるものを前夜に簡単に揃えておくことができ、朝の身支度がスムーズになる。イケアがそこまで顧客に接近していることに驚いたなら、そうしたプロセスに消費者を参加させるには、どれほどの信頼関係が必要かと考えてみてほしい。

企業の中には、**顧客に関する専有的知見を得るためにビジネスモデルを変えた**ところもある。単体の商品・サービスの販売から、ソリューションやエクスペリエンスの販売へと移行した企業はその例だ。そうした企業は、この変化によって顧客との関係を大いに深め、想像もしなかったほどの知見を得ることに成功している。

例えばコマツは、最近まで自社を建設機械の製造と販売を主に手がける企業と見なしており、TQM（Total Quality Management：総合的品質管理）やQC（Quality Control：品質管理）を通して完璧な製品を作り上げることに50年を費やしてきた。

前社長兼CEOで現取締役会長の大橋徹二は、こう回想する。

「私たちは、常にメーカーの目で物事を見ていました。モノを作り、顧客に販売し、顧客満足度を見るという姿です。顧客と話をしても、機械が壊れないこととか、壊れたらすぐに直さないといけないとか、そういうところで止まっていました」

第3章で論じたように、コマツは2013年以降、建設現場の効率性と有効性を大幅に改善することを目指す「スマートコンストラクション」への移行の一環として、情報通信技術（ICT）を機械に組み込むことにフォーカスしはじめた。人口構成の変化が慢性的な建設労働者不足を生んでいる日本では、効率化が重要目標の一つである。しかし用いるテクノロジーの新しさを考えると、同社がこの取り組みに注力するためには顧客に対する理解をいっそう深める必要があった。

そこで経営層は、このビジネスに関しては、まずは機械を貸し出すことを決断した。執行役員でスマートコンストラクション推進本部の本部長を務める四家千佳史はこう振り返る。

「もし機械の販売ビジネスから開始していたら、ICT建機の使用によって建設現場がどう変わったかがわかりません。しかし私たちは、あらゆる問題を早期に発見して、ICT建機の導入後に期待したほど生産性が上がらない場合の原因を突き止めようとしました」

このビジネスモデルのおかげで、コマツと機械の実際のユーザー（調達部門ではなく）とのタッチポイントが格段に増え、同社の製品の使用状況や作業現場で直面している課題について顧客から情報を得ることが可能になった。

「これは、モノを売って終わりという取引関係ではなく、コマツが顧客のビジネスに欠かせない存在になって長期的な関係を築くという意味で重要な一歩でした。これこそが関係作りです」と四家は説明する。

コマツが得た知見は驚くべきものだった。建機にICTを追加したことによる生産性の向上は期待を大きく下回っていたのだ。テクノロジーは問題なく機能したが、実際の施工における前後のプロセス、例えば測量や土砂の搬出で生じるボトルネックを解消できなかったのである。この理解を踏まえて、コマツはスマートコンストラクション推進本部を立ち上げ、機械の販売、レンタル、サービスのその先へと進んだ。同社の任務は、現場の生産性の改善を目指し、顧客とともに未来の建設現場を形にできるようなソリューションを生み出すという、はるかに大きなものになった。

この新たなアプローチのために、同社はオープンプラットフォームのランドログ（第3章を参照）を開発する必要があった。その目的は、建設プロセス全体で、人、機械、資材、地形のデータを集めて建設プログラムの調整と管理をより適切に行うことであり、機械メーカーの一社に過ぎなかったコマツは、建設業界の中心的な役割を担うことになった。

自社がどのようなアプローチを取るにせよ、この機会を新たな「顧客データ」のケイパビリティを確立することだけでなく、顧客との関わり方を再構想することに活用しよう。

4 専有的知見を仕事の進め方に組み込む

専有的知見を獲得するだけでは多くの価値は生まれない。そうした知見を、自社の戦略やイノベーションのケイパビリティに、そして最終的には日々のオペレーションに結びつける必要がある。そうすることにより価値提供が洗練され、それを実現する能力も向上する。

価値に対する顧客の認識はどのように変化しているか。顧客が現在求めているもの、そして今後求めるものは何か。自社のケイパビリティがもたらす成果を顧客はどのように受け止めているか。顧客をあっと言わせるために必要なものは何か。

こうした問いに対する答えが、自社の価値提供を発展させ、ケイパビリティを改善して顧客にとってより適切な価値を提供し、顧客が何度も自社に戻ってくるような商品やサービス、ソリューション、エクスペリエンスを提供することに役立つ。

このような形で専有的知見を仕事の進め方に組み込むと、専有的知見が自社のために機能しはじめ、顧客への約束を守ったり、顧客のニーズに常に向き合ったり、創出する価値を継続的に強化したりすることを後押しする。

専有的知見は戦略的な取り組みでなければならない。**知見に関するテーマと、それを機能させ**

る方法について幹部レベルの責任者を置くことに加えて、幹部一人ひとりに結果・責任を負わせ、知見をいかに機能させるかを実証する必要がある。

インディテックスのザラについて考えてみよう。

ファストファッション業界で台頭した同社は、顧客に関する知見を生命線とする企業とはどのようなものかを示している。広報本部長のヘスス・エチェバリアは次のように説明する。

「顧客が求めるものをしっかりと提供するためには、誠実さが必要です。とても簡単なことだと思うかもしれません。しかし、実際には非常に難しいのです。人間は常に自分のやりたいことをやろうとするからです。デザイナーは自分の一番好きなものを作ろうとする傾向があります。物流業者は自社にとって一番合理的だと思うものを輸送したいと考えます。店員は自分のやり方で商品を陳列しがちです。各自の前提、信念、好みを脇において、顧客が求めるものに真摯に耳を傾けるためには、真の規律が求められます」

顧客を理解することに皆を集中させるにあたり、大いに役立ったのがインディテックスの文化である。エチェバリアはこう続ける。

「この会社は、人々がこれから好きになるものを理解し提供するという文化とともに創業しました。顧客の満足が私たちを満足させます。私たちにとって、それを上回るものはありません。当社のデザイナーは、自分のデザインについてこれまでで最高の出来だと思うことがあるかもしれません。しかし顧客がそれを気に入らなければ、そのデザインのことは忘れて、それ以上押し付けることはありません」

顧客の好みを理解することは、インディテックスの成功に欠かせない。同社のビジネスモデルは需要に応じた生産を基本とし、それによって不良在庫の最小化を実現している。小売店頭の従業員は同社の最前線の目や耳として働くように訓練されており、データを追跡し、顧客を観察し、非公式な所見を蓄積している。店舗では、顧客の選択、見つからない商品に関する質問、提案といった情報を取りまとめている。買い物客が探しているのはスカートか、それともパンツか。大胆な色か、それとも淡い色か。こうした所見は直接本社のデザイナーとオペレーション担当者のグループに送られ、直ちに新商品に反映されて商品棚に並べられる[4]。カギを握るのは顧客の嗜好に順応する柔軟性と、顧客が求める商品を求められるタイミングで生産する精度である。

同社は、デジタルテクノロジーを先見性と現実性のある独自の方法で取り入れた。インディテックスは、自社の戦略的目標に沿ったイノベーションのみを導入した。例えば、同社は受注生産の実験は行わない。しかしオンラインとオフラインの小売店の統合は実施し、生地のサステナビリティや品質を重視し、独自の追跡システムを使用してモニタリングの応答性と効果を高めている。

中でも特筆するべきテクノロジーの変化がある。第1章で説明したように、衣類のすべてにRFIDチップを取り付けたが、インディテックスがデジタルトランスフォーメーションを開始した2013年の時点では、これはほぼ前代未聞の取り組みだった。おかげで、同社はいまや、世界中で各商品が何着売れたかをリアルタイムで把握し、個々の商品を物流プラットフォームから最終販売まで追跡することができる。

しかしインディテックスは、そうしたデータを集めて分析するだけでは終わらない。同社はデータを解釈して、知見を引き出すための集中的なプロセスを設けている。

このプロセスは3層で構成される。まずは店舗で、店舗マネジャーが現地の祝日、天候、店内の特定の陳列方法が売上にどう影響し得るかを把握できる。次が地域担当チームで、各店舗で発生していることを比較できる。最後は本部のマネジャーである。彼らはメンズ、レディース、子供の衣服に専門特化して、すべての情報を分析して何が起きているかを日々理解し、顧客に好まれているものを確認する。

エチェバリアは次のように述べる。

「これらの情報はすべてデザイナーと共有し、彼らが顧客の行動にリアクションを取ることになります。彼らは店舗からの情報や、地域および本部のチームの分析に基づいて、一連の新たなコレクションを生み出します。こうした知見があるからこそ『オーケー、あなたが作ったあの赤いジャケットは、この地域で非常に受けが良いことがわかりました。いまのところ、この選択で間違いありません』と言えるのです」

デザイナーはファイルを作成し、それをサンプル品に落とし込んで各国のマネジャー、デザイナー、調達チーム、小売チームと議論し、商品化する。この機能横断的なコラボレーションがインディテックスの優れた柔軟性を実現する。同社では、700人以上のデザイナーが年間に6万以上の商品を考案し、世界中の店舗が新たなコレクションを1週間に2回のペースで受け取るのである。

インディテックスの成功には、この体系的な知見が大きく貢献している。同社は店舗で生じる人々の要望や意見を把握し、どこで何が売れているのかを正確かつリアルタイムに理解できる。こうした知見はほぼリアルタイムで収集、集計、測定、分析されて、衣類の新たなデザインや、生産、物流、マーケティング手法の改善に反映される。ビジネスモデルの柔軟性と統合的な在庫管理を組み合わせることにより、インディテックスは市場状況の展開にすばやく反応し、在庫レベルを抑えて活動できる。

集めた顧客データが積み上がるばかりだという場合、それは専有的知見の力を生かす方法を理解していないことを示す明らかな兆候だ。情報収集がビジネス遂行や価値提供の方法の一部になったときに、自社の推進力となるケイパビリティを構築できるのである。

それが役立つのはいまだけではない。自社の価値提供を絶え間なく進化させてより適切なものにし、競合他社が持たない自社の知見に基づいてケイパビリティを刷新するための、巧みに構成された拡張性のあるシステムが手に入るだろう。

ここまでは基本的に企業の外に目を向けて、いかに市場やエコシステム、顧客との関係をトランスフォーメーションする必要があるかという点にフォーカスを当ててきた。

このあとの4つの章では、企業の内側、すなわち組織、リーダーシップチーム、従業員との社会的契約、リーダー自身に求められる自己改革について踏み込んで検証する。

必要不可欠なデータとテクノロジー

ビヨンド・デジタルに進んでいくと、自社の差別化されたケイパビリティを支える基礎となるデータとテクノロジーの確保が必要になる。

そこに含まれるのが専有的知見の体系である。差別化されたケイパビリティは専有的知見に基づく必要があり、専有的知見はデータに基づく必要がある。そしてデータを支えるものとして、データの取得や知見の創出に適したテクノロジーが必要だ。

要するに、ケイパビリティを基盤にした差別化で成功しようとしても、それを支えるデータとテクノロジーの戦略がなければ苦戦は必至である。価値創出戦略と明確にリンクした、適切なデータとテクノロジーの戦略を持たない企業が多すぎる。その代わりに、データやテクノロジーへの投資がサイロ化しているケースがあまりに多い。

ビヨンド・デジタルに進むためには、データとテクノロジーの戦略と、それが企業戦略をどう支えるかを検討することを優先課題にする必要がある。

いろいろな面で、データは新たな基軸通貨になった。自社が保有するデータは価値創出に役立つすばらしい知見をもたらし得る。そこには顧客関係管理（CRM）システムだけでなく、財務システムにある請求書データや、サプライチェーンや物流システムにあるリードタイムに関する知見も含まれるし、エコシステムのパートナー、さらにはサードパーティーの販売業者が所有するデータも当てはまるかもしれない。顧客とのすべてのやりとり、サプライチェーンのすべての物品、すべての金融取引、その他、自社のビジネスが行う数多くの活動には、顧客に関する知見の改善やスピーディーな商品開発、不正の検知、先手を打った物事への対処、顧客離脱の阻止、さらには事故防止を促す潜在力がある。そしてもちろん、データはビジネスイノベーションの促進や、新たな収益の流れの創出も支える。

必要なデータを自社組織の壁の中だけで生み出す必要はない。むしろ組織内のデータだけでは足りない可能性が高い。大量のデータを用いてアルゴリズムをテストし、正確な予測を行うAIモデルを利用するなら、なおのことである。

保有するデータが増えれば、それだけ包括性が高まる。より新鮮でリアルタイムに近いデータになれば、それだけ予測精度が高まり、より確実な知見になる可能性が高い。そして摩擦がなくなりつつある事業環境（第3章のエコシステムの議論を参照）や、データ交換の相対的な容易さを考えると、すべてのデータを自社で保有する必要はない。自社の最も専有的なデータの一部は保護したほうがよいかもしれないが、他の多くの分野では、他社が構築した情報を活用することで自社のデータ資産の規模を拡大できる。

いまや主要企業は、データの調達や共有にいっそう積極的になっている。なぜなら（安全かつ自社のプライバシーポリシーに従った方法で）情報を共有すれば、その見返りとして自らもデータを獲得できるからだ。だからこそコマツは、ランドログのプラットフォームを使ってすべての参加企業から建設現場のデータを集め、それを参加企業で共有することにより適切な調整やボトルネックの回避を実現している。

これが意味するところは、**「防御姿勢（資産として保有するデータの保護）」**と、**「攻撃姿勢（投資としてのデータの追求）」を兼ね備えた多面的なデータ整備方針を設定して推進する**必要があるということだ。

企業には以下のことが求められる。

- データの探究、収集、保管方法を定義すること
- プライバシーやセキュリティの要件に沿ってデータの質、形式、提供方法を規定する明確なガバナンスの仕組みを開発し、強化すること
- サイバーセキュリティについて最高レベルの規格に投資し、適用すること
- 適切なツール、テクノロジー、人材、文化という点で重要な判断を下して投資することにより、データ分析のケイパビリティを構築すること
- 自社のデータを共有するエコシステムを構築し、管理すること
- 社内外のデータの分析と共有を通して事業機会を発見すること

このように、やるべきことは山ほどある。

したがって、データの扱い方については戦略的なアプローチと首脳陣の関心が必要だ。

データ管理を成熟させてケイパビリティを確立する方法や、それを知見に対する多様な事業ニーズに生かす方法を正しく選択するために、焦点を決めて実効的な投資を行うことが求められる。

その事業ニーズには、内部プロセスの改善と、より適切な価値提供や、新しい商品・ソリューションの実現が含まれる。

このような理由により多くの企業が、データ整備方針の推進に専念する権限を持ち、経営幹部チームに席を与えられた最高データ責任者（CDO）を指名するに至っている。各社の状況に応じて、組織的な解決方法はさまざまあるかもしれないが、経営陣の積極的関与を確保することは、例に挙げた企業だけでなく、ビヨンド・デジタルに進み、データを新たな価値創出に生かそうとするすべての企業が取るべきアクションである。データ戦略を企業戦略の重要な一部にする必要がある。そしてデータ戦略や企業戦略は単独では実現しないため、テクノロジー面の戦略や優先判断で支えなければならない。

データを取得して知見へと変換するうえで役立つテクノロジーは存在しており、急速なイノベーションが続いている。クラウドベースのERP（全社資源計画）ソリューション、オンデマンドのストレージ、ネットに接続したセンサー、機械学習やAIのツールなど、データを迅速に、柔軟に、クリエイティブに収集、処理、分析するテクノロジーは巷にあふれている。幅広い選択肢が存在するのだ。

しかしテクノロジーへの投資は2つの理由で難しい場合がある。それは（1）**必要な投資額の規模の大きさ**と、（2）**将来的な見返りの不確実性**である。レガシーシステムを新たなテクノロジーに転用することは非常に高くつく場合がある。そして従業員に新システムを導入させ、使用させることの難しさを考えると、妥当な投資利益率を確保することはかなり困難な場合がある。

そして、例えばデータサイエンティストが、自身の開発するAIアルゴリズムが確実に機能し、節約や利益の額という形で特定の期間内に必ず元が取れると事前に約束することは難しい。彼らの仕事には、テクノロジーに本質的に付随する試行錯誤が必要なのだ。

したがって今日の企業には、**どのテクノロジーを自社で導入し確立するのか、どのテクノロジーをエコシステムから利用して統合するのかを判断する確固とした視点**が求められる。

私たちが推奨するのは、世界における自社の立ち位置と専有的知見を指針として、テクノロジーとデータの優先判断をすることである。投資するべきはバックオフィスのシステムか、それともフロントエンドの顧客エンゲージメント・プラットフォームか。質の改善を目指すべきは財務データか、それともサプライチェーンのデータか。こうした投資のビジネスケースの作成は、世界における自社の立ち位置を守るためのカギを握る、自社を差別化するケイパビリティの構築に役立つかどうかを基準にすべきだ。

そして専有的知見は、顧客から見て差別化された立ち位置を獲得するのに役立つ投資を見極めるときの助けとなる。テクノロジー整備方針の策定方法を考えるに当たり、自社にふさわしい事柄の優先判断に役立つ問いを以下に提案する。

- そのテクノロジー投資は自社を差別化するケイパビリティの核心を支えるものか、あるいはその他のニーズに応えるものか。
- その投資は明日の形成に役立つか、それとも今日の安全確保に役立つか。その投資は、世界における自社の立ち位置にどのような影響を与えるか。
- そのテクノロジーを開発し、自社のビジネスにとって適切なものにするために必要な人材を確保し、維持できるか。そのような人材基盤を組織内に構築することは、自社を差別化するケイパビリティにとって不可欠か。
- 自社が必要とするテクノロジーのケイパビリティは、エコシステムや、より広いサプライヤーの市場の中にすでに存在するか。それを利用することと同時に、自社を差別化するケイパビリティを守り、自社の競争優位を危険にさらさないことは可能か。
- スピードと効率性のバランスを取りながら推進できる、信頼できるパートナーシップや関係を結べるか。

- 自社のテクノロジー投資の価値を実現するために変化を求められるステークホルダーが、皆コミットしているか。彼らは結果責任を負えるか。個別および共同の結果責任を確保し、強化するためのガバナンスモデルは整っているか。
- 自社の組織や文化は変化の準備ができているか。自社が構築したテクノロジーを、従業員が受け入れることを保証できるか。

これらは最初に用いるリストであり、包括的ではない。だがこれらの問いに向き合うことは、ビヨンド・デジタルのビジョンを支えるデータとテクノロジーの戦略を形成する際の成功条件を満たすことに役立つだろう。

従来型の市場調査の成長と限界

18世紀から19世紀にかけて（業界によっては、20世紀にかけて）の事業組織の発展期において、企業の規模は、「顧客に対する理解」が有機的かつ即座に発生する程度に小さいことが一般的だった。事業主は通常業務の一環として継続的に顧客とやりとりしていた。事業主と顧客の関係性の近さは大きな価値を生み出した。この種の近しい関係は多くの小規模事業が維持してきたものである。
しかし20世紀に入って企業が規模を拡大し、次第に生産やオペレーションの規模拡大に注力するようになると、企業と顧客の関係は往々にして疎遠になり、希薄になった。CEOと顧客の間に営業、流通、卸売が介在するようになったのだ。

この隔たりが広がった結果、100年ほど前に市場調査という機能が生まれた。先駆的な経営コンサルティング会社の中には、「顧客を学ぶ」ことを望む企業のための調査の実施を出発点とするところもある。

例えば、米国の最も初期のビジネスコンサルタントの一人、エドウィン・G・ブーズ（PwCネットワークの一員であるStrategy&の前身企業の一つの共同創業者）は、1914年に鉄道会社やその他企業向けの顧客調査からキャリアをスタートさせた。ほどなくして、企業は顧客の行動を理解するために人口統計情報や売上データを分析するようになった。そして、そのような企業向けに定量的調査を提供するという一つの業界が誕生した。

20世紀半ばから後半になると、家庭、職場、店舗における消費者行動を観察するために、企業はフォーカスグループや、文化人類学の手法を応用した民族誌学的調査といった新たなツールやアプローチを追加した。民族誌学的調査では、「自然」な状態のユーザー経験を評価して、商品・サービスの実践的な用途に関する知見が得られた。こうした知見により、いまで言うデザイン思考（ユーザーを理解し、仮説に疑問を呈し、問題を再定義して代替的な戦略や解決方法を見出す考え方）が可能になった。

最も一般的な調査アプローチである定量的調査の手法は、組織が顧客を理解するための必須に近い条件になった。顧客の選択や購買パターンを理解するために、「問いを投げかけ、知見を生み出し、行動する」という基本に立脚した多くの分析アプローチが開発された。

しかし、企業がベンチマーク調査を重視しスケールメリットを追求するようになるにつれて、商品・サービスのコモディティ化や画一化が進んだが、それと同様に、企業の規模拡大に合わせて顧客調査のコモディティ化も進んだ。

こうして私たちは、スーパーマーケットとゴールデンタイムのTV広告による、マスマーケティングとマス広告の世界（マッドメンとマルボロマンの世界）に突入した。この世界に順応して、ゼネラルモーターズは顧客セグメントごとにターゲットを絞って自動車を販売するために、ブランドと部門（シボレー、ポンティアック、オールズモビル、ビュイック、キャデラック）を丸ごと創設したのである。

しかしいままでは、従来型の市場調査で得られる顧客情報のほとんどは、真に差別化されたものではない。消費者を調査したければ誰でもアンケート調査やフォーカスグループ、民族誌学的調査を実施できるし、皆がやっているように感じられることさえある。その結果として圧倒されるほど大量のデータが得られるが、その大部分はクオリティに不安がある。

従来型の市場調査から知見を得ることはいまでも可能であり、おそらく専有的知見のケイパビリティの一部になるだろう。しかし、もはや調査を顧客接点から切り離すことはできない。デジタル技術の発展によって、より粒度の細かいデータの観察や分析が可能になった。

私たちは、より具体的で詳細な顧客セグメントやチャネルに注目することができる。消費者に質問をする代わりに、彼らの行動や、過去に購入あるいは使用したものに注目することにより、彼らが何を欲しがる可能性があるかというヒントを得ることができる。

人々の回答からも学ぶことは可能だが、彼らの行動を観察することで、より多くを学ぶことができるのである。

1 Eric Cox, "How Adobe Drives Its Own Transformation," *Adobe Blog*, March 17, 2019, theblog.adobe.com/how-adobe-drives-its-own-transformation/.

2 "Digital Transformation Is in Our DNA," www.adobe.com/ch_de/customer-success-stories/adobe-experience-cloud-case-study.html.

3 Dan Murphy, "Saudi Arabia's STC Pay Eyes Rapid Gulf Expansion After Billion-Dollar Valuation," *CNBC*, November 23, 2020, www.cnbc.com/2020/11/23/saudi-arabias-stc-pay-eyes-rapid-gulf-expansion.html.

4
Paloma Díaz Soloaga and Mercedes Monjo, "Caso Zara: La empresa donde todo comunica," *Harvard Deusto Marketing y Ventas* 101 (November–December 2010) : 60–68; and Zeynep Ton, Elena Corsi, and Vincent Dessain, "Zara: Managing Stores for Fast Fashion," case 9-610-042 (Boston: Harvard Business School, rev. January 19, 2010).

第5章

成果指向の組織にする

5本の指は5つの独立した部署である。それらがひとまとまりになってできる拳は何倍もの強さを持つ。それが組織というものだ。

——ジェームズ・キャッシュ・ペニー（百貨店チェーンJ.C.ペニーの創業者）

1990年代後半、ハネウェルの航空宇宙事業部は、デジタル化、通信、コネクティビティの進化が同社の航空事業にどのような機会を生む可能性があるかを検討しはじめた。同社の航空事業は、エンジン、ブレーキ、ナビゲーション装置、航空電子機器などを製造していた。また、航空機の保守やフライト情報ソフトウェアといったサービスも提供していた。

ハネウェルのエレクトロニック・ソリューションズ事業部（コックピットシステム、ナビゲーション、宇宙、安全システム事業を担当）のプレジデントを務めたカール・エスポジトは、「当時、コネクティビティを使って何ができるか、それが私たちのビジネスにどのような意味を持つかという点で多くのアイデアがありました」と語る。

しかし「私たちには（自社のビジョンに）追いつくための技術が必要でした」と付け加える。当時はまだ、携帯電話はインターネットに接続していなかった。GPSや通信衛星の用途は、主に商用ではなく、軍事用途に最適化されていた。「モノのインターネット（ＩｏＴ）」という言葉は登場していたが、当初はＲＦＩＤ技術の宣伝にとどまっていた。クラウドコンピューティングは生まれたばかりだった。

しかし、それからの10年で技術が急速に追いついた。スマートフォンがインターネットに接続するようになり、日常生活の一部になった。衛星利用に関する軍事的な規制が緩和され、地球の周回軌道に乗る商用衛星が増加した。ＩｏＴが、現在のような産業や商取引の情報のバックボーンとしての役割を担いはじめた。クラウドコンピューティングも十分に発達した。

ハネウェル・エアロスペースは、事業部の製品・サービスを「コネクテッド・エアクラフト」事業として統合すれば、個々の部分を積み上げた場合よりもはるかに大きな顧客価値を追加できるという方向性を、２０１０年には見出していた。

例えば、航空業界の顧客向けに、電力や燃料の使用状況の改善、予知保全、より正確なフライト計画、クラウドソース型のリアルタイム気象情報など、リアルタイムのソリューションを提供するという方法が考えられた。

ハネウェルがこの機会を最大限に生かすためには、航空宇宙事業部がすでに持つ製造やサービス面の強みに、コネクティビティや通信のケイパビリティを追加しなければならなかった。同社は、買収や提携を通してこれを実現した。ハネウェルは２０１１年、航空通信の機器・システムを専門とするＥＭＳテクノロジーズを買収した。そして翌年、世界の航空業界の顧客に航空機内のコネクティビティサービスを提供するために、世界的な衛星サービス提供者であるインマルサットと独占提携をした。

しかし、通信やコネクティビティのケイパビリティを追加するだけでは不十分だった。それらをハネウェルの日々の仕事の進め方に完全に統合しなければならなかったのである。

新しいコネクテッド・エアクラフト事業に本社の首脳陣からゴーサインが出ると、次は適切な人材、スキル、ケイパビリティを一つにまとめるために、航空製品とサービス事業の大規模な再編が必要だった。エスポジトはこう述べる。

「当社の航空ビジネスでは、非常に体系的かつ構造的な方法で航空機を作り続けてきたので、各機能部門がはっきりと区別され切り離されています。全体的に考えるのではなく、部分ごとに製造していました。エンジンと航空電子機器やエレクトロニクスの境界をまたぐことは困難でしたが、コネクティビティはそうした製品全体にトランスフォーメーションをもたらすため、まさにその境界を越える必要があったのです」

2014年初めに、同事業部でサービスとコネクティビティ（当時は、小規模な事業だった）担当のシニア・バイスプレジデントだったマイク・エドモンズが、経営会議の会合でビジネスレビューのプレゼンテーションに臨んだ。彼は、同事業の利幅を大きく拡大させたことを誇らしく感じていた。その成果は称賛されたものの、経営会議は彼に、利益と同じレベルで売上を伸ばすには何が必要かと尋ねた。エドモンズは、30日以内に計画を練って出直すと答えた。すると、経営会議は「3時間で戻ってください。あなたは何をすべきかわかっているはずでしょう」と返した。

実際、エドモンズは計画の概要を用意していた。だが、まだ誰の検証も受けていなかったため、それはハネウェルの文化では危険な行為だった。

そして再開された会合で、決定的な瞬間が訪れたという。エドモンズは経営会議のメンバーに、抜本的な組織変更を行うことを求めた。すなわち各自の担当部門からＩＴ、データ分析、エンジニアリングのスタッフを集めて一つのチームを作ることと、データ分析のスキルを持った新たなプロダクトマネジャーとチームメンバーを採用する権限を与えることである。

当時、ハネウェル・エアロスペースのＣＥＯだったティム・マホーニーはこう述べた。

「オーケー。新しいポジションに就く人は、今日中に指名してください。そしてＩＴ、データ分析、エンジニアリングを担当するその人たちはマイク（エドモンズ）の直属とし、今週中に異動させてください」

トランスフォーメーションが始まると、新たなチームには、スタンドアローンの製品として存在してきた従来の提供物を見直して、より広くネットワーク化された環境で運用する方法を構想するという任務が与えられた。すべてをうまく機能させるために、リーダーは特定のタイプの人材を見極める必要があった。エスポジトは「私たちが必要としたのは、自分の担当部門の技術的な専門分野から踏み出して、私たちが解決しようとしていた大きな問題について考えられる人々でした」と振り返る。

彼はそうした人材、例えば技術的専門分野の異なる人々（ホイールとブレーキ、航空電子機器、コネクティビティなど）同士の議論を促し、マーケティングや製品管理の専門家ともコミュニケーションを図る能力を持つ人材を、「トランスレーター（翻訳者）」と呼んだ。

「人々が各チームの話し方の違いを理解しはじめると、アイデアの水門が開きました。そして人々が本当の意味で、この取り組みのビジョンと到達できる場所を理解しはじめました」とエスポジトは言う。

２０１５〜２０１６年になると、ハネウェルは最も有望ないくつかのアイデアを展開しはじめた。その一つが「ゴーダイレクト・コネクテッド・メンテナンス」である。このソリューションは航空機のデータを分析し、診断結果に加えて予測的に整備指示を行うアラートを発する。これにより、保守費用を最大35％節約できる。ゴーダイレクトは航空機間でデータを共有するコネクテッドな気象レーダーも提供する。ちょうど自動車の運転者向けのクラウドソーシングの交通情報、ウェイズのようなものだ。それに加えて、ゴーダイレクトは、航空機の乗客や乗員のための高速Ｗｉ‐Ｆｉアクセスも提供する。

同社は２０１９年、次の段階のコネクティビティソリューションである「ハネウェル・フォージ」を発表した。このソリューションは高度なデータ分析を使用して、航空機内のコネクティビティ、フライトの計画と最適化、フライトデータベースのサービスを含む包括的なポートフォリオを提供する。
新しい思考方法が、製品開発だけでなく組織全体で求められた。コネクテッド・エアクラフトの前バイスプレジデントであるクリスティン・スライカーは、次のように述べる。

「従業員がシンプルなストーリーを説明できるように、研修プログラムの開発と社内のコミュニケーションに非常に多くの時間を費やしました。私たちは、例えばコネクテッド・エアクラフトは少し携帯電話と似ているという点を伝えることにより、従業員が比喩的に説明できるように支援してきました。弊社はハードウェア、例えばアンテナなどを販売しますが、これは携帯電話本体のようなものです。そして、通信サービスを付加するためにインマルサットと提携します。これがベライゾンやオランジュのような携帯電話会社です。最後に、私たちは顧客の燃料節約に役立つフライト効率化アプリケーションなど、アプリやソフトウェアアプリケーションを開発します」

サービスやソリューションではなく、エンジンのような高価な部品を従来から販売してきた営業組織には、多くの変化が求められた。エドモンズは「営業担当者にしてみれば、年間2万5000ドルで10年の保守プランを売ることよりも、25万ドルで航空電子機器の上位機種を売ることのほうが、たとえ総額が同じでも魅力的でした」と述べる。

しかしハネウェルは方針を曲げず、トランスフォーメーションの重要性を何度も説いた。組織構造の変化に加えて、首脳陣は営業担当者のインセンティブ構造も変更し、ノルマを達成するためには一定額以上のサービスを販売することを必須とした。同社は徹底した研修も提供したため、営業担当者はより自信を持って「コネクテッドについて語る」ことができた。エドモンズはこう話す。

「私たちは、自社製品の先まで視野を広げて、顧客の問題に対処しなければならないと認識しました。私にとって最高の顧客ミーティングとは、何も説明資料を持たずに出かけていって、席に着いて自己紹介し、『御社の抱えている問題に大変興味があります。遅れやキャンセルを発生させる最大の要因は何か、お聞かせくださいますか』と尋ねて、彼らの心の内を話してもらうことです。もし先方が具体的な保守の問題を示すデータを出してきたら、私は保守に関する別の課題、さらにはパイロットが使用するフライトサービスの問題まで調べ上げて、次の機会にソリューションを提示することができます。これは、当社のかつての営業方法とはまったく異なります」

コネクテッド分野のハネウェルの旅は終わったわけではない。しかし同社は、産業製品の企業から、ソフトウェアが実現する未来の産業を牽引する企業へと、大きな進歩を遂げつつある。

現在、ハネウェルのコネクテッド・エアクラフトは8億ドル規模のビジネスであり、多くのアナリストがコネクテッドな航空機の分野の市場リーダーと見なしている。ハネウェル・フォージのフライト効率化プラットフォームも重要な段階に進んでいる。同システムは市場に出た初年度に、128の航空路線、世界で1万機以上の航空機に導入されたのである。

ハネウェルのコネクテッド・エアクラフトのストーリーには、すでに述べたリーダーシップの必須要素の多くが表れている。同社は顧客の現実の課題を先読みし、より大胆な価値提供を軸に自社の立ち位置を再定義し、適切な技術を統合し、顧客をその方向へと導いた。また、技術の進歩を、他社の動きの模倣ではなく、独自の差別化された価値提供を確立するために活用した。自社を差別化するケイパビリティを構築するために、買収を推進した。エコシステムとも、より緊密に協力した。さらに、作り上げてきた業務遂行の方法も抜本的に変革した。研修や能力開発など、従業員に力を与える仕組みやインセンティブ構造に投資することにより、従業員が古いモデルを脱却して新たな方法で働くことを支援したのである。そして、この取り組みの全体にわたってリーダーシップチームは指導力を発揮し、毅然とした態度で行動した。

今日では、多くの企業がハネウェルと同様の課題に直面している。価値創出の方法は変わりつつある。世界における新たな立ち位置で差別化を果たせるように、自社の主要ケイパビリティを構築、強化して強力な価値創出エンジンに統合する必要がある。

このエンジンを作り上げて、可能なことの限界を押し広げ続けるのは大仕事である。組織の全エネルギーを、そうしたケイパビリティが必要とする成果の達成に集中させる必要があるだろう。

価値創出のモデルが変化し、複雑なケイパビリティの規模拡大が成否を決めることを考えると、自社の活動の仕方を変えざるを得ず、新たな仕事の進め方を支えるためには組織の再設計も迫られる。

競合企業の追随を許さない価値を実現するためには、ハネウェルと同様に、多種多様な役割、スキル、人材を一つにまとめる必要がある。従業員に成果重視の円滑なコラボレーションを実現させる必要がある。また、パートナーや従来の組織の境界の外にいる人々とのコラボレーションも必要になる可能性が高い。そして市場のニーズに迅速に対応するためには、ケイパビリティを絶えず刷新し、強化し、順応させる必要があるため、さまざまな面で自律的に動ける組織が必要になるだろう。

大半の組織は、このような柔軟で協調的な、成果指向の仕事に適した構造になっていない。相変わらず、前世紀までの業務に合わせて設計された、より硬直的な組織構造の中でオペレーションを続けている。

ケイパビリティベースの組織――従来の構造を設計し直す

ビヨンド・デジタルの世界で勝つためには、組織とチーム作りの新たなモデルが必要である。フィリップスの前最高イノベーション・戦略責任者であるイェロン・タスは、その点を明確に説明する。

「現実の課題を解決するには、多様性のあるチームが必要です。自社の次世代の商品提案を計画しているとしましょう。それは、R＆Dエンジニアだけの仕事ではありません。獲得したい大口顧客がいるとしましょう。それを担うのは、営業担当者だけではありません。サプライチェーンに問題があるとしましょう。それを物流の専門家だけで解決するわけではありません。私たちは、機能別に分割する手法を何百年も続けてきました。いまこそ、職人技に回帰すべきです。異なる物事を一つにまとめる必要があるのです。そして目的が異なれば、必要なチームのタイプも異なるということを理解しなければなりません」

この新たなモデルの意図は、従業員を現在の機能部門の役割から引き離し、勤務時間の10～

20％、あるいは6週間とか6カ月という期限付きで共同作業をさせることではない（多くの企業はこのような方法で機能横断的チームを扱っている。２３２ページ「伝統的な機能部門モデルから脱却する」を参照）。

そうではなく、**自社が価値提供を実現できるように、差別化されたケイパビリティの一つひとつに求められる成果を生み出すことを任務とする、より永続的で成果指向のチームを作る**ことが重要だ。そして自社を差別化するケイパビリティの機能は一つではないため、こうしたチームは組織全体やエコシステム全体から必要なものをすべて集めなければならない。

このような成果指向チームが成功するための条件は以下の通りである。

- 長く続ける。これらのチームが創出するケイパビリティは企業の成功の中核になるため、そこにずっと存在する必要がある。しかしケイパビリティ自体が進化するため、チームの規模や構成は時とともに変化する可能性がある。
- チームメンバーは、自社が選択した差別化するケイパビリティの構築と規模拡大に専念する。ケイパビリティは非常に重要なので「片手間の仕事」では対応できない。
- チームのリソース（人材と予算）を機能部門や事業部門から借りてくるのではなく、独自に割り当てる。自社を差別化するケイパビリティが成功のカギを握るなら、それを予算や投資の配分方法にも反映させる必要がある。

- 上級幹部（典型的には企業の最上級チームのメンバー）で、全社の意思決定の場に席を持つ者が主導する。

私たちは、組織構造を変え、持続的な成果指向チームを機能横断的に選抜して構成した企業を数多く目にしてきた。こうしたチームは、特にイノベーションのケイパビリティを中心に一般的になり、R&D部門と他の機能（顧客知見、マーケティング、営業、サービス、オペレーション、財務など）の間にあるサイロを打破してきた。

これらのチームは、完全に統合されたケイパビリティとしてのイノベーションに注目し、組織全体で活動する。メンバーはイノベーションチームに「一時出向」しているわけではなく、フル稼働する成果指向チームの完全な一部であり、協力しあって明確な組織ユニットとして活動している。

多くのチームは、従来の組織の境界の外にいるエコシステムのパートナーや顧客を巻き込んでいる。同様に、病院では、患者の症状回復と満足度の改善に注力し、心臓病、集中治療、看護、理学療法などの各科を調整する患者エクスペリエンスチームが結成されている。

その他の例としては、総合品質チーム（R&D、製造、サプライチェーン、物流、マーケティング、営業、財務、顧客サービスの人材を集める）、顧客エクスペリエンスチーム（バリューチェーン全体から人材を集め、カスタマージャーニーに責任を負ってこれを形成する)、消費財企業における売上成長管理チームや市場内実践チーム(財務、マーケティング、営業、データ、技術、サプライチェーンの人材を集める)などがある。

この新たなケイパビリティベースの組織では、成果指向チームが機能部門と並行して活動し、企業の差別化されたケイパビリティの実現に注力する。これらのチームは、本社部門や事業部門、機能部門/シェアードサービスと共存するが(図5-1参照)、次第に組織の中で際立つ存在になるだろう。

私たちは多くの組織で、機能部門の人員の過半数が成果指向チームに組み込まれて、異なるチームや事業部門を異動することによって幅広いスキルや協調的な仕事の進め方を身につける様子を見てきた。

実際、組織の予算と人員のかなりの部分が従来の機能部門のリーダーから成果指向チームへと移動しており、こうしたチームが、自社を差別化するケイパビリティを軸とする企業の優先事項を、一貫性のある形で推進することを可能にしている。要するに成果指向チームを導入することによって、**自社の価値提供と顧客にとって最も有意義な成果を上げるために必要な、最重要業務を行うのにふさわしい組織構造になる**のである。

そのためケイパビリティベースの組織では、純粋に機能的なチームは単一機能の業務(例えば

図5-1　伝統的な組織からケイパビリティベースの組織へ

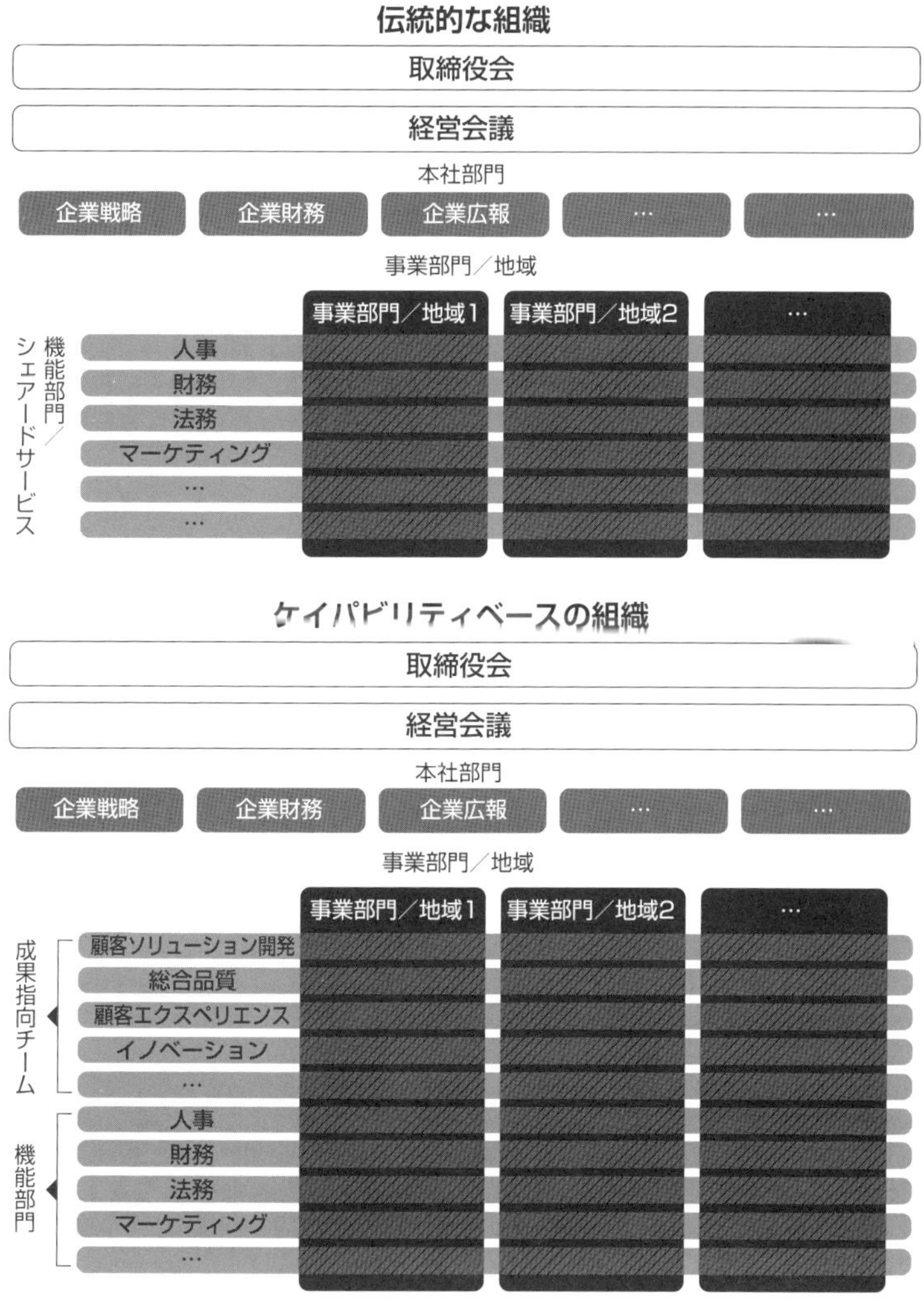

出所：Strategy&

投資家向け広報や労使関係など）にいっそうフォーカスして、機能面の専門技能を駆使する（例えば方針や手続きの策定、機能的専門技能に対する適切なガバナンスの確立、機能面の好事例の全組織的な共有と強化、組織の他の領域を支援するための人材やスキルの開発を手がける）ようになる。

機能部門は依然として企業の成功に不可欠だが、このモデルでは機能部門が直接管理するのは狭い範囲であり、組織全体の価値創出モデルに間接的に影響を及ぼして支援する。機能部門は重要な役割を維持するが、活動の大半については直接所有権を持つのではなく、より間接的に影響力や指針を示す存在となる。

読者の中には、ここ20年で範囲と役割を拡大したシェアードサービス組織に、このモデルの一つの形を見出す人もいるかもしれない。

従来の取引処理センター型のシェアードサービス・モデルは、取引機能に関する活動（例えば買掛金や売掛金）を一元化するものであったが、いまでは多くの組織において、デジタルやデータの知見のケイパビリティが実現する機能横断的に統合されたエンドツーエンドの事業成果指向のサービス（例えば、運転資本の最適化）のグローバルな総合提供者へと進化している。多くの組織で、このような成果指向のビジネスサービス・グループが、自社の従業員と外部パートナーを含めて最も多くの人員を抱えるようになった。私たちはこの現象を、ビヨンド・デジタルに進む企業が増加するにつれて、今後ケイパビリティベースの組織がいっそう目立つようになることを示す先行指標と見なしている。

事業部門は、この新たなモデルでは顧客・市場中心の傾向がいっそう強く（商品中心の傾向は弱く）なり、顧客のニーズに合った適切なケイパビリティを形作るための統合役という、ますます重要性の増す役割を担うだろう。

この統合役は、実行すべきすべての活動を組織化することではなく、顧客といかに接点を持つかということに注力するものであり、古い「総合的管理」の役割とは明確な違いがある。実際、事業部門の役割は、顧客特有の要求を満たす方法で成果指向チームの成果物を取りまとめることが中心になりつつある。

適切な構成で成果指向チームを結成する作業は、自社を差別化するケイパビリティと、その結果生み出すべき成果、それも現時点で生み出せるものではなく、世界における立ち位置を再構想し、その実現のために生み出す必要がある。つまり成果を、明確に定義することから始まるのである。

このケイパビリティの設計図は、望む成果を達成する過程で必要な専門技能、知識、技術、データ、プロセス、行動を定義する。これは建築物の設計図が、組み合わせるべき要素をすべて定義するのとまったく同じである。そして、組織の古い境界をまたいで必要な成果を達成するために結集して権限を与えるべき、適切なスキルを持った人材を特定するのに役立つだろう。

では、どこから始めればよいのだろうか。自社の価値創出にとってのケイパビリティの重要性が上がれば上がるほど、必要なスキルの多様性は増し、行動の緊急性は高まる。

多くの企業の場合、機能的組織のモデルから成果指向的組織のモデルへの移行は一夜の大号令では完了しない。しかし、再構想した企業の立ち位置を実現するためには早急にケイパビリティを構築しなければならないことから、この移行作業を加速させる方法を考える必要があるだろう。最も重要なケイパビリティを稼働させ、適切なリソースを集められるように、変化を段階的に進める方法を慎重に検討することが重要だ。

組織の中には、アジャイル手法という、機能横断的な人材を上下関係のない形で集め、構造化された短距離走を繰り返して複雑なトピックの問題解決を支援する手法をはじめとする新たな仕事の進め方の導入に着手するところもある。

シェアードサービス・センターや、まったく新しいチームを立ち上げて、新規ケイパビリティの開発を指示する組織もある。これらは有効な手法かもしれないが、組織の仕事の進め方という点で求められるトランスフォーメーションを達成するには不十分なことも多い。実際そうしたチームは、より大きな変革の一部に組み込まれない限り、組織全体に溶け込めない「海賊船」と見なされて、インパクトを与えることに苦労するだろう。

ケイパビリティベースの組織を目指すマイクロソフトの旅

マイクロソフトは2014年、「マイクロソフトのリニューアル」の一環で、サティア・ナデラをCEOに指名したところからトランスフォーメーションを開始した。変化を迫られた根拠は明確だった。当時、四半期のスマートフォン出荷台数が3億5000万台に急増する一方で、パソコン出荷台数は7000万台に落ち込んでいた。これは、マイクロソフトにとって悪い知らせだった。同社の売上の75%は、パソコンにプリインストールされているウィンドウズで得ていたからだ。

さらに悪いことに、同社はスマートフォンやその他の新興テクノロジー、例えばクラウドコンピューティング、ソーシャルメディア、ソフトウェア・アズ・ア・サービスのソリューション、ビッグデータといった分野において、ほとんど前進していなかった。急速に進化するテクノロジー市場の中で、マイクロソフトの成功の道を見出すことは困難だった。

マイクロソフトのエグゼクティブ・バイスプレジデントで、グローバルセールス・マーケティング・オペレーションズ担当プレジデントのジャン・フィリップ・クルトワは、こう回想する。

「25年前に成功した方法では、未来に向けて成功できないことは明らかでした。『すべての机と、すべての家庭にコンピュータを』という企業としてのミッションは、当時はすばらしいものでしたし、実際に私たちを前進させる力になりました。

しかし、それでは不十分でした。そこで新たに『私たちを取り巻く変化の大きさを考えると、世界中の企業はデジタル企業になりつつあり、世界中の人々はデジタルネイティブになる必要がある。そして世界はクラウドファーストに、そして明らかにモバイルファーストになりつつある』という世界観を打ち出しました」

しかし同社が大きく後れを取っていたのに、顧客のデジタルトランスフォーメーションをどうやって支援できただろうか。ナデラは、CEOに着任してすぐに「モバイルファースト、クラウドファースト」という新戦略を発表した（後に、これは「AI／クラウドファースト」に進化した）。マイクロソフトは従来の「すべての机と、すべての家庭にコンピュータを」を取り下げ、新たに「地球上のすべての個人とすべての組織が、より多くのことを達成できるように後押しする」というミッションを掲げた。以前のミッションは顧客に製品を販売することが中心だったが、新しいミッションは顧客に成果を、言い換えればソリューションを提供することが中心だ。

クルトワは「私たちが実行しなければならないトランスフォーメーションは、巨大なものでした」と語る。

「私たちがこの旅に出発した当初は、世界の大小さまざまな顧客とソフトウェアのライセンス供与契約を結び、その後は顧客との継続的なやりとりはほとんどないというケイパビリティに慣れた企業であり、旧態依然とした人材、スキル、組織、プロセス、ツールしか持ち合わせていませんでした。

しかしいままでは、新たな世界観を実現するためにはソフトウェア志向の企業から脱却し、クラウド志向の企業に変わる必要があると理解しています。つまり、例えばイノベーションのスピードを、3～4年周期でソフトウェアを発売するという従来のペースから、数週間ごとに新たなサービスやソリューションを生み出すチームへと根本的に変えなければなりませんでした」

このことは、マイクロソフトが顧客によるクラウドサービス消費の促進にいっそう注力しなければならないことも意味した。

マイクロソフトの刷新を支えた重要な組織的変更の一つが、グローバルな企業向けビジネスのトランスフォーメーションだった。これは、大掛かりな変化となった。

2017年2月、70人の幹部と約400人の上級マネジャーが数カ月がかりで策定した、マイクロソフトの企業向け部門の市場開拓方法を大幅に変更する戦略が披露された。

このトランスフォーメーションは、適切なリソースを適切な顧客に適切なタイミングで提供することを通して顧客のデジタルトランスフォーメーションの支援と消費の促進を実現するための、5つの柱で構成されていた。

①業界別のカバー

同社は、顧客の変革の支援にテイラーメイドの専門技能とサービスを提供するために、営業組織を業界別に再編した。かつてのアプローチではソフトウェアやインフラサービスの提供者としての活動の比重が大きかった。

②テクニカルな専門技能

同社は、テクニカルな能力が顧客により近い存在になるように、外勤営業チームにエンジニアを含めた。

③カスタマーサクセス

同社は、プリセールスとポストセールスのより深い顧客との関わりを通して、クラウドサービスの使用と消費を促した。マイクロソフトのエンジニア、コンサルタント、開発者はしばしば顧客のオフィス内で作業した。

④デジタル営業

同社は、デジタルインフラとAIを使って営業チームを後押しした。

⑤ワン・コマーシャル・パートナー

同社は、エコシステムのパートナーと社内営業組織との関わり方のルールを簡素化し、パートナーがより効果的に顧客にサービスを提供できるようにした。

主な組織的変化の中には、同社を従来の機能部門（プリセールス、セールス、ポストセールス）から脱却させ、顧客のニーズに合わせて特化した役割に移行させることを意図したものがあった。

例えば、大企業顧客（最上位顧客）をより適切にサポートするために、業界の専門家を交えた顧客チームユニットを再編成した。このような変化には、ソリューション担当者とテクニカルソリューションの専門家からなる専門家チームユニットの焦点を、新規顧客の獲得と既存顧客へのテクニカルサポートに再設定することも含まれた。

さらにこうした変化は、カスタマーサクセス・ユニットを創設して、大企業顧客にクラウドの価値を実証し、より多くのサービスの導入を勧誘し、消費を増やすことも意味した。これらの多様なスキルを集めることにより、マイクロソフトの新たな成果指向チームは、世界における新たな立ち位置を実現する体制を整えたのである。クルトワは「当社には、さらに高度なケイパビリティを支援するために、グローバルあるいは地域レベルのトップとして統括する『グローバル・ブラックベルト・チーム』もあります」と述べる。

マイクロソフトがこのような組織体制にした理由は主に2つある。クルトワはこう説明する。

「1つ目の理由は、顧客の変革サイクルに合わせて彼らに寄り添うために、多面的なスキルセットと仕事の進め方が必要だったことです。どの企業もソフトウェア企業になろうとしていました。これは大量のバーチャルマシンをクラウド化するだけでは到底終わりません。新たなビジネスと新たなモデルを構築するということです。顧客の事業と事業戦略にもっと精通するために、こうしたすべてのケイパビリティが必要でした」

2つ目の理由は文化的なものだった。かつてのマイクロソフトは製品中心の企業であり、同社が自称する「お客さまに専心する企業」を目指すならば違った組織体制が必要だった。クルトワはこう述べる。

「私たちは、顧客の変革を最初から最後までサポートしなければなりません。まずは、顧客が必要とするデジタルなケイパビリティを構想する必要があります。それから顧客と協力し、そのケイパビリティを構築するための適切なテクノロジーアーキテクチャは何かを、顧客の既存のアーキテクチャと、彼らがどのような企業かという点を踏まえて判断します。

次にこれを、デジタルな商品、デジタルなオペレーション、デジタルなカスタマージャーニーなどをすばやく生み出すための多くのプロジェクトに変換します。この文化面の変化を推進するためには、まったく異なるタイプの組織ケイパビリティを実地で作り上げなければなりませんでした」

2017年7月1日に新たな組織が稼働すると、グローバルセールス・マーケティング・オペレーションズ部門とワールドワイド・コマーシャル・ビジネス部門に属する4万人の仕事が、一般職から上位の顧客担当幹部に至るまで一夜にして変わった。

グローバルセールス・マーケティング・オペレーションズのフィールドトランスフォーメーション担当バイスプレジデントであるニコラ・ホドソンは「リーダー職の90%、リーダー以外の職の約80%の役割を変更しました。かなり大規模な変化でした」と振り返る。

「2017年7月1日に始動するまでの6カ月で、各階層のリーダーを参加させるための計画を立て、検証し、始動しました。多くの労力をかけて計画したのは、協力体制の構築です。最初は、小さなコアチームで企画と設計を行いました。それを拡大して、より多くの現場のスタッフを参加させ、適切に検証しました。それから、エリアリーダーとリーダーシップチームを参加させるための時間と空間をしっかり確保しました。5月末までにすべてのリーダーと話し、この変化について説明しました。私たちは事前に彼らを新たな役割に任命し、7月1日に組織全体に発表した時点では、彼らは皆、不安なく準備を整えていました」

7月1日の「出発」後も当然すべてが順調に運んだわけではなく、詳しい説明や変更が必要な部分もあった。その時こそ、新たなモデルで活動しはじめた何万人もの前線スタッフの声を聞くことが非常に重要だった。ホドソンは次のように説明する。

「ライブのQ&Aシステムを稼働させました。浮上した課題について検討するために毎日コアチームと打ち合わせを行いました。事業の各分野から人材を集めてチームを作り、それらの課題を任せました。すべての領域で何度もディープリスニングを行うことにより、うまく着地できている点とできていない点を明らかにし、計画通りに進んでいない点については行動重視で対処することを確認しました」

組織のDNAを再構築して成果に焦点を当てる

マイクロソフトとハネウェルの例で説明したように、**単に組織図の箱や線を書き換えるだけでケイパビリティベースの組織を作ることはできない**。より協調的で成果を重視する組織になるために、組織のDNAの調整もしくは再構築が必要になる可能性が高いだろう。

成果指向チームの立案と設計という重要な作業に加えて、組織再構築の成否を分ける要因としてリーダーらが特に強調した4つの要因が存在する。すなわち投資と予算の配分方法、業績の定義、測定、報酬付与の方法、キャリアパスの設定方法、そして新たな行動の奨励を通して文化を発展させる方法である。

1 自社の優位性を強化する投資に資金を割り当てるため、計画と予算のプロセスを再形成する

ケイパビリティベースの組織を機能させるためには、いかに予算と投資を割り当て、損益を管理するかを再検討する必要がある。これは、企業の活動を最も重要な事柄に集中させるためにリーダーが行使できる、最も強力な手段の一つである。組織が成功するうえでの、差別化するケ

イパビリティの重要性を考えると、そうしたケイパビリティの構築と規模拡大に支出のかなりの部分を費やす必要があるだろう。

そして、企業を差別化するケイパビリティを支える主な原動力が成果指向のチームであることから、こうしたチームに投資のかなりの部分を直接的に割り当てる必要がある。

実際のところ、もし投資の大掛かりな再配分を行わず、予算の変更が微々たるものにとどまるならば、それは未来への投資ではなく、過去への投資になる可能性が高いということを私たちは主張したい。

このことは、損益の管理方法や企画プロセスに多大な影響を与える可能性がある。機能部門のリーダーが必要な要員数や投資するべきツールをすべて決定するのではなく、成果指向チームが、チームに必要なことと、チームのために機能部門が実現すべきことに対する投資を選択しなければならない。

それと同時に、機能面の卓越性の要件も、最低限の品質基準、予算、成果指向チームの計画を踏まえて再検討する必要があるだろう。同様に成果指向チームは、計画立案段階で考慮すべき事業部門の要件と目標を定義する必要がある（逆も同じである）。

企画と予算管理について従来のマトリックス組織を脱却するためには、企画プロセスと、ガバナンスとコラボレーションを実現する仕組みを再考することが求められる。この企画サイクルを誰が指揮し、予算をどのように最終決定し、年間を通してビジネスレビューに誰が参加し、組織全体でどのように意思決定を行うか。こうした事柄をすべてリセットして、新たなモデルが機能するように支える必要があるだろう。

組織を差別化するケイパビリティに必要なリソースを解放するために、「つけっぱなしの明かり（事業継続のための必要最小限の支出にするべき領域）」や「テーブルステークス（競争に参加するために最低限必要だが、それ以上ではない領域）」には容赦なく支出を削減する必要があるだろう。変化には、反復作業や微調整が必要になるだろう。それを通して、価値創出の成果に向けて真のコラボレーションを実現するチームを目指すために必要な、組織内の力の均衡が生まれるのである。

2 業績を定義し、測定し、報酬を与える方法を再設計する

自社を差別化するケイパビリティの構築と規模拡大へと組織の焦点を移すためには、達成したい成果に対する組織の測定基準を変える必要がある。適切な基準が何かは企業固有の状況によって決まる。

例えば、新たな技術の市場投入までの時間、カーボンフットプリントとサステナビリティへの影響、顧客満足度、エコシステム全体の成功に自社が与えるインパクト、あるいは（マイクロソフトの例のように）顧客のサービス消費量（顧客が成果を享受したかどうかを示す値）などが考

えられる。
マイクロソフトが実行した主な変更の一つが、従業員の報酬の仕組みだった。いままでは契約金額ではなく、長期的な顧客の消費量に比重がある。同社は全顧客の消費状況を測定しており、リーダーが個々の営業担当者と話すときに、その数字を用いて顧客の前進を妨げる障害について議論できる。マイクロソフトが実行したことは、ケイパビリティベースの組織の実現を目指す企業なら必ずすべきことであるが、業績を測定し、生産数量ではなく所定の成果に基づいて報酬を与えることである。

法律事務所やコンサルティング会社など一部の組織では、従業員ボーナスを顧客が達成した成果と連動させているところさえある。このような組織は、従業員が生み出した売上だけを測定して報酬を支払うのではなく、顧客が所期の成果を達成したかどうかまで測定に含めている。顧客の業績は一般的な年間業績評価サイクルに合わせて発生するとは限らないため、こうしたインセンティブは注意深く調整する必要がある。しかしこのようなインセンティブは、真の価値創出につながる成果の達成のためのコラボレーションに組織の重点を向けさせる、強力な仕組みを作り出す。

個人とチームのインセンティブのバランスを見直すことも必要になるだろう。今日のインセンティブの大半は商品・サービスの販売に関連づけられているため、一面的な結果責任に行き着きがちだ。例えば、従業員が販売ノルマを達成したか、リーダーがコミットメントを実現したかという具合である。

このようなインセンティブは重要だが、企業の根本的な優位性、すなわち体系的なケイパビリティの確立と展開をしっかりと進展させることも保証する必要がある。そのためには成果指向チーム、機能部門、事業部門の間で、この優位性の尊重、導入、改善、融合が確実に行われるような有意義なチーム作りをすることが求められる。企業のトランスフォーメーションを成功させるためには、このようなチームベースの目標やインセンティブを構築して、個人に期待する業績や行動と適切にバランスを取る必要がある。

また業績評価についても、誰が参加し、どのような対話を行うかという点で変更が必要だ。マイクロソフトがケイパビリティベースの組織モデルに移行する中で、クルトワは従来1年の半ばに実施していた中間レビューを、新たな仕事の進め方にそぐわないと判断して廃止した。

このレビューがあることにより、リーダーは市場や顧客から長時間引き離されただけでなく、業績が劣る分野があると指導や責任追及に終始する場合があった。クルトワは、これを四半期ごとの人脈形成の場に置き換え、チームがビジネスのトレンドや障害、課題、主な知見、成功するためにチームに必要なことについて議論を共有できるようにした。

そして議論の中心は、結果を出すための集合的なアクションと、そのために必要な支援へと移った。企業が持続的な価値を創出する能力は、全体的な結果を出せるかどうかにかかっている。そのため業績に関する対話の中心も、集合的な成果へと移す必要があるだろう。

3 流動的な組織を実現するキャリアモデルを整備する

旧来の階層型の人材育成モデルでは、人々はキャリアの全期間を一つの機能部門で過ごして垂直的に昇進するが、これはいまでは必要とされていない。世界における自社の立ち位置を実現するのに欠かせない機能横断的なケイパビリティを実現するためには、専門領域での深い経験と各種領域での広い経験を併せ持つ従業員が必要である。

このような経験の深さと広さは、目まぐるしく変わるビジネス環境において自身のスキルの適切性を保ち、キャリアの選択肢を複数確保しておくために従業員が追求するべきものにもなりつつある。

私たちはすでに一部の領域で、このモデルを採用する組織を多数確認している。実際に、数十年前と比べると、今日の経営陣には多様な経験を持つ人材が集まっている。これは、このようなキャリアパスが広く浸透してきたことだけでなく、優秀なリーダーを育成する力があることを物語っている。

この種の分野横断的なモデルを全社に導入することは不適切な場合もあるかもしれないが、企業は従業員が必要なスキルを伸ばせるように、一連の新たなキャリアパスや人材育成オプションについて明確に説明しなければならない。

新たなキャリアパスでは、従業員は異なる機能やチームへと水平移動を繰り返す。成長するために必ずしもマネジャーやリーダーになる必要はなく、チームの一般メンバーとしての活動でも人は成長する。また、地位によって生じる権威ではなく、「トランスレーター」として影響力を発揮し、成果指向チーム、機能部門、事業部門のコラボレーションを促進する役割を果たすこともできる。

この新たなタイプのキャリアモデルでは、従業員は社内で管理するリソースの多さではなく、自身が結果責任を負うチームや成果に対する貢献度に基づいて評価と報酬を受ける。

稀なケースとして、従業員がキャリアの中で社外に出て、エコシステムのパートナーと協力し、経験を積むこともある。企業の中には重要な人材を一時的にパートナー組織で勤務させ、後に「古巣」の組織に復帰させる出向プログラムを設けることにより、この人材育成プロセスを制度化しているところもある。

そして、各種ケイパビリティを融合させ、エコシステムの社会的役割を支えるための信頼と調和を確保する必要があることを考えると、パートナー組織に従業員を出向させる企業は増えるはずだ。

要するに、**ケイパビリティベースの組織では、キャリアパスも成果指向の考え方で設計することが求められる**。伝統的な組織の階層という見方を離れて、最高の成果を出すために必要なあらゆる事柄に注目することが重要だ。

シティグループの前CEOのマイケル・コルバットが、この点に言及している。いわく、かつては「人々は垂直方向の比較的狭い範囲で職業人生を送ることが普通でした。垂直的な業務の最適化に責任を負い、垂直的に昇進していきました」。

しかし、シティグループが顧客に提供することを目指す、人生最高の経験（第2章参照）を創出するためには、さまざまなケイパビリティを結びつける必要がある。いまや同社の従業員は多くの水平移動を経験し、より広い経験とコラボレーションのスキルを身につけている。コルバットは「ある仕事につながる一直線の道筋はもう存在しません。私たちは従業員に、キャリアの道筋を取捨選択できる余地を与えているのです」と話す。

ビヨンド・デジタルの世界に移行するにあたり、キャリアパスの多様性や複雑性を考えると、従業員には一対一のキャリア指導やメンタリングがこれまで以上に必要になるだろう。

もはや、一本道の出世街道は存在しない。あるのは、多くの水平移動を伴う多様な道筋である。以下のような手順を検討してほしい。

- 権限のある地位についたり、大人数のチームを管理したりしなくても、人の成長や能力開発は可能であるという理解に基づいて、キャリアモデルを組み立てる。さまざまな役割やチームで勤務し多様な経験を積んだ場合も、昇進やそれに伴う金銭的報酬の増加は発生し得る。
- 人々がリスクを取って、従来の機能面の専門知識や経験の外にあるキャリアに挑戦することを奨励する。そうした変化を実行するための支援を提供する。
- 領域横断的であることを明示した人材レビュープロセスを設ける。従業員が現在の所属チーム以外のチームでできることを、率直に選べるようにする。人材育成プロセスにも、従業員が組織に価値をもたらす経験を積むために、エコシステムのパートナー、顧客、その他関係者と協力する機会を含める必要がある。
- 従業員が新たな環境での成功に必要なスキルを開発できるように支援する（スキルアップの必須条件について、詳しくは第7章を参照）。

4 新たな行動を形成して変化を促す

この新しいケイパビリティベースのモデルに合わせた働き方を従業員に求めることは、非常に大きな転換である。従来の機能部門に対する忠誠心や優先判断から離れて、成果指向（多くの場合、内容は時間とともに革新と変化が続いていく）に思考を切り替えなければならない。従業員は、これまで馴染みのなかった、あるいは他者に頼っていたスキルを学習しなければならない。

例えば、データ分析を行うときにＩＴ担当者に頼ることはできなくなり、その代わりに自分の知識を駆使して臨機応変に対応しなければならない。彼らを取り巻く従来型の権力構造や意思決定構造は変化し、個人の努力に頼るのではなく、他者と協力したり活用したりして成果を達成する方法を会得しなければならない。考え方や行動に求められる変化はおそらく非常に大きく、違和感や不安を引き起こす可能性もある。

予算、評価基準、インセンティブの変更といった公式な施策は有効だが、従業員の新たな行動の形成と実践を明確に支援しなければ、新たな仕事のための「脱訓練」や再訓練は成功しないだろう。言い換えれば、望ましい形で組織が機能することを促し、価値創出システムを強化する文化を形成するための潤滑油が必要になる。

従業員が適応すべき新たな行動について説明するときには、必ず具体的、視覚的、実践的で、共感が得られ、理想的にはモチベーションを高めるような方法を取ることが重要である。状況に応じてではあるが、カギを握る行動とは品質、スピード、予算のトレードオフを明確に話し合うことかもしれない。専門家による情報を率直かつ積極的に提供する（しかし、別の方法を取ると決めた人には協力する）ことかもしれない。判断を下したときに、その背後にある事実を明確に説明することかもしれない。優先度が高いと判断した機会に明確にリソースを割り当てて、インパクトを最大化することかもしれない。

マイクロソフトのリーダーは、企業向けビジネスのトランスフォーメーションプログラムを成功させるために、新たな販売アプローチを定義し、組織が正しい方向へ進んでいるかどうかを可能な限り測定しなければならないと考えた。彼らは従業員に実践させたい新たな行動を、非常に細かく定義した。ジャン・フィリップ・クルトワはこう説明する。

「1つ目に、従業員は、IT担当者ではなく、ビジネスの意思決定者とはるかに密にやりとりする必要があります。これを測定することは簡単です。2つ目に、彼らが顧客ミーティングに出席したときに適切な対話を引き出す方法（顧客から学びを得る方法や、知的な会話を通して適切性を持つ方法）を定義しました。3つ目として、初回のミーティングで適切性を確保した後、何らかのビジネスを顧客と構想したり、マイクロソフトがサポートできる変革計画を策定したりするときに、関連する業界専門家やデジタルアドバイザーを連れてくるための取り組み体制をどのように提示すればよいかを考えます。そして4つ目に、そのモデルを私たちが構築するべきデジタルなケイパビリティに変換するために、当社と顧客の技術担当者同士をどのように引き合わせればよいかを考えるのです」

この新たな行動モデルを加速させたのは、研修と人材開発に対する大規模な投資と、行動の実践方法に対する組織の巻き込みである。

イーライリリーは、このような重要な行動を実現し、逆インセンティブや障壁を除去するうえで経営陣が果たす重要な役割を明らかにした（イーライリリーの変革のストーリーについては、第6章で詳説する）。

イーライリリーの変革を成功させるための最も重要な条件の一つが、同社のイノベーションプロセスの加速であった。そのためには、5つの事業部門のトップをR＆Dの後期段階に大きく関与させ、より大きな決定権を与えるなど、組織やリーダーシップの役割の正式な変更が求められた。

しかし、一般従業員の行動も変える必要があった。R＆Dの刷新を共同で率いたダニエル・スコウロンスキーは、次のように述べる。

「イーライリリーでは、変化に対する抵抗が特に強烈です。なぜなら当社は、地域最大の魅力的な雇用主であり、代替となる企業が少ないからです。職を失えば家族で荷物をまとめて引っ越さざるを得ないため、人々はリスクを取ることを恐れます。挑戦したり、何かを追い求めたりする理由がどこにあるでしょう。こんなに働きやすい職場なのですから、大人しくここで働き続けたほうがよいのです」

しかし、同社が過去の方法よりもはるかに速いスピードで新薬を開発し、市場に出す必要があったことを考えると、変化に対する抵抗は由々しき事態である。

同社がそれまでに作り上げてきた環境では、守ると約束した期限を守ることが最も重要だった。そのため、皆が十分に余裕を持たせた期限を定めるようになり、このことが同社を業界で最も動きの遅い企業の一つにしていた。スコウロンスキーはこう述べる。

「私たちには、意欲的な目標を定めて、それに失敗しても罰を与えない姿勢が必要でした。従業員に、仕事を失うことはない、リスクを取って、それが成功しなくても降格にはならないという安心感を与えなければなりませんでした。むしろそれが、昇進の道なのだということを示す必要がありました。

私たちが従業員たちに伝えたのは、『期限の余裕なんて忘れなさい。一番攻めた業界最短のスケジュールを出しなさい。それを達成するために必要なものを言いなさい。2、3週間、2、3カ月くらい遅れることを恐れないように。本当に大胆なことに挑戦したという事実だけで、以前よりもはるかに上のレベルに到達できるでしょう』ということです。

結果として、期限は守れなかったけれども、余裕を持たせず積極果敢にクラス最短のスケジュールに挑んだチームの事例が生まれました。期限に2カ月遅れましたが、従来の体系で実行した場合と比べれば2年早かったのです。私たちは彼らに報酬を与え、英雄と見なし、彼らのストーリーを伝えました。そして私に言わせれば、これが他の何よりも変化を起こすために必要なことでした」

すばらしい話だと思うかもしれないが、望む成果をもたらす適切な行動を形成することは非常に大変な作業である。これは戦略的な実践と努力であり、成り行き任せにしたり人事部門に解決を任せたりすることはできない。

この分野に関する私たちの長年の研究と活動を通してわかったのは、行動を形成するためには、組織として体現したい少数だが重要な行動を定義し、それをひたすら広める必要があるということである[1]。

「カギを握る完璧な行動は何か」という問いに万能の答えはない。

しかし、ＰｗＣのStrategy&に属する、文化とリーダーシップに関する世界的なナレッジセンターであるカッツェンバック・センターの研究によると、重要な行動は少数の単純なステップで形成することが可能である。

- 組織の既存の文化的特性や行動について中立的な視点で棚卸しを行い、現在の行動がプラスとマイナスの両方の影響を及ぼし得ることを理解する。既存の文化が戦略をどのように支えているか、あるいは妨害しているかを評価する（詳しくは、カッツェンバック・センターのカルチャー・サムプリント・サーベイ[2]を参照）。

- 自社の新たな仕事の進め方や、新たな価値創出モデルを支えるための具体的な行動を、従業員が理解できるように働きかける。具体性が重要だ。どのように見えるのか。どのような感覚なのか。すでにその行動の実践が見られるのはどこか。
- 人々に、その行動を示す際の障害を特定させる。その行動を実践するために、どのような方法を取り入れるべきか。どのような支援策が有効か。どんな障害を取り除く必要があるか。
- その行動を現実化する。支援策を整備し障害を取り除く。手本となる人々に、その行動を広める場を与える。人々に働きかけて、その行動を各自の日々の業務に関連する特定のアクションに変換させ、それを戦略目標と直接的に結びつける。財務部でのコラボレーションと、それに対して営業部でのコラボレーションとは何を意味するだろうか。行動を変化させることに対する現場スタッフの意欲を引き出すために、リーダーや監督者はどのような行動に注目できるだろうか。行動の微調整を繰り返して現実化する必要がある[3]。

ケイパビリティベースの組織を構築することはすばらしい目標だが、そこには当然、私たちが取り上げたすべての関連領域（組織構造、予算と計画、業績管理、キャリアパス、人々の行動）

で煩わしい変化が発生する。多くの場合、自社で実践してきた基本的な仕事の進め方の再考、あるいは撤廃が求められるだろう。そのため、私たちの見るところ、多くの企業はこの作業に段階的に取り組み、成果指向チームを選択的に導入したうえで組織構造全体を移行させている。こうすることで、人事やガバナンスのプロセスや、ケイパビリティベースの組織を稼働させるための重要な支援策が成熟するまでの時間を稼ぐことができる。

ただし、組織に変化が必要な理由を回避することはできない。自社の基本的な価値創出モデルが変われば、組織が変わるのは必然だ。

トランスフォーメーションを実現するためには、ケイパビリティと成果を前面に押し出し、それを組織の最重点事項にする必要がある。これは簡単なことではないだろう。古い組織の防衛機能が発動するだろう。

しかし、変化は不可欠だ。このことをトップチームは肝に銘じなければならない。そして、トップチーム自体も変わらなければならない。これについては次章で検証する。

伝統的な機能部門モデルから脱却する

大抵の企業の組織モデルは、19世紀にルーツをたどることができる。

例えば、最も初期の事業機能の一つが、鉄道の運行スケジュールを管理した電信係である。その後、営業部門、財務部門、研究開発部門（トーマス・エジソンやアレクサンダー・グラハム・ベルの最初の研究所もここに含まれる）が生まれた。

企業規模が拡大し多様性が増すにつれて、各社は個々の市場にさらに適切にサービスを提供するために事業部門や地域別の組織構造を追加しはじめ、最終的に、ほとんどの従業員が2つ以上の指揮系統（機能部門と、事業部門／地域部門）に属するマトリックス組織が生まれた。

多くの場合、人事担当者は基本的に人事関連の業務にのみ従事し、財務担当者は財務関連の業務にのみ従事したため、しばしば機能部門ごとのサイロと見なされる状態に陥った。

機能部門は、機能面の専門技能の開発、従業員のスキルアップ、機能面のキャリアパスの提供という点で常に重要な役割を果たしてきた。

しかしこの役割は、ビヨンド・デジタルの世界では批判の対象となっている。なぜなら、企業が勝つことはもちろん、競争するために必要なスキルが激増し、ケイパビリティの特異性も際立っているからだ。

いまの時代の優れたマーケティングが、何を意味するのかを考えてみよう。分析、ユーザー経験のデザイン、購入者行動の理解、デジタル資産管理、ソーシャルメディア活用、広報、ブランディング、広告、他にも多くのスキルが必要とされている。もはや全般的なマーケティング担当者は存在せず、マーケティングの全般的なキャリアパスや全般的なスキルアップ方法も存在しない。はるかに複雑で、専門的なスキルが求められるのだ。

これを受けて、企業は自社で保有すべきスキルと、エコシステムにアクセスして調達したほうがよいスキルの評価をするようになった。

優れた人材を自力で募集、育成、維持することが難しい特定領域、例えば、広報やクリエイティブ制作については、企業は社外の人材に頼ることに慣れている。しかしいまではもっと広い範囲のスキルについても同様に、十分な規模と人材を集める能力がある領域に自社は集中し、それ以外の領域に固有のスキルについては、広く拡大したエコシステムを利用することが迫られている。

こうした変化にもかかわらず、根本的な問題は、**リーダーが「機能部門の卓越性」を重視し、ほぼ当然のように大規模な機能的組織を作り上げてきた伝統的モデルには、達成すべき最終成果に対する視点が欠落している**点にある。

そのため、モチベーションやインセンティブが歪む場合がある。たとえオペレーション部門が標準仕様を目指していてもR＆Dは最高のカスタマイズを追求したいし、顧客の満足を得たい営業部門に対してサービス部門が狙うのはコスト削減なのである。

また別の課題として、**機能部門は、自社の特定の戦略を強力に支援するために先進的な行動を取るのではなく、業界の機能部門同士のベンチマークに沿って成果を測る**傾向がある。企業が最もインパクトを与えられる仕事が本質的に機能横断的なものである場合、機能部門が自力で未来を作り上げることは非常に難しい。

しかし、今日の価値創出モデルを用いて自社を差別化するケイパビリティの構築と拡大を行うには、より機能横断的な専門技能やコラボレーションが求められる。優れた仕事をする財務担当者に財務面の作業を頼り、終わったら次の機能の担当者に引き渡すという方法では不十分である。

いまや財務担当者でも、例えばデータ分析のスキルを身につけ、技術の活用方法を理解し、営業、マーケティング、オペレーション機能と共同で作業することによって、正確な予測や需給マッチング、そして商品・サービスの適切な価格設定を支援しなければならない。

財務担当者は、オペレーションや生産の監督者、営業マネジャー、マーケティングのプロダクトマネジャーと同等のレベルで、オペレーション効率、売上高、利益の目標達成につながる行動をし、それを動機づけとしなければならない。

機能部門の成果物ではなく、事業としての成果を指向する必要がある。

成功のために必要な、自社を差別化するケイパビリティが複雑で機能横断的なものになり、知見、スキル、プロセス、データ、技術を迅速に組み合わせて継続的に改善することが求められる状況ではなおさらだ。

こうした課題に対処するために生まれたヒューマンテクノロジー、すなわち異なる機能やユニットを結びつけて特定の目的やプロジェクトを達成する「機能横断的チーム」は、多くの組織でありふれた存在になりつつある。

例えば、品質問題を解決するために顧客サービス、製造、R&D、製品マーケティングの各グループからメンバーを集めて結成される機能横断的エンジニアリングチームについて考えてみよう。

こうしたチームは、プロジェクト、イニシアチブ、変革プログラム、コミュニケーション活動など目的を絞った取り組みでは効果的に機能する。しかし、持続的な価値創出では成功しないことがわかっている。なぜなら多くの場合、こうしたチームには真の違いを生み出すための持久力と影響力が欠けており、各メンバーはチームに期待されている達成事項よりも優先度の高い機能面の責任を多く抱えているからだ。

引き続き各機能部門が人材を保有してキャリアの方向性に影響力を持つならば、いかに優れた目的のもとに機能横断的チームを形成しても、アジェンダや重点分野を定義する際の競争では必ず機能部門が勝つだろう。機能横断チームはしばしば、最高の人材を集められておらず、望ましい成果と結びついた明確な目標も、測定基準も、インセンティブもない。上層部の意思決定者に対する、任務の重要性に見合った影響力もない。こうした機能横断チームは場合によっては有効なツールになるが、家を建てる設計図ではない。

別の対処法として、従来のマトリックス組織の上にエンドツーエンドのプロセスのモデルと役割を設けて、この課題の解決を目指してきたところもある。つまり従来の機能部門と事業部門のマトリックスは維持しつつ、より効率的なコラボレーションを実現するための業務の引き継ぎの仕方を従業員に指示する方法である。

こうしたエンドツーエンドのプロセスのモデルは、機能横断的に使用される新たなERP（全社資源計画）システムを導入するときには不可欠かもしれないが、価値創出の方法をめぐる課題の解決策とはならない。

実際には、従業員がプロセスに従っているかどうかを管理し確認するために「標準」プロセスフローを計画し、意思決定の検問所（グローバルなプロセス責任者）を追加するという複雑な作業になっていることが多い。

では、今日の世界に速やかに対応し、設計プロセスを卒業して市場で勝つために必要なことを実行するには、どうすればよいのだろうか。

従来の機能的マトリックスモデルが組織の基本構造として存続している限り、エンドツーエンドのプロセスのモデルは固定的であり、限界のあるサポートにしかならない。プロセスがいかに優れていても、人々が共通の目的のためにワンチームとなって作業をするような機動力や創造力を再現することは難しいのである。

1　Jon Katzenbach, Gretchen Anderson, and James Thomas, *The Critical Few: Working with Your Culture to Change It* (San Francisco: Berrett-Koehler,2018).

2　The Katzenbach Center, www.strategyand.pwc.com/gx/en/insights/katzenbach-center.html.

3　Katzenbach, Anderson, and Thomas, *The Critical Few*.

第6章

リーダーシップチームの焦点を反転させる

私たちは、みんな違う船でやってきたかもしれない。
しかし、いまは同じボートに乗っている。
——マーティン・ルーサー・キング・ジュニア

2009年、利益率の落ち込みに見舞われていたイーライリリーは、大規模なトランスフォーメーションの計画を発表した。当時のメディアは、1876年創業のこの製薬の巨人が、同社伝統の「世界中の人々のより豊かな人生のための治療と薬を」という目的に再びコミットしようとしていると報じた。

イーライリリーは、当時の状況を「YZ年」の危機と呼んだ。これは、社内で「X年」と呼ばれていた苦難の年、すなわち同社のブロックバスターである抗うつ薬プロザックの特許権が切れた2001年を念頭に置いた表現である。

2009年のイーライリリーは、さらに深刻な課題に直面していた。同社の売上の40%を占める4つの医薬品の特許権が満了を迎えようとしていたのだ。機関投資家は、このトランスフォーメーション計画に懐疑的だったが、イーライリリーは、世界の競合企業の一部が進めているような他の製薬会社との「巨大合併」やR&D支出の抑制は目指さないと宣言した。当時、CEOだったジョン・レックライターは「革新的な方法でこの問題から抜け出す道を見出すつもりです」と述べた。

現CEOのデイビッド・リックスは、こう説明する。

「イノベーションに命運が懸かっていました。この仕事では、人々の健康に影響を与えられる新たな物質を発明できれば、それに勝ることはありません。世界で最もすばらしい仕事です。そしてうまくいけば、世界中に多くの非経済的な価値をもたらすことができます」

伝統的なアイデンティティに再びコミットするということは、トランスフォーメーションの必要がないということではない。むしろ逆である。

同社のイノベーションの後期段階のパイプラインは枯渇しつつあった。R&Dの焦点が定まらず、商品の市場投入までの時間は業界最長レベルで、CEOに託される判断があまりに多く、インセンティブに整合性がなく、売上急減が迫っているにもかかわらずコストを制御できていなかった。CEOとして同社のトランスフォーメーションの責任を負うことになるレックライターは、2008年初めに同職に就くまで3年間COOを務めていたため、状況の深刻さを完全に理解していた。そして実際、前任のCEOが早期に退任を表明したことから、彼には解決策を見つける時間が十分にあった[1]。

イーライリリーのトランスフォーメーションのカギは、**組織モデルの変更と、リーダーシップチームの思い切った再配置**だった。レックライターは同社の従来の機能部門モデルに依存せず、新たに5つの事業部門（糖尿病、腫瘍学、生物医学、新興市場、アニマルヘルス）を立ち上げた。変化の意図は、これらの治療分野ごとに特定の症状改善に注力して、より多くのコラボレーションを実現することだった。この変化は、より顧客を重視した、すばやい意思決定を促すことにもつながった。さらに同社は、新薬開発のスピードと効率を向上させるためのデベロップメント・センター・オブ・エクセレンスを創設した。

最上級チームも大幅に変更した。２００９年までの最上級チームは政策委員会と呼ばれており、メンバー13人のうち９人が機能部門の代表者で、オペレーション部門の責任者はR＆D、製造・品質、グローバル製薬オペレーションのトップ３人だけだった。この不均衡は、YZ危機を招いた戦略面とオペレーション面の欠陥の兆候でもあり、その原因でもあるように思われた。レックライターは、新しい組織モデルに合わせた新たなメンバーで執行委員会を立ち上げ、５つの新規事業部門のトップをチームに追加する一方で、機能部門の責任を負うリーダーを５人に減らした。全体として執行委員会の13人のうち８人が新メンバーで、２人が社外から雇用された。

執行委員会のフォーカスとエネルギーの変化は劇的だった。人事の責任者を務めるスティーブン・フライは次のように語る。

「力学が完全に逆転しました。以前の委員会では、実際に事業を率いている人々への抑制と均衡を保つことが仕事だと信じるメンバーが過半数を占めていました。新しい委員会では、メンバーの過半数が損益とオペレーションの責任者であり、会議では事業遂行に関する話題が多くなりました。このことが、以前はあり得なかった遂行能力につながりました」

最上級チームのメンバーの経歴の構成も劇的に変わり、強力なコンビネーションが生まれた。科学的なバックグラウンドと新薬開発の豊富な経験を持つレックライターは、さらなるイノベーションの推進を指揮する人物としてふさわしかった。

事業部門のプレジデントたちは、商業化に関する幅広い経験を持っていた。彼らは政治的スキル、断固とした行動と他者が被る権力喪失のバランスを取る能力、商業的成功の助けとなるバリューチェーン全体に対する深い理解という面から選出された。

人材管理担当バイスプレジデントのマーク・フェラーラは、「このような役割を担う準備のできた人材が社内にいたことは幸運でした。当社の従来の人材育成が、事業全体の運営ではなく、営業やマーケティングといった機能的分野の統率を目的としてきたことを考えればなおさらです」と述べた[2]。

レックライターは、特にイノベーションに関して現状を揺り動かすことができるリーダーを探し、ダニエル・スコウロンスキーに白羽の矢を立てた。彼は、アビド・ラジオファーマシューティカルズを2004年に創業し、それを2010年にイーライリリーが買収したことで同社の一員となった人物だ。彼は大規模製薬会社での経験を持たず、当初は、YZ変革計画に懐疑的で、R&Dのオペレーションを新鮮な視点で観察した。

次世代の発展を目指す取り組みの開始から18カ月後、新薬の市場投入時間の大幅短縮という任務を課されたチームがCEOへの四半期報告を行った。スコウロンスキーはこう振り返る。「私は手を挙げて言いました。『私の理解が正しければ、あなたたちのプレゼンテーションによると、私たちは業界で最も遅い会社になることを目指していて、それが達成できていないということですか』と。これは非常に波紋を呼ぶ発言で、その結果、私はこの問題の解決に取り組むメンバーの一人になりました」

実際に、レックライターはスコウロンスキーを同社のイノベーション改革を率いる二人のリーダーの一人に選び、改革は大成功を収めることになる。スコウロンスキーは「私が学んだ教訓の一つは、自分がそれを解決する気がない限り、文句を言うなということです」と述べた。現在、スコウロンスキーは、イーライリリーの最高科学責任者と、リリー・リサーチ・ラボラトリーズのプレジデントを務め、グローバル事業の開発にも責任を負っている。

スコウロンスキーは、CEOから同社の新薬開発の問題点をいくつか書いた一枚の紙を渡されたときのことを振り返る。

「その紙は、いまでも私のデスクにしまってあります。ジョン（レックライター）に、これは誰にも見せるなと言われたため、誰にも見せたことはありません。しかしこの紙が、現状を揺り動かすための私の青写真になりました。内容的には当たり前のことだったかもしれませんが、私にとっては、CEOから物事を変えろという指令を受けたことが重要でした」。そして彼は、「『あなたに来てもらったのは現状を揺り動かすためだ』とは、普通は言わないことでしょう」と付け加えた。

レックライターは、事業部門のプレジデントを各部門のマネジメントに集中させることと、最上級チームとして全社的アジェンダを推進させることの間で、適切なバランスを見出すことに腐心した。事業部門が直面する状況はさまざまであり、新興市場では力強い成長が続く一方、生物医学分野ではほぼすべての特許権の満了が近づき、大規模な再編が求められていた。そのため、あるリーダーは事業の成長に、別のリーダーは業績再建に専念させるという措置が重要だった。

適切なバランスの確保は、チームの意思決定の速さと顧客重視の姿勢を強化することに役立った。経営上の重要な問いについては引き続きレックライターが判断を下したが、事業部門のすべての判断が彼に集中することはなくなった。フライはこう説明する。

「リーダーたちが必ず各自の部門よりもチーム・リリーを優先するように、幹部のインセンティブを事業部門の結果よりも全社の業績に連動させました。これは、リーダーたちが業務遂行時に戦略に合致した正しい判断をすることに役立ちました」

それと並行して、イーライリリーは本社オフィスの物理的レイアウトも変更した。「本社の人々が30人ほど、席を並べて座りました」とフライは言う。

「事業部門のトップがオペレーションの人々と座り、製造の人々もまた別の場所にいて、R&Dのトップが行ったり来たりしていました。部屋全体にウッドパネルがあしらわれていました。そのオフィスには、彼ら用のトイレもありました。すばらしい力学が生まれました。誰かが、私に『Xさんにこう伝えて』と言ってきたら、私は『Xさんの隣に座っているんですから、直接話したらどうですか』と言うでしょう。いまはもう、そういうことはしないのです。何かを起こす必要があったら、それを進めます。しかも、ほぼ即時に展開します。新しい最上級チームの構成とオフィスの物理的なレイアウトによって、このコラボレーションが強制的に展開されているのはすばらしいことです」

R&Dのどの部分に誰が責任を負うかを決める重要な判断を下したことで、全社的なコラボレーションが大いに増加した。最上級チームは2009年、すべきことを議論するためにオフサイト会議を行った。イーライリリーの前最高戦略責任者のマイケル・オーバードルフは回想する。

「ジョン（レックライター）は直属の部下たちに、有利な点と不利な点を議論するよう促しました。室内では、徹底的な討論が繰り広げられました。そして最後に、ジョンはただこう言いました。『オーケー。皆、自分のポジションの周りをコンクリートで固めて動こうとしませんね。私はこれで報酬をもらっているのですから、私はこう描きます。これで決まりです』。そして会議は終了しました。それ以上の討論はありませんでした。ジョンは、あのフリップチャートを保管したと思います。それは、彼が地面に打った杭でした。そこに私たちは賭けることになったのです」

レックライターのこの決断により、従来はフェーズ3（臨床試験）まで全社のR&D部門が管理していたところ、事業部門にフェーズ2（前臨床試験）直後のR&Dを行う責任が課された。こうして事業部門のリーダーがR&Dの一部に責任を負うようになると、彼らは課題や投資の必要性をより深く認識するようになり、力学が大きく変化した。また、商業的インパクトを重視するイーライリリーの姿勢も強化され、リーダーたちは、主力商品にならない可能性があった場合に、より早期に判断を下すようになった。

そしておそらく最も重要なこととして、責任意識と結果責任が共有された。事業部門のリーダーが、次の1ドルをR&Dプロジェクトに支出するか、それとも営業担当者の維持に支出するかの判断を迫られた場合、答えはR&Dになるだろう。

チームはいくつもの厳しい判断を下し、多くの杭を打つ必要があった。そして、何度も白熱した議論を闘わせた。

CEO就任前に、生物医学のプレジデントだったデイビッド・リックスはこう振り返る。

「私たちの物事の見方は、常に一致しているわけではありませんでした。実際には、だいたい一致しませんでした。事業部門モデルの一つの欠点は、自然と自分のレンズを通して世界を見てしまうということです。成長著しい事業を運営している人と、衰退しつつある事業を運営している人では物事の見方が違います。そのため、自然に緊張関係が生じます。

しかし、これをやり遂げるという点について、社内中核グループのメンバーの間に疑問はなかったと思います」

スコウロンスキーが追加する。

「私は最初、懐疑的でした。最終的に参加した理由は、リーダーシップチームがこの戦略を機能させることに本気で取り組んでいることを理解し、適切な人材と適切なリソースがあれば実際にイノベーション戦略を実現できるだろうと思ったからです」

当初のトランスフォーメーション計画で約束した通り、イーライリリーはR&Dへの投資を継続した。2007年から2016年の間に、売上高に対するR&D支出の比率は19%から25%へと上昇した。

そして、パイプラインからは新たな医薬品が生まれはじめた。5年で、10商品が発売されたのだ。スコウロンスキーは「全部が最高の商品ではありませんが、6つ、7つはブロックバスターになるでしょう。これは、偶然の産物ではありません。イノベーションのケイパビリティを構築するための体系的アプローチの結果なのです」と述べた。

よみがえったR&Dオペレーション、重点を設定し直した組織体制とリーダーシップチーム、そしてスリムになった拠点体制によって、イーライリリーは2016年までに利益を伴う成長軌道に確実に回帰した。そこからの5年間で、株価は3倍に上昇した。

フライは、このトランスフォーメーションのインパクトについて回顧する。

「いまの私たちの礎はすべてYZの時代に築かれたと思います。外部からのあらゆる助言に逆らってイノベーション戦略を守り通したことにより、現在の手持ちの札が得られました。ですから私は、現在の成功はすべて、あのトランスフォーメーションの土台の上に作られたものだと思います」

企業がトランスフォーメーションを行うときには、イーライリリーと同様に、リーダーシップチームに誰が参加するか、何を重視するか、どのように率いるかが必要になるだろう。価値創出のために自社を差別化する適切なケイパビリティを確立する戦略的努力が求められるのと同様にリーダーシップチームにも、この新たな形の価値創出を実現するために必要なリーダーシップ能力の構築が求められるだろう（278ページ「リーダーシップチームはリードしているか」を参照）。

ケイパビリティベースの仕事の進め方は、大半のリーダーがこれまで慣れてきた方法とは異なるため、移行するのは簡単ではないだろう。だからこそ、自社に必要なリーダーシップ能力がどのようなものかを慎重に検討することが重要だ。

そしてリーダーシップチームは、既存ビジネスの数多くの要求を管理しつつ、未来の価値創出に向けた重要な選択や行動変容について交渉することを支援する必要があるだろう。

私たちの研究の結果、デジタルを生かしたケイパビリティ主導の組織を目指してトランスフォーメーションを進める際に、リーダーシップチームの力になる3つの重要なアクションが明らかになった

①未来を形作るための最上級チームを構築する

世界における自社の立ち位置を再構想すると、自社が焦点を定めたケイパビリティを実現するために必要な役割、スキル、経歴とは何かを見直すことが求められる。従来の事業部門や機能部門と、新たなケイパビリティに沿った成果指向的チームとのバランスを取るにはどのような役割が必要だろうか。重要な課題について知見を得ることを、市場、顧客、技術の視点で支援できるのは誰だろうか。あなたの考え方に疑問を投げかけて、未来を再構想するための新たな視点をもたらしてくれるのは誰だろうか。

②リーダーシップチームの焦点を、単に日々の要求に対応することから、トランスフォーメーションの推進へと移す

リーダーシップチームは、トランスフォーメーションのすべてに責任意識を持ち、受けとめる必要がある。それと同時に、組織が引き続き日々の務めを果たせるようにしなければならない。どのような構造や仕組みがあれば、重要事項よりも緊急事項が優先されないようになるだろうか。

③リーダーシップチームのコラボレーションや行動について、責任意識を持つ

ビヨンド・デジタルの世界での価値創出には非常に高度なコラボレーションが必要であることから、リーダーは自らの行動を通して関心や配慮をはっきりと示し、組織全体の成功を引き出す文化を構築する必要がある。

これらは相互に強化しあうため、必ず同時並行で取り組まなければならない。チーム自体をいかに構築するかという点を含めて、最初からすべてを完璧にこなすことはできない可能性もある。これは労力のいる作業になり、当面の集中的な取り組みが必要かもしれないが、優秀なリーダーシップチームはその先の道のりをはるかに刺激的でインパクトの大きいものにするだろう。

スキル構成の適切さに基づいて、最上級チームを構築する

最初の作業は、すべき仕事にふさわしいチームに実際になっているかどうかを厳しく検討することである。活用、強化、あるいは構築すべきケイパビリティに注目すると、おそらく従来とは異なるリーダーシップの役職をチームに追加する必要があるという結論に至るだろう（そして一部の古い役割を除外することになる可能性が高い）。

実際に私たちの見るところ、近年では「チーフ・オフィサー」の役職が爆発的に増えている。例えば、チーフ・イノベーション・オフィサーは、R&D、エンジニアリング、マーケティング、顧客への知見、製品管理、ITのバックグラウンドを持つ人々のチームを率いて製品・サービスの発売方法の改善を目指す。チーフ・クオリティ・オフィサーやチーフ・サステナビリティ・オフィサーは、企業の機能部門全体にわたって仕事の進め方に変化をもたらす。チーフ・アナリティクス・オフィサー、チーフ・ビヘイビア・オフィサー、チーフ・ブランド・オフィサー、チーフ・カスタマー・オフィサー、チーフ・デザイン・オフィサーといった役職もある。

しかし、重要なのは肩書きではない。これらの役職が、**従来の個別機能部門の運営や損益では**

なく、価値提供に必要なケイパビリティの構築と拡大を重視していることである。

この方向に一歩を踏み出している企業もあるが、多くの組織では、これらの役職がその状態まで至らず、私たちが前章で議論した成果指向の組織に変換されていない。もし自社の差別化の土台となるケイパビリティが顧客関係の構築であるならば、リーダーシップチームに置く必要があるのは、営業や顧客サービスプロセスの責任者ではなく、顧客エクスペリエンスのライフサイクル全体の管理責任を負う役職であろう。

一連の新たな役職にはエコシステムも含める必要もある。古い世界では、エコシステムはしばしばサプライヤーと同一視されており、最上級チームの関心を潜在的課題に向けさせるのは、通常は調達責任者の役割だった。

しかしエコシステムを活用する新たな時代には、組織内とその外側の広いエコシステムの両方について、ケイパビリティの責任者にリーダーシップの役職者を当てることも必要である。

例えばマイクロソフトは、ワン・コマーシャル・パートナーのコーポレート・バイスプレジデントを設置して、パートナーとマイクロソフト自体の営業組織の関わり方を簡素化し、顧客への効果的なサービス提供を実現した[3]。これは立派なだけの肩書きではないのである。このような非常に上位の役職が創設されたことは、同社の価値提供を実行するうえでのエコシステムの重要性を表しており、これによって同社の意思決定にエコシステムが確実に反映されるようになった。

ケイパビリティベースのリーダーシップモデルに到達するのに、一気に大規模な組織再編を行う必要はない。

しかしリーダーたちの話を聞くと、最も犯しがちなミスは、**重要なポジションに関する動きが遅すぎること**である。暫定的に機能する役職もあるが、その役職が再検討した自社の立ち位置に適合していればしているほど好ましい。

そして、もし暫定的にチーフ・デジタル・オフィサーやチーフ・アナリティクス・オフィサーが必要だという結論に達したのなら、彼らの存在を、ケイパビリティを構築して活用する中核構造から外れた「海賊船」にはせず、自社の実際の業務としっかりと結びつけることが重要である。

リーダーはしばしば、既存のリーダーの範囲を変更することに苦労する。ケイパビリティに関する新たな役職者が変革推進者として力不足だったり、単純に役職が多すぎて明確な結果責任が果たされなかったりする場合がある。リーダーシップチームは、前章で説明した新たな組織構造のバランス（市場と顧客に対応する損益、ケイパビリティに立脚した成果指向の強力な機能横断チーム、より範囲を絞った機能部門）を反映すべきである。

リーダーシップチームに含める役職をどう選択するかは、組織、顧客、エコシステムのパートナー、投資家、そして将来の従業員に向けて、自社が選択した戦略的方向性や、その未来を達成するためにどうトランスフォーメーションするかを知らせるシグナルとなる。

例えば、アップルが2015年にチーフ・デザイン・オフィサーを創設したことは、同社にとってデザインが極めて重要であることを組織に（実質的には世界中に）発信し、デザインは単なる創業者の天賦の才ではなく、組織的ケイパビリティなのだという点の明確化に役立った。この役職の創設はアップルがファッション業界などから世界一流のデザイナーを集めることに貢献し、アップル史上屈指の、差別化するケイパビリティが生み出された。

リーダーシップチームに含めるべき役職を決定したら、そこに適切な人材を配置できる。おそらく、テクノロジーで何ができるかを深く理解するリーダーが必要なことは間違いない。そして従来適任とされたリーダーよりも多様な経歴、経験、仕事のスタイルが求められるだろう。

かつてのリーダーたちは、自分がテクノロジーの扱いが不得意であることを理由にして、チーフ・インフォメーション・オフィサーを雇用することが多かった。つまり、企業のデジタルの課題と機会を「アウトソーシング」していたのである。

いまとなっては、これが持続可能なモデルでないことは明らかだ。テクノロジーが価値創出の中心的役割を果たすことを考えると、リーダーは皆デジタルを受け入れる必要がある。すべてのリーダーは、テクノロジーがどのように周りの世界を変えているか、顧客への提供物を改善するためにテクノロジーをどう活用できるか、商品・サービスをどのように開発、生産、提供するか、世界における自社の将来の立ち位置を実現するためにどのように顧客などに働きかけるかを理解する必要がある。

すべてのリーダーがボットをプログラミングできる必要はなく、デジタルネイティブである必要はない（多少はいたほうがいいものの）。しかしテクノロジーで何ができるか、特に、どのようにケイパビリティに役立つかということに対する理解は、今日のリーダーの成功に欠かせない前提条件である。

現在のチームメンバーの中で、こうしたテクノロジーの理解を持たない者にとって、これは何を意味するだろうか。

私たちが主張したいのは、もしデジタルに精通することの必要性を理解せず、そのスキルセットを伸ばすことに興味を示さない者がいたら、彼らは企業を将来の成功に導くリーダーではないかもしれないということだ。

もちろん、デジタルに精通していればよいわけではない。

第5章で説明したように、企業が構築しようとするケイパビリティベースの組織は本質的に、これまで多くの企業が依存してきた従来の機能部門モデルよりも複雑で統合的である。このような組織を機能させるためには、多様なスキル、経験、視点を持つリーダーが必要になるだろう。問題や機会をまったく異なる角度から見ることができる人々が必要だ。

したがって、現在の組織とは視点、思考、感覚、行動の仕方が違う人材が必要で、そうした人材から挑戦を受けることをいとわず、それを促すようになっている必要がある。要するに、このトランスフォーメーションを率いるためには非常に多様性のあるリーダーを揃える必要があるということだ。

多様性のあるチームのパフォーマンスが優れていることを示すエビデンスには事欠かない[4]。例えばミシガン大学の研究者は、多様性のある集団のほうが、客観的な能力で優れている同質的な集団よりも問題解決能力が高いことを発見した[5]。

しかし、私たちがここで論じる多様性は、一般的な企業のダイバーシティの取り組みの域にはとどまらない。私たちが求めたいのは、**リーダーの経歴や経験を戦略的に探すことにより、企業がトランスフォーメーションを通して目指すべき未来をリーダーシップチームが体現すること**である。

必要なのは異なる領域の経験を持つチームメンバーであり、それぞれに異なるエコシステムとの協力経験があり、自社が展開しようとする多様なケイパビリティ、テクノロジー、チャネル、変革アプローチを理解する人々である。

とりわけ自社が完成させたいケイパビリティの構築と拡大に貢献できる能力を示してきたリーダーが必要だろう。業界の境界は曖昧になりつつあるから、どの業界で主に経験を積んできたかにかかわらず、最高の才能を持つリーダーが必要である。例えば、医療分野のパーソナライズやテクノロジーの活用が進むにつれて、医療業界は従来の医療、消費財、シリコンバレーのハイテク企業が融合した形に急速に変わりつつある。これが意味するのは、従来のB2C消費財や小売分野のケイパビリティに由来する伝統的な考え方に疑問を持ち、従来の強みとシリコンバレー出身の設計者の技術的イノベーションを融合させるべきだということである。

すべてのケイパビリティを融合できる一人の人物を探すことは容易ではない。そのため大抵は、さまざまな経歴、人生経験、スキルを持つ人々を集めて集団として調和するように支援しなければならない。待ち受けるトランスフォーメーションの性質を考えれば、新しいアイデアや思考で互いに挑戦しあうような、勇敢な集団が必要である。そして私たちが思うに、これからの課題を解決したいならば、多様性を確保することは競争に参加するための最低条件になりつつある。

また、自社がサービスを提供しようとする顧客、自社の従業員、パートナーなどエコシステム全体の多様な意見を反映するような経験を持つチームメンバーを探し出すことも必要だ。こうしたチームには、異なるジェンダーアイデンティティや、国籍、人種、民族的ルーツ、能力、経済的背景、学歴を持つ人々が含まれる可能性が高い。一部の企業は、エコシステムのパートナーとのより有意義なエンゲージメントを実現するために、パートナーのリーダーを自社の経営会議に参加させはじめている。

フィリップスのコネクテッドケア担当チーフ・ビジネスリーダーだったカーラ・クリウェットは、自身のリーダーシップチームについてこう説明する。

「リーダーシップチームの60％が新任でした。以前は存在しなかったポジションがたくさんありました。例えば、クラスターレベルのイノベーションリーダーやマーケティングリーダー、チーフ・メディカル・オフィサー、コネクテッドケアのコミュニケーションリーダーなどです。現在のチームには、12の異なる国籍のメンバーがいます。国連のように感じることもありますが、私は、この状態が非常に重要だと思います。なぜなら、医療システムは国による違いが非常に大きいからです。もしチームメンバーが米国人ばかりで、欧州を米国の一つの州のように考えていたら決してうまくいかないでしょう。医療システムや医療費請求の仕組みがまったく異なるからです。もし欧州人のメンバーばかりで、米国にあるような巨大病院チェーンや、それらが抱えるサイバーセキュリティや安全上の課題に対する理解がなかったら、それもうまくいかないでしょう。

リーダーシップチームには自然に連携できる人たちが必要です。そのため、私のリーダーシップチームに参加するメンバーの最優先条件の一つは、複数の国での生活経験があることでした。もし中国のある生産拠点が自分の責任範囲になくても、インドのあるサプライヤーについて知らなくても、それらの国で生活したことがあれば文化の違いが何を意味するかを理解できます」

自社で重要と定義した行動を体現する人材を、チームのメンバーとして積極的に探し求める必要もある。例えば、以下のような人物像である。

- 地位による権力ではなく、影響力や励ましを通して人を率いる方法を知る人物
- 担当領域の力関係や規模、予算を気にかけるのではなく、成果を出すことに注力できる人物
- 自分がすべての答えを知っているわけではないと認める勇気を持ち、チームに答えを求められる人物
- 自社が達成しようとしていることの目的を軸にして、周りに働きかけられる人物
- 自身の目的が、個人の成功と同様に優れた業績の達成と結びついている人物

もしかすると自社の次のリーダーは、中学3年生の荒れたクラスをまとめた経験のある教師かもしれない。教区の人々の不満や悩みを聞いて、彼らの前進を支えてきた牧師かもしれない。未来のリーダーは、MBAや工学系の学校出身という似通った経歴を持っている必要はない。

明確にしておくと、私たちは企業の年次報告書の華やかなページを彩るためのダイバーシティ

の取り組みを行うことや、純粋な利他的動機や社会的コミットメント意識に基づいて変化を推進することを勧めているわけではない。

このような動機が思考の一部に含まれることはあるだろう（私たちは、そうした動機を取り入れることを大いに推奨する）。しかし、それと同様に明確にする必要があるのは、**自社がはるかに複雑なエコシステムを代弁する声を生み出し、ケイパビリティ体系の充実につながるさまざまな感性を兼ね備えた最高のチームを結成している**ということである。

例えば日立のトップリーダーは、幅広い商品群を擁する複合企業から、価値を生み出す社会イノベーション事業を重視するソリューションプロバイダーへの変革に乗り出すにあたり（第2章参照）、ダイバーシティやさまざまなタイプの経験を確保するためにリーダーシップチームを完全に再構成する必要があると認識した。彼らは変革を率いるために、組織変革の専門技能、外部の視点、そして聖域にメスを入れる意欲を持つ新たな幹部らを集めた。

執行役専務でCSO兼戦略企画本部長の森田守は、当時CEOだった川村隆の言葉を回想する。「君たち（経営陣）がしなければならないのは、経営会議（エグゼクティブコミッティ）をもっと多様化することだ。いまのエグゼクティブコミッティのメンバーを見てみろ。性別は男で、年齢は50代から60代、入社以来日立一筋の人間ばかりだ。皆、同じことを考え、同じことを言う。だから間違うんだ」

そこで、日立は新たな人材を参加させた。例えば、川村の後を継いで社長に就任し、後にＣＥＯになった中西宏明は、大半の日立幹部よりも幅広い経験を持っていた。彼はスタンフォード大学でコンピュータエンジニアリングの修士号を取得し、日立ではまず日立ヨーロッパ、次に米国の日立グローバルストレージテクノロジーズと、本社を離れて数年間勤務した。日立のリーダーシップチームは依然として日本人の幹部が支配的だが、日本人ではない幹部も上級職に任命された。２０１５年、英国出身のアリステア・ドーマーが鉄道システム事業の執行役に任命され、後にモビリティ分野を率いる代表執行役副社長になった。２０１８年には、スイス出身のブリス・コッホが日立オートモティブシステムズ（２０２１年以降、日立Astemo）の社長執行役員＆ＣＥＯに指名された。

日立は、日本人以外のマネジャーにとって、より魅力的な雇用主になることを非常に重視する。２０２０年に、ＣＥＯの東原敏昭のもとでＡＢＢのパワーグリッド事業を買収したことは重要な節目となった。森田はこう述べる。

「ＡＢＢのパワーグリッド事業の３万６０００人の従業員が加わったことにより、いまやグループ全体では日本人よりも外国人従業員のほうが多くなりました。このことは日立にグローバルなビジネス経験を蓄積する機会をもたらし、すべての従業員にとって、日常業務の中でグローバルに物事を考える機会が増えています。従業員がグローバルに活躍する機会も大いに増える見通しで、これは日立で働く、日本を含む各国の従業員の成長に多くの機会を提供できると思います」

リーダーシップチームの焦点を、日常対応から、トランスフォーメーション推進へと移す

かつてあるCEOが、仕事の仕方の根本的な変化について次のように説明した。

「以前の私は、電子メールであれ、会議であれ、誰かの問題への対応に自分の時間のすべてを費やしていました。誰かが持ち込んできた課題に判断を下して、一日が終わっていました。しかしある日、気づいたのです。組織を前進させるために必要だと思える仕事をすることが、企業を率いる唯一の方法だということに」

時間は、最上級チームの最も希少な資源だ。

最上級チームが重視しようとしていることは何だろうか。重要事項よりも緊急事項が優先されないようにする方法はどのようなものだろうか。行く手に待ち受ける変化の大きさを考えると、

組織がもたらす要求に左右される課題ではなく、トランスフォーメーションを確実に推進する課題を設定するというリーダーシップチームの意図がますます重要になる。

リーダーシップチームは、常に2つの異なる課題を管理する必要があるだろう。それは、日次ベースや四半期ベースでビジネスを運営することと、約束した未来を作り上げることである。

フィリップスのCEOであるフランス・ファン・ホーテンはこう説明する。

「私たちは『業績と変革』の両方について必要事項を議論します。変革するだけで業績を上げなければ、いまがありません。業績を上げるだけで変革しなければ、未来がありません。したがって、当社のスコアカードでは両方を測定します。レビューでは、両方について話します。そして私が全幹部に与える目標には、必ずいくつかの変革の目標が含まれています」

最上級チームのメンバーは、目先の必要性にとらわれて長期的な問いが犠牲にならないように、これらの目標の一つひとつに必要な処理能力を割り当てる必要がある。一部の企業は、戦略的トランスフォーメーションを日常業務と切り離して管理するための独立したグループを作っている。通常、これらのグループは多くのメンバーを共有しており、新しい思考を取り入れるために最上級チームではない人材を含むこともある。

しかしそのようなケースでも、変革と変革チームの成果に対する結果責任を負うのは、やはり最上級チームである。

このチームが対処する事項は、本書で説明した必須要素に沿って体系化できる。つまり、世界における自社の立ち位置を再構想すること、主要な顧客に関する専有的知見の構築方法を決めること、エコシステムを構築すること、成果を達成するために組織と文化を再構成すること、リーダーシップチームのメンバーを再配置すること、そして従業員との社会的契約を再定義することである。

チームの課題を決めることは、CEOが使用できる最も重要なレバーの一つである。そのため、CEOは課題の設定を誰かに委任せず、この重要任務を裏づける検討を主導すべきである。未来を大胆に思考する余裕を作るとともに、その思考を日常に落とし込むことが重要だ。

企業の中には、自社を差別化するケイパビリティの構築作業の進捗レビューを、その重要性と複雑性を踏まえて会議の必須項目にしているところがある。トランスフォーメーションだけに集中する独立した会議を定期開催している企業もある。

フランス・ファン・ホーテンは、経営会議のオフサイト会議を非常に重要なものと考え、自らその運営を手がけた。CFOのアビジット・バッタチャリヤはこう振り返る。

「最上級チームによるオフサイト会議には、当然ながら大変な準備が必要です。最初の2回のブートキャンプで、フランスは旅の準備をすべて自分で手配しました。外部の代理店はまったく関与しませんでした。ファシリテーターが一人、私たちを見守り、何か、漏れがあった場合に指摘する役割として参加しただけです。まさにリーダー主導のプログラムで、私たちにとって大きな投資でした」

リーダーシップチームのメンバーの役割は、差別化をめぐる大きな選択をすることで終わりではない。その重要な選択を確実に実行させる必要もある。また、各種の施策の実行方法や、組織が築いたものを一つにまとめる方法の詳細を詰めるときには、自ら手を動かす必要があるだろう。

最後に、前進を指揮することに時間と労力を費やすという点での結果責任を、自身やチームに課すべきである。上級リーダーシップチームの課題の中で、戦略やトランスフォーメーションに関するトピックがどの程度を占めるかといったシンプルな測定基準を考えるとよい。あるいは、より広く組織の状況を把握することにより、チームとしての進捗度についての見解を評価することもできる。このようなツールや知見はリーダーシップチームの力を最大限に活用することに役立つ。

リーダーシップチームのコラボレーションや行動に責任意識を持つ

世界における自社の立ち位置を再構想する作業の一環で、自社が解決を目指すことになる問題が特定されるだろう。そのような大きな問題は一人や二人で解決に導くことはできない。現在の企業がほとんど持ち合わせていないレベルの共同の結果責任とコラボレーションが必要だ。

大抵の企業では、一般的に上位の役職をめぐって熾烈な競争が繰り広げられている。最高位を目指す競争もあるが、それより多いのは、単に誰の管理する損益が一番優秀か、その損益に一番貢献したのは誰の管轄する機能部門かといった競争である。

このような個人主義的な考え方は個々の結果責任を促進するため、多くの近代的企業にメリットをもたらしたが、企業のトランスフォーメーションの役には立たない。しかし、待ち受ける任務の大きさをリーダーシップチームが理解し、新たな考え方ができるチームメンバーが揃えば、コラボレーションは格段に容易になる。

したがって、自社に変革が必要な理由、世界において自社が目指す立ち位置、そこに至るために必要な差別化するケイパビリティについての理解という点で、最上級チームの全メンバーの意識を揃えなければならない。チームの全員がトランスフォーメーションプログラムに心からの責任意識を持ち、その成功に個人的な目的や課題を結びつける必要がある。

こうした意識共有ができていないように見える者がいたらどうするか。その場合は、速やかに意識を共有するか、その人物抜きで出発するかのどちらかである。

イーライリリーのスティーブン・フライは、こう回想する。

「辞めてもらわざるを得ない者もいました。当社の新たな運営方法に全面的に反対した者、自分の権力が奪われるからと事業部門制の考え方に全面的に反対した者です。こうしたリーダーを辞めさせることは、意思決定力と結果責任を持つようになった事業部門とうまくやっていくために不可欠でした」

ビジョンに対する責任意識を生み出すだけでは十分ではない。その次に、リーダーシップチームの共通目的を定めなければならない。取り組むべき課題をチームに定義させる必要がある。チームが存在する理由は何だろうか。チームが解決しようとする大きな課題は何だろうか。課題が定義できたら、企業のトランスフォーメーションを率いることがチームの最重要任務であり、その成否は各機能部門や損益の足し算ではなくチームメンバーのコラボレーションにかかっているという信念を、チームメンバーが持つ、あるいはそのように自身を納得させる必要がある。

さらに、自分たちが集まったのは、持ち込まれた提案を裁判官や国会議員のように承認／却下するためではなく、幹部チームとして一丸となって価値を創出するためだという点でも、最上級チームのメンバーは認識を合わせる必要がある。

フィリップスのCEOであるフランス・ファン・ホーテンは説明する。

「私は経営会議をオフサイトで行うようにしましたが、これは、実際に自然の中の旅と言えるものです。これを初期の頃から実行しているのですが、この種の旅では、自然の中で過ごすことでエゴが少し小さくなるのが良いところです。携帯電話は置いていきます。お互いと向き合うことを迫られます。最初の2、3年は、経営会議のオフサイトの目的は難しい議論をすることでしたが、個人的な内省のためでもありました。私たちはここで何を達成すべきか、成功とはどのようなものかを問うだけでなく、なぜ自分はここにいるのか、自分はここにいることを望むのか、そして自分がここにいるとして、お互いに向き合うときの態度を変えられるのかを問うのです」

2014年にマイクロソフトのCEOに就任したサティア・ナデラも、「シニア・リーダーシップチームが（中略）一つの世界観を共有する団結したチームになる必要がある」ことを明確にした。彼は著書*Hit Refresh*で、こう書いた。

「優れたソフトウェアであれ、革新的なハードウェアであれ、あるいは持続的な組織であれ、何か記念碑的な物事が実現するためには、一人の偉大な人物か合意のある集団が必要だ。イエスマンやイエスウーマンという意味ではない。討論や議論は不可欠である。各自のアイデアをもとに改良していくことが極めて重要だ。

（中略）しかし、クオリティの高い合意でなければならない。私たちには、互いの問題に立ち向かい、対話を促進し、能力を発揮するシニア・リーダーシップチーム（ＳＬＴ）が必要だった。皆がＳＬＴを、単なる出席すべき会議の一つではなく、自分の最優先チームと考えていることが必要だった。ミッション、戦略、文化について意見が一致していることが必要だった」[6]

それができたら、より具体的に、リーダーシップチームと協力して組織トランスフォーメーションを後押しする行動を定義する必要がある。チームの行動を考えるうえで重要なのは、リーダー同士の仲を深めたり意見を一致させたりすることではない。皆が能力を発揮できることであり、課題を議論のテーブルに乗せ、協力して問題を解決し、速やかに判断を下し、互いの成功にコミットすることである。

新型コロナウイルス感染症の危機を受けて、世界中のリーダーが、リーダーシップチームは迅速、かつ効果的に行動できなければならないということを痛感した。この危機は、これらのチームが強烈なプレッシャーのもとで実際に立ち上がり、協調性と決断力を持って成果指向のリーダーシップを発揮できることを証明した。彼らは、何らかの委員会に命じて従業員やサプライチェーン向けの提案を作らせるのではなく、集合的な知見、視点、経験を結集し、真に企業横断的な大問題を一つのチームとして解決したのである。

もし企業を狙ったサイバー犯罪の被害を受けた読者がいるなら、協力して判断するためのリーダーシップの必要性は同様に明らかである。もしかすると、ビヨンド・デジタルの世界で直面する大きな課題について、リーダーたちは現時点でそこまでの緊急性を感じていないかもしれない。それゆえ、トランスフォーメーションを推進するために同じだけの労力、熱意、厳しさで立ち上がっていないかもしれない。

フィリップスのリーダーらは、組織全体に広げたい望ましい行動を自ら体現することの重要性を強調する。ＣＦＯのバッタチャリャはこう振り返る。

「文化に関する取り組みを始めるにあたり、私たちは『この会社で起こる物事はすべて、経営会議を中心として設定された文化の反映である』という話をしました。結果責任という点で言うと、その影響は非常に大きいものです。例えば、中間業績査定における自己評価の『顧客第一』の項目で、私が『部分的に当てはまる』と自分を評価した場合、その理由は、客先訪問をしていないとか、気づいた顧客の課題を完全に解決するまでフォローしていないということではありません。

しかし私はCFOであり、IT、グローバル・ビジネスサービス、財務に影響力を持っています。そして、フィリップスが依然として顧客がビジネスをしにくい企業であるならば、それについて私は個人的に、責任のかなりの部分を負うべきです。ですから、自己評価を『部分的に当てはまる』とするのです。直属の部下に対しても同じようにします」

適切な行動を定義する際には、それを確実に実践するための仕組みを作ることも同様に重要だ。これは慎重に考えるべきであり、成り行き任せで作ることはできない。そこで多くのチームが、各自が手を引くことを決めた物事を実行するために他のメンバーに声をかけたり、支援を依頼することを明確に許可したりすることに合意している。

マイクロソフトのジャン・フィリップ・クルトワはこう振り返る。

「必要な成長マインドセットを私たちが持っているかどうかと、日々問うています。私は自分が成長マインドセットか硬直マインドセットかと自問し、自分が活躍できる瞬間を理解しています。常に誠実であることを心がけ、私が不適切な行動をしていたら指摘してほしいとチームに伝えています。例えば『JPC（ジャン・フィリップ・クルトワ）、いまのは成長マインドセットとして最良の方法ではありませんでした』というように」

フィリップスのフランス・ファン・ホーテンは、信頼できるフィードバックの重要性も強調する。

「オフサイト会議では毎回、フィードバックの『お見合いパーティー』を行っています。これは十分なフィードバックを確実に提供することに加え、フィードバックを受け取ることがいかに楽しく、エネルギーの源になるかを示すことが狙いです。もしプログラムが終了してから夕食までに15分あったら、誰か2人を見つけて、自分が彼らのどのような点を心から評価し、どのような点で職務上の彼らの成長を支援できるかを伝える必要があります。

私たちは、少なくとも1日に5回はこれを行うようにしました。シンプルなことです。そうすれば、まだ話していない相手を皆が積極的に探すようになるでしょう。そしてこれが、自分が観察したことを同僚にどう伝えるべきかを考えるときの習慣に組み込まれます。これが実は、フィードバックを制度化することに、楽しい形で多少役立つのです。

こうしたフォーラムでは、皆が手の込んだ2ページ資料を用意してきます。しかしその一方で、1つ、2つの本質的な点については、人間同士のつながりやフィードバックがはるかに重要な場合もよくあります」

チームが有効性を発揮するためには信頼を築くことが欠かせない。たとえ意見が食い違う場合でも、プロセスを信頼してチームの決定に合わせるための方策が必要である。

このような信頼があると、学びがあれば失敗しても問題ないという認識のもと、限界を試して「早期に失敗する」文化を構築することもできる。

この信頼を築くには、「成功」の定義に立ち戻ることが必要かもしれない。部下の数の多さや、財務やオペレーションの成績だけで成功を測っていないだろうか。それとも人材共有やコラボレーションの度合いなど、その他の測定基準があるだろうか。企業の中には、最上級チームの協働を促すことや、自然豊かな場所への旅行を通して、あるいは難易度と重要性の高い特定の任務についてリーダーたちに明確に協力するよう指示するといった方法で、信頼を築いているところもある。

フランス・ファン・ホーテンは、フィリップスのCEOに就任したときに継承した既存のチームについてこう語る。

「皆、自分の船を走らせることに慣れていました。しかし、私に必要だったのは相互依存的なメンバーによる経営会議です。依存的でも独立的でもなく、相互依存的なメンバーです。私たちが共通の結論に達して共通の目標を目指すためには、協力して働き、遠慮のない適切な会話を交わすことが必要でした」

ファン・ホーテンもまた、自然豊かな場所への旅の効果を心から信じる者の一人である。同社CFOのアビジット・バッタチャリャはこう振り返る。

「フランスは2015年から毎年、経営会議のブートキャンプを実施しました。5つ星ホテルに泊まる豪華な旅ではなく、ごく最低限の旅です。テントで寝泊まりしたり、相部屋になったり、何日も自然の中を歩いたりします。物理的にも精神的にも自分の快適ゾーンから遠く離れます。

最初の旅は、ラスベガスで始まりました。私たちが受けた唯一の指示は、『この1週間の予定を空けて、ラスベガス行きの航空券を購入すること』でした。たったそれだけです。現地に到着すると、『このホテルに来ること』という最初のメッセージを伝えられました。

そのホテルに入ると、荷物、パソコン、携帯電話、その他全部を取り上げられました。二人一組でハイヤーを割り当てられ、乗るように言われ、ドライバーが車を走らせました。あちこちに連れていかれますが、何をするのか、どのくらい時間がかかるのか、何もヒントがありません。ある地点では全員が揃って夕食をとりました。ホテルに戻ったのは午前1時過ぎで、部屋は相部屋でした。いずれも些細なことですが、自分が普段慣れている方法とはことごとく違いました」

これらの仕組みはどれも大抵コラボレーションを向上させるが、幹部を二人一組にして、全社的な課題の解決に協力して取り組ませることほど有効な施策は滅多に見られない。結局のところ、格言にあるように「新しい行動に考え方を合わせるよりも、新しい考え方に行動を合わせるほうが簡単」なのである。

幹部らが互いのことをもっと知り、自分の日常的な影響力が及ばない分野の成功要因や潜在的な限界について理解を深め、さまざまな見解を結集して協調的なソリューションを生み出すことの威力を認識する。そうすると、大きく複雑な問題を解決したときの満足感を共有できる。

そのような問題は、自社の立ち位置を見極めて変革を遂行する過程で事欠かないだろう。適切なスキルと、コラボレーションや信頼の新たなモデルの構築機会の両方がもたらされるように、少人数のリーダーグループにどのような問題を与えることができるか、また与えるべきかを慎重に考えることが重要である。

最上級チームが確立する新たな種類のリーダーシップは、下の階層へと波及させて、組織全体のリーダーシップの筋力の強化につなげなければならない。トップダウンのリーダーシップは必要条件だが、決して十分条件ではない。リーダーたちは、組織全体のコラボレーションのために必要な「線の外側」のチームにも働きかける必要がある。

これから目指すような種類のトランスフォーメーションは、企業の最上級チームだけでは実行できない。どの階層でもリーダーシップが発揮されるようにする必要がある。ビヨンド・デジタルの世界のイノベーションのペースを考えると、市場の動きと同じスピードで動くことが可能になるように、この全社的リーダーシップのケイパビリティを構築することが必要だ。

組織全体のリーダーに働きかけてリーダーシップの筋力を鍛えるために必要となる時間と労力を過小評価してはならない。フィリップスの戦略、M&A、パートナーシップの責任者であるスチュワート・マクローンはこう認める。

「上から2、3階層目の人々に働きかけて参加させることなど、短期間で簡単にできると考えていた私たちは、少々甘すぎました。誠意を持って、適切な資料やオフサイト会議も用意して開始しましたが、この規模の企業を変えることは、1200人のリーダーを変えることでさえも、想定よりはるかに厄介で、連続的で、複雑で、繰り返し後押しすることが必要でした」

企業のトランスフォーメーションを実行したCEOに、一番大きな後悔は何かと尋ねたときにしばしば聞かれるのが、**リーダーシップチームの再配置に関する決断力が足りなかった**という話である。彼らが後悔するのは、一人または多数のチームメンバーを参加させることに多くの時間と労力を費やしすぎたこと、結果的に他の優先事項に向ける労力が失われたこと、そして、しばしば望む成果さえ出せなかったことである。

トランスフォーメーションの取り組みは、リーダーシップを活性化しない限り成功しない。それができなければ、しかも速やかにできなければ、その代償は大きいだろう。しかし成功すれば、この先の困難な仕事を真に担うことができる、強力で実りの多いチームができあがるだろう。

リーダーシップチームはリードしているか

私たちがリーダーシップチームに求めたいのは、会社をリードすることに皆が一緒に十分な時間をかけているかどうか、一度じっくり考えてみることである。自社が成功できる状況を作ることに、自身やチームが時間の大半を費やしているかどうかを確認するために、以下の質問を検討するとよい。

- 日々の業務運営と、未来を形作るための作業に、自分の時間をどのように配分しているか。
- 組織で生じる物事への反応と、リーダーシップチームが推進すべき物事に、自分の時間をどのように配分しているか。
- 戦略的議論をする際にどの程度の頻度で、自社の未来についての難しい選択をしているか。

・チームが戦略について時間を割くとき、重点を置くのは外部環境か、それとも組織が行うべき大胆な選択か。
・活動後に行うレビューと、先を見越した活動や方向性の形成に、どのように時間を配分しているか。
・自分が決断力を発揮できるだけのエネルギーや明確なビジョンがチームに欠けている場合、どの程度の頻度で、より詳細な再提案をするようメンバーに指示しているか。
・ある問題が誰の責任分野にあり、誰が対処すべきか、という点について、どの程度の頻度で議論しているか。
・問題に対処する際、どの程度の頻度で同僚と協力しているか。
・リーダーシップチームの同僚をどの程度理解しているか。同僚たちと自分が互いの成功を気にかけているという感覚があるか。

意外な結果に驚くかもしれない。チームによっては、時間の半分以上が、どちらかというと非生産的な形で使われていることが判明する。しかしもっと重要なのは、ビヨンド・デジタルの時代に成功できるポジションを獲得するためのトランスフォーメーションに、エネルギーを注ぎ込んでいないことが判明することである。

1 William R. Kerr and Alexis Brownell, "Transformation at Eli Lilly & Co. (A)," case 9-817-070 (Boston: Harvard Business School, November 7, 2016).
2 Kerr and Brownell, "Transformation at Eli Lilly & Co. (A)."
3 Doug J. Chung, "Commercial Sales Transformation at Microsoft," case 9-519-054 (Boston: Harvard Business School Publishing, January 28, 2019).
4 Greg Satell, "The Truth about Diverse Teams," *Inc.*, April 22, 2018, www.inc.com/greg-satell/science-says-diversity-can-make-your-team-more-productive-but-not-without-effort.html.
5 Lu Hong and Scott E. Page, "Groups of Diverse Problem Solvers Can Outperform Groups of High-Ability Problem Solvers," *PNAS* 101, no. 46 (2004): 16385–16389, sites.lsa.umich.edu/scottepage/wp-content/uploads/sites/344/2015/11/pnas.pdf.
6 Satya Nadella, *Hit Refresh* (New York: Harper Collins, 2017), 81. 邦訳『Hit Refresh（ヒット・リフレッシュ）：マイクロソフト再興とテクノロジーの未来』（サティア・ナデラ／グレッグ・ショー／ジル・トレイシー・ニコルズ著、江戸伸禎訳、日経ＢＰ社、２０１７年）

第7章

従業員との社会的契約を再定義する

市場で勝つためには、まず職場で勝たなければならない。

――ダグラス・コナン（キャンベル・スープ・カンパニー元CEO）

2020年夏、クリーブランド・クリニックCEOのトム・ミハレビッチ（第3章で登場）はチーフ・ケアギバー・オフィスを設置した。彼は同オフィスのリーダーを託したケリー・ハンコックに、その目標を次のように伝えた。

「私たちのビジョンは非常に明確です。私たちの組織にはすばらしい名声と、すばらしいチームワークの文化があります。しかし私は、もっとできると思うのです。私たちの医療システム全体で働くケアギバー（医療提供者）である看護師、勤務医、個人開業医グループの七万人に働きかけて、チーム・オブ・チームズというコンセプトが確実に支持されるように、組織を一体化させる役職と部署が必要なのです。クリーブランド・クリニックの成功は、個人的な貢献よりも、重要な貢献をするメンバーで構成されたチームの働きに、はるかに大きく依存しています」

ハンコックは、次のように強調する。

「このオフィスは、私たちにトランスフォーメーションをもたらします。人事部の単なる別名ではありません。ケアギバーはこの組織の最大の資産であり、このオフィスは彼らに対する価値提供を重視します。重要なのはケアギバーにとって最高の職場であることです。それが、クリーブランド・クリニックが患者にとって最高の治療の場になるためのカギなのです。そして個人に教育とキャリアを提供することを通して、コミュニティを大切にするということでもあります」

この新オフィスが戦略的に優先する事項は、ケアギバーの健康とウェルビーイングの支援、多様性・公平性・包摂性の維持、ケアギバーの巻き込み、職場戦略、人材獲得である。これらは、ありがちな内容に思えるかもしれないが、これらに対するクリーブランド・クリニックの見解や、そこに見出している重要性は、普通とは異なるものである。

ミハレビッチは「病院の運営は、小惑星群の間を宇宙船で航行するようなものです。次から次へとものすごい勢いで問題が襲ってきます。いま、この瞬間に対処しなければ、次はありません。患者の安全や治療のクオリティが絡む問題については特にそうです。クリーブランド・クリニックでは、階層的ハドルと呼ぶ方法で、この集中砲火を管理しています」と述べる[1]。

第3章で議論したように、彼はクリーブランド・クリニック・アブダビを率いたとき、組織の状態を把握し組織全体に働きかけて問題に対処するための方法として、毎日の階層的ハドルの仕組みを構築した。そして2018年にCEOに就任すると、この取り組みを同病院のネットワーク全体へと拡大した。

毎日の階層的ハドルは、各ユニットの領域横断的チームが毎朝実施する集中的な15分間の対話である。構造化された形式に沿って行われ、ケアギバーたちはクオリティ、患者の安全、経験、経営資源利用に関する問題を話し合うことができる。すべての職位のケアギバーが関与して、多くの場合は当日中に問題を解決する。個別チームで解決できない問題については、数時間のうちに上級チームへと1階層ずつエスカレーションされる。日々のハドルは毎朝7時にケアチームから始まり、エスカレーションされて午前11時15分には経営陣に到達する。

このようにして、チームがコラボレーションの改善についてコミュニケーションを取れるだけでなく、組織全体が結びつき、ミッション達成のために対処するべき最も重要な問題に注力できるのである。

ミハレビッチは、次のように説明する。

「階層的ハドルは問題をリアルタイムに解決しています。これは、今日の問題に今日のうちに対処し、私たちの組織を患者にとってより良い場所、働き手にとってより良い場所にすることに役立っています。階層的ハドルは、ケアギバーが能力を発揮し、権限を与えられ、日々改善を行うことを期待されるような文化を創出する取り組みの一つです」

ハドルは、職場の安全性、患者エクスペリエンス、治療の品質、設備の修繕、要員配置など、あらゆる面を改善してきた。例えば、2017年1月から2019年8月の間に患者の転倒事故が15%減少したのは、このミーティングの成果である。

ケアギバーの間でコミュニティ意識が大いに高まったのも、日々のハドルの効果である。ハンコックによると、ある日のハドルで、ある問題が第6階層であるCEOと運営委員会までエスカレーションされた。

「メインキャンパスに、残念ながら命の終わりが近づきつつある小児科患者がいました。ご家族はこの状況を受け入れられず、子どもの命を救えないケアギバーに感情をぶつけるようになりました。ケアギバーの自宅に押しかけて本人や家族を脅迫したのです。この問題が第6階層に報告されると、トム（ミハレビッチ）はこう言いました。『そのスタッフに会いに行かなければ。その家族にも会いに行かなければ。いますぐに』」

彼らはナース室に出向いて、そのチーム（医師や看護師ら、その患者に関与する全スタッフ）とハドルを行った。ハンコックは続ける。

「トムはこう言いました。『何よりもまず、このような状況にもかかわらず、皆さんがこの患者とご家族のために、とてつもなく質の高い親身な治療を提供し続けていることに感謝します。私たちが、皆さんのプロ意識を評価していることは知っておいてください。しかし物事には限度があり、つらい中でも、ご家族側にもこちらに敬意を示していただく必要があります。それを理解してもらうために彼らと話すつもりですから、それもご承知おきくださ
い』」

そして、その家族に会いに行き、想像を絶する苦しみの中にいる彼らの話を聞いて共感を示しつつ、ケアギバーに対する彼らの態度や脅迫行為が許されないことを明確にした。

この介入は、患者の命を救うことはできなかったものの、すばらしいインパクトがあった。その子どものそばに両親が寄り添い、ケアギバーが寄り添って、皆で支えることができたのである。

ハンコックはこう指摘する。

「ケアギバーの目から見ると、自分たちがハドルで懸念を報告したために医療システムのCEOが小児病棟のナース室にやって来たということは、非常に大きなことです。これはコミュニティ意識を作り出し、私たちは単なる個々の貢献者ではなく、チーム・オブ・チームズだということを示しています。ハドルは、スタッフ全員が毎日コミュニケーションを取るための手段なのです」

日々のハドルは、同クリニックがITシステムや新たなプロセスを展開する際の重要なツールでもある。組織に情報を伝え、機能することと機能しないことについて直ちにフィードバックを得るための優れた方法なのだ。

クリーブランド・クリニックは、人材が最大の資産であることを理解している。だからこそ、チーフ・ケアギバー・オフィスを創設し、コミュニティ意識や所属意識を育むための特別な努力をしているのだ。また、組織全体の日々の強力なコミュニケーション方法を確立し、治療を受ける側と与える側にとってより良い場所にするための問題提起や解決策への貢献を可能にしたのも同じ理由である。

第2章で議論した通り、ビヨンド・デジタルの世界の価値提供は、その性質上、自社を差別化するケイパビリティを必要とする。そうしたケイパビリティは複雑で費用がかかるうえに、それを構築して実現する従業員の力に依存する。新たな技術や事業にどれだけ多額の投資をしようと、それが従業員に受け入れられ、差別化するケイパビリティに組み込まなければ、投資が無駄になる恐れがある（315ページ「ビヨンド・デジタルの世界における、従業員巻き込みの新たなモデルの重要性」を参照）。

実際、私たちが研究の一環でインタビューしたリーダーのほぼ全員が、トランスフォーメーションを成功させるためには従業員の巻き込みが必要で、しかももっと早期に行うべきだったと痛感したと話した。

では、従業員に責任意識を持たせるにはどうすればよいだろうか。変化を受け入れさせるにはどうすればよいだろうか。現状に満足させないためにはどうすればよいだろうか。自発的にアイデアを出し、適切なリスクを取ることを支援するにはどうすればよいだろうか。

そのためには、クリーブランド・クリニックと同様に、従業員を自社のパーパスや価値創出システムと直接結びつける必要があるだろう。彼らに成功の手段を提供する必要があるだろう。彼らが問題を提起し、課題解決に貢献するための仕組みを提供する必要があるだろう。

そしてクリーブランド・クリニックと同様に、これらを例外的取り組みでもなく、年に一度の変化の努力でもなく、日常業務の一部にする必要があるだろう。

言い換えれば、**伝統的な雇用主と従業員の関係を反転させ、従業員を価値創出の中心に、またリーダーシップチームの優先事項の最上位に置くという形で、企業と従業員との社会的契約を再定義する、**ということだ。

従業員との社会的契約を再定義する

従業員を全面的に関与させるためには、彼らとの「契約」を根本的に見直し、彼らが毎日仕事に全力を尽くし、かつ企業のミッションに貢献できるようにする必要がある。

私たちがここでいう契約とは、雇用条件を記した法的文書のことではなく、企業と従業員がともに繁栄に必要なものを手に入れられるように両者が結ぶ、暗黙の契約のことである。

従来、こうした契約は報酬や福利厚生を主眼とする、どちらかというと一方的なものだった。従業員に求められるのは給与支払いの条件となる一連の活動を遂行することであり、通常はそこで責任が終了した。

しかし現在の契約には、報酬や福利厚生以外にもさまざまな要素が含まれている。以前の企業は、従業員を集めるために何を提供する必要があるかを考えた。ところが現在では視点が変わりつつあり、企業は従業員や就職希望者の声を聞き、彼らが入社を選ぶような環境を提供しようとしている。

このことは雇用市場が逼迫している場合は顕著となるが、特に専門的な人材や、世界における自社の立ち位置を支えるために期待以上の活躍をする意欲を持つ人材を探すとなると、雇用市場は常に逼迫した状態だ。報酬が重要な要素ではないというわけではなく、人によってはそれが唯一の望み/条件かもしれないが、リーダーはますます、仕事に対する人々のモチベーションについて広く考えないといけなくなっている。

私たちが研究した成功企業は、従業員との契約を強力な巻き込みの仕組みに変えるために、以下の6つの要素を再検討している。

①パーパス

企業の存立目的を有意義な形で明確に伝えることにより、自社を従業員が参画する価値のある存在にしている。

②貢献

イノベーションや貢献を通して、解決策に参加する機会を従業員に与えている。

③コミュニティ

企業文化の形成に従業員を参加させ、支えとなるチームの中に彼らを結びつけることにより、力を合わせてすばらしいものを発展させることができる。

④能力開発

従業員がビヨンド・デジタルの時代に求められるスキルや経験を獲得できるように、支援している。

⑤**手段**
自社が力を入れてきた、差別化するケイパビリティの確立と規模拡大のために、必要な時間と経営資源を人々に提供している。

⑥**報奨**
従業員がいかに価値を感じるかが報酬よりも重要であることを理解し、より総合的な報奨体系を提供する。

以下、それぞれ詳しく解説しよう。

1 パーパス——従業員が参画する価値のある企業になる

企業がビヨンド・デジタルに進むためには、従業員が参画するのにふさわしく、彼らが労力を注ぎたくなる組織になるように、自社のパーパスを明確に伝えなければならない。そのためには、従業員個人の目的意識を自社の目的に結びつけることによって、彼らと組織の足並みを揃えられるようにする必要がある。

ここ10年で、「パーパス」が経営の流行語となった。２０１０年以降で、この言葉をタイトルに含むビジネスやリーダーシップ関連の書籍が400冊以上、そして記事が数千本登場した。それも驚くことではない。人は意味のある人生を送ることを望むからだ。そして仕事に従事する時間の長さを考えて、ミレニアル世代に限らず大勢の人々が、知的にも感情的にも共感できるミッションや事業哲学を掲げる組織で働くことを望んでいる。

しかし私たちが言う目的の意味は、高尚な標語の域をはるかに越える。

企業は、自社が顧客や社会にもたらす価値を説明し、従業員の意欲を引き出すような方法で、世界における自社の立ち位置を明確に伝えなければならない。実際のところ、他のどの企業よりも優れている点を企業が明示することを通して、人はチームとの直接的なつながりを見出すのである。

人間は製品に自分を関係づけようとしても、あまりうまくいかない。一握りの卓越したデザイナーやエンジニアは大いにつながりを感じているだろうが、従業員のほとんどは、自社が提供する個々の商品やサービスに直接的には関与していないからである。

そこで、自社を差別化するケイパビリティの実現方法を明確にすることで、従業員は自分がそこにどう組み込まれるのかを理解しやすくなる。すると、従業員は自身の役割を説明できるようになり、成果を上げるべく、毎日熱意を持って積極的に働くようになるのである。

組織のパーパスを理解して受け入れた従業員は、ただ出勤するだけでなく、もうひと頑張りしようという気持ちになる。フィリップスのスチュワート・マクローンは説明する。

「医療技術に進出して良かった点の一つは、これが人々に、特にミレニアル世代に参加したいと思わせる大きな魅力がある分野だということです。人の命を救うことを、私たちは集団として日々実践していますが、これは人々が参加したいと思うことです。フィリップスの求人に応募する人の80％が、志望動機の一つに、『2030年までに25億人をより健やかにする』という当社のパーパスを挙げます。この目的は新入社員のみならず、ここで長く働く私たちも大いに鼓舞しています」

変革の道筋を描くとき、このような転機をもたらす瞬間を使って、自社の目的が従業員、エコシステム、その他関係者に訴えかける力を評価するとよい。従業員や顧客にとって意味を持つものは何か。自社の商品やサービスは社会にどのような違いをもたらすか。こうした知見を生かして、企業の目的と従業員のモチベーションを結びつける方法を形成しよう。

例えば第3章で指摘したように、コマツの変革のきっかけは、日本の建設業界の深刻な労働力不足に対処するために、建設現場をデジタル化し、顧客が作業の精度と効率を高めつつ人間の労働を大幅に削減できるような、先進的な機械とソフトウェアソリューションを提供することだった。スマートコンストラクション推進本部を率いる四家千佳史は、「あるプロジェクトが、顧客のためということを越えて、社会のために価値をもたらす場合、周りの人々をそこにどんどん巻き込むことができます」と語る。

イーライリリーが、論理面と感情面の両方で変革の根拠を説明しているのは興味深い。第6章で取り上げたように、同社のYZ年のトランスフォーメーションには論理的かつ単純な正当性があった。合わせて売上の約40%を占める4つの最重要医薬品が、ほぼ同時に特許権の満了を迎えようとしていて、独立企業としての存続の危機に瀕していたのである。

イーライリリーが生き延びるためには、イノベーションに注力し、R&Dプログラムを刷新して商品開発パイプラインを補充することが不可欠だった。

しかし同社は、このような論理的な議論だけでは終わらなかった。感情面にも訴えかけたのだ。人々の暮らしを改善する医薬品を発見して開発するという従来からのパーパスと、本拠地であるインディアナポリス、およびインディアナ州中部の経済的健全性に対するコミットメントを再確認した。CEOのジョン・レックライターは従業員に対する説明で、このトランスフォーメーションプログラムが同社にとって何を意味するかではなく、患者にとって何を意味するかという点を重視し、患者がイーライリリーの支援を必要としていることを皆に再認識させた。

また、人は一般的に、社会の最も重大な課題に取り組む組織に刺激を受けるものだが、多くの従業員が望むのは、自社の価値創出と、それに対する自分の貢献が明確になることである。最も重要なこととして、リーダーはパーパスを体現する存在でなければならない。従業員の巻き込みを行うには、明けても暮れてもパーパスに沿った行動を取り、選択をしなければならない。

2 貢献――従業員を解決策の一部にする

私たちの研究によると、トランスフォーメーションに成功した企業は早い段階で、組織の最前線にいる従業員やエコシステム全体の巻き込みを行っている。従業員を巻き込むタイミングが早ければ早いほど、難しい変化を容易に実現できる。

そうした変化には、従業員に極めて個人的な影響や結果をもたらすものも含まれる。例えば、人々の役割やチームの大幅な変更、新規技術の導入、そして、もちろん雇用に対する影響がそうだ。

このような巻き込みをしない企業は、従業員が技術に対する恐怖を克服できず、うまく機能していそうな物事を変える理由を理解せず、さらには首脳陣のやることはすべて的外れで実際には会社に害を与えていると主張するという事態に陥ってしまう。変化を押しつけられているとか、そのプロセスの中で発言権を与えられていないと従業員が感じていると、変化がうまく機能しないと考えて抵抗することが多い。

私たちは、すべての変化を合意のもとで行うべきだと主張するわけではない。実際には、最も厳しい決断の多くはそうならないだろう。しかし、チームを参加させて貢献させる場を作り出すことを避けては通れない。

変化を起こすために従業員を巻き込む

パーパスを説明したら、チームからのフィードバックを得ることと、自社の具体的な目標を達成する道筋を従業員が決められる仕組みを作り上げる必要がある。そうすることで、従業員は自分がそこにどう組み込まれて、どう貢献できるのかを理解できる。

クリーブランド・クリニックの毎日の階層式ハドルは、組織全体の人々が問題を提起して解決策に貢献するための強力な方法である。公式な（多くの場合は、年に一度の）イノベーションチャレンジを行う企業もある。

マイクロソフトでは、毎年のグロースハックがすでに恒例行事になっている。ＣＥＯのサティア・ナデラは次のように書いている。

「毎年、エンジニア、マーケター、その他あらゆる職種の従業員が、それぞれの国でワンウィークという名のグロースハックに臨む準備を整える。ちょうど科学コンテストに参加する学生が、情熱を傾けている問題の解決にチームで取り組み、得票するためのプレゼンテーションを作成するようなものだ。彼らはハックナドやコダパルーザという名前のついたテントに集合し、何千ポンドものドーナツ、チキン、ベビーキャロット、エネルギーバー、コーヒー、ときにはビールを燃料にして創造性を発揮する。プログラマーやアナリストが突如としてカーニバルの客引きに変身し、相手が興味を示すと見るや自分のアイデアを宣伝する。礼儀正しく質問する者もいれば、激しい議論をふっかける者もいて、反応はさまざまだ。最終的に、スマートフォンで投票が行われて集計され、プロジェクトを評価して勝者を称える。新規事業計画として資金を獲得するプロジェクトもある」[2]

タイタンは、従業員の創造性を生かして将来の成長に向けた重要なアイデアを生み出しているが、その一方で、アイデアを同社のアイデンティティと合致させる方法を非常に明確にしている。前CEOであるバシュカル・バットはこう説明する。

「私たちはイグニター（点火装置）と呼ぶプログラムを開始し、将来に向けたアイデアの創出をチームに促しました。そして、タイタンの六角形と呼ぶものを作成しました。そこには、追求するビジネスを選ぶ際に検討するべき6つの要素が挙げられています。組織化されておらず規制を受けないカテゴリーであること、個人向けの商品であること、ブランディングが適用できるカテゴリーであること、デザインが購入検討時の重要な要素であること、コストが重要な原動力にならないこと、競争の激しいカテゴリーではないことです。例えば、私たちは今後も決してスマートフォンビジネスには進出しないでしょう。イグニタープログラムを開始すると７００件の応募がありました。審査を行った結果、14件に絞り込んだ最終候補の中から、女性向け民族衣装ブランドのタネイラが勝者となりました」

従業員の巻き込みは多くの方法で実行できるので、そうすべきだ。目標は彼らをプロセスに含めることだけではない。顧客の近いところにいる人々の集団的アイデアをケイパビリティ体系に組み込み、未来を形成するための変化を実行する力を従業員に与えることも目標である。

エコシステムも巻き込む

従業員に自社の壁の内側で貢献させているだけでは不十分だ。トランスフォーメーションの成功は、自社組織だけでなくサプライヤー、パートナー、株主、顧客などさまざまな関係者に懸かっているため、より大きなエコシステムを巻き込んでいく必要がある。組織は、差別化するケイパビリティや人材の確保を重要なパートナーにより多く依存するようになっており、こうしたパートナーを自社のビジョンに関与させる必要がある。

例えば、マーケティングクリエイティブ制作の専門家は、しばしば組織の境界の外にいるが、企業のビジョンやパーパスの説明段階と実行段階の両方に密接に関わることが多い。

第5章で議論したように、マイクロソフトはAI／クラウドファースト戦略を取り入れる際、企業向け販売の組織と手法をトランスフォーメーションすることが必要だった。また、同社は商品を販売するにあたり、広大なパートナーネットワーク（ソフトウェア会社やシステムインテグレーターなどのIT企業に加え、通信会社や、マイクロソフトの技術をもとにソリューションを構築する既存の製造業者や小売業者を含む）に依存していた。そのため、こうしたパートナーの役割も大きく変える必要があった。マイクロソフト自体と同様にパートナー企業も、顧客現場に設置するインフラサービスからクラウドサービスへと、またデスクトップだけではなく、使用するデバイスを問わないユーザー経験へと、重点を移す必要があった。

マイクロソフトはパートナーの研修と販売ツールの開発に投資し、パートナーの順応を支援した。しかし同社はパートナーを研修して変化させただけでなく、自らも変化したのである。

グローバルセールス・マーケティング・オペレーションズのフィールドトランスフォーメーション担当バイスプレジデントのニコラ・ホドソンは、単にパートナーにツールを与える方法から同社がいかに脱却したかを回想する。

「以前の私たちは、販売者向けのツールをたくさん作り、それを使うように皆に指示していました。しかし、どうなったと思いますか。誰もそれを気に入らず、わざわざ使おうとする人はいませんでした。要するに、大金を投じながら大した成功は得られていなかったのです」

マイクロソフトはその代わりに、もしパートナーが参加して貢献するならば、その業務に必要なツールを開発すると約束した。

現在マイクロソフトは、開発チームとのグローバルなセッションを毎月2回開催し、アイデアの収集と優先判断をしている。

ホドソンはこう述べる。

「ロードマップは共同で開発しています。フィードバックも共同で聞き取ります。ロードマップは多くの繰り返しで作り上げています。私たちは、静的で一方的で目的に沿っていなかったものを作っていたのですが、極めて動的で双方向的で人々のニーズを満足させるものへと変えました」

3 コミュニティ――支えとなるチームの中に従業員を結びつけ、力を合わせてすばらしいものを発展させる

従業員を参画させて自社に必要なトランスフォーメーションの推進力にするためには、安心して自己表現をし、仲間と力を合わせて重要事項の達成を目指せるように、チームとつながる機会を与える必要がある。

自分の仕事が違いを生み出し、チームメンバーの役に立っていると皆が感じられるような状況を作り出す。多様な人々が参加できるチームの中でありのままの自分を出すことができ、支援されているという感覚を持たせる。これが実現したときに、過去のやり方を撤廃して新しいことに挑戦する意欲を持った、強力なチームや組織ができあがる。

このようなコミュニティ意識は、企業と従業員の契約の重要な要素である。従業員が安心して率直な自己表現をすることや、互いに思いやりを持ち、自社が提供したい価値を創出するのに必要な物事について発言し、実行することを支援する必要がある。「ここにいたい。この人たちと働きたい。この環境が心地良い」という感覚が非常に重要だ。

大切なのは、単に皆が幸せに過ごすことではない。**企業と、その企業が達成したいことにとって有益なモデルの中で幸せに過ごすことである。**

新型コロナウイルス感染症のパンデミックにより在宅勤務が行われた一年は、コミュニティ構築の努力に課題を突きつけた。企業がリモートワークの増加に対応した新たな業務モデルを実践する中、新たなコミュニティ構築方法の導入に特別な関心を向ける必要があるだろう。

従業員に競争意識を植えつけ、同僚より優れていなければ成功できないと信じさせることを、相変わらず重視している企業もある。私たちが最近実施した、チーム編成とコラボレーションに関する調査によると、日常的なチームメンバーとの関係性は競争的ではないと答えた者はわずか34％だった。

しかし、この社内競争のモデルは、仲間を上回る成果を上げることを重視する意欲的な人々のイノベーションを期待するのではなく、さまざまなスキルを持つ人々を集めて優れた仕事を成し遂げることによって価値を創出するという世界では機能しない。私たちが行った調査の参加者の57％が、内部競争はマイナスの結果、例えばチームワーク上の問題やリスク回避行動につながると答えた。

このコミュニティ意識は、もちろん企業文化と結びついている。従業員は「私は企業の価値観を共有しているだろうか。同僚は共有しているだろうか」「私たちが指示されている行動は、私の価値観と合致しているだろうか」といった疑問を持つだろう。

フィリップスのカーラ・クリウェットは、同社の文化的価値観について、多くの時間を割いてチームに向き合った。

「このような価値観を、従業員にとって適切なものにすることが非常に重要だと思います。単に『当社の文化的価値観はこの5つです』と伝えるだけでは、彼らはそれを見て『ああ、なるほど』と言うだけです。『そう、品質が第一です。もし市場で品質を実現できない場合、私たちはどう思うでしょうか。品質の課題があったときに、従業員が声を上げることを妨げるリーダーシップにはどのような課題があるでしょうか。私たちは現場に十分な力を与えているでしょうか。それについて議論しましょう』などと、価値観について真剣に従業員を巻き込むことで、初めて彼らを納得させられるのです。

その中で、従業員が各自の役割を真剣に考えるきっかけを与える必要があります。『あなたは実際にどのような仕事をしているのですか。あなたの役割は何ですか。それはあなたにとって、どのような意味を持ちますか。何か苦労している点がありますか。もしあるなら、どのように問題提起をしますか』。このような議論のほうが、単に『あなたは20件のシステムを納品すると約束したのに、いまのところ18件だけです。あとの2件はどうしたのですか』と問うよりも重要です。根底となる行動を変えなければ、どうにもなりません」

4 能力開発——従業員が必要なスキルや経験を伸ばすための支援に優先的に投資する

従業員には、新たな働き方として、異なるスキルの習得、新しい技術の使用、新たなパートナーやプラットフォームが関わる馴染みのないチームでの活動を求めることになるだろう。

実現すべき変化の中には、例えばある組織 筋で働いてきた人にその外側から働くことを命じるとか、自分たちの仕事を奪う可能性のあるロボットのプログラムを書くといった、気が重いものもあるかもしれない。従業員が仕事に全力を傾けることを望むなら、彼らが新たな環境での成功に必要なスキルを開発できるように支援することが重要だ。

当然、これはビジネスの観点でも不可欠である。

ＰｗＣの第24回世界ＣＥＯ意識調査（２０２１年初めに実施）では、参加したＣＥＯの72％が、重要スキルの欠如を懸念していると答えた[3]。ビヨンド・デジタルの世界で成功するためには、研修とスキルアップを戦略的優先課題にする必要があるだろう。

従業員は、技術の使い方を理解する必要があるのはもちろん、刻々と変化する技術によって自分の雇用を脅かされかねない状況でも、安全だと感じられることが求められる。したがってどの企業も、ケイパビリティ体系に必ず必要となる従業員の技術スキルや機動力を伸ばすための戦略を立てる必要がある。

例えばマイクロソフトは、企業向け事業のトランスフォーメーションプログラムの一環として、大規模なスキルアッププログラムを実施した。ニコラ・ホドソンは回想する。

「このような極めて深くて広いデジタルトランスフォーメーションにおいて顧客を支援するために必要なスキルは、当社の従来のスキルとは明らかに異なるものでした。従業員は、顧客が直面するかもしれない深刻な事業上の課題や変化のペースについて、顧客の経営トップと話をする必要がありました。また、そうした深刻な事業上の課題を支援するためにマイクロソフトが提供できるものを、従業員は理解する必要がありました。これは従来型の、CIOのチームが率いる比較的下位の組織に対するソフトウェアやサービスの販売とはまったく違います」

マイクロソフトは、この組織の全従業員に対し、販売の課題に関する再研修を施し、そしてより踏み込んだ業界別研修に本格的に取り組みはじめた。

スキルアップが求められたのは営業担当者だけではなかった。顧客が実際に求めていたのは、組織の全員がもっと技術に精通することだったのだ。

ジャン・フィリップ・クルトワは説明する。

「いまでは、技術面の認定資格を取ることを全従業員に義務づけています。全員が、役割に応じてレベル別の大規模な技術認定フォーラムに参加します。6カ月をかけて、典型的には合計100~150時間のオンライントレーニングを受講します。テクニカルな業務になればなるほど、研修のハードルが上がります。ちなみに、同じことをパートナーや顧客にも実施しています。デジタルに対応するための大規模なスキルアップ投資です」

より魅力的で受講しやすい訓練プログラムにすべく、マイクロソフトは学習をゲーム感覚で気軽に取り組めるものにすることを重視しており、強制型ではなく、従業員自ら研修に向かわせることを狙っている。

また、同社は公式な教育の補完として、コーチングの取り組みも開始した。クルトワは、こう述べる。

「管理職たちが大半の大組織で見られる伝統的な指揮統制モデルから脱却し、『コーチングマネジャー』になることを支援するために、ある企業と提携しています。私たちがマネジャーに求めるのは、従業員に『あなたの職務ではこれを実行する必要があります。評価表でこれは赤信号、これは青信号、これは黄信号です。実施方法はこうです。さあ仕事を終わらせてください』と指示するのではなく、もっとオープンな対話をして、顧客の成功にたどり着く最善策を見出すための洞察力のある問いを投げかけることなのです」

ときには、新たに求められるスキルを提示しただけで、いままで知らなかった人材の中に、そのスキルを持っている人材や、そのビジョンでやる気になった人材がいると明らかになることもある。

例えば、ハネウェルが新規事業コネクテッド・エアクラフトを計画した際（第5章参照）、同社のリーダーは、新たな組織のためにエンジニアリングやデータ分析などのスキルを持った人材を外部から採用する必要があると考えていた。

しかし実際には、長年疲弊していたり、アイデアを出しても何も変わらないため諦めていたりした多くの従業員が、立ち上がってチームに参加することを望んだのである。最終的な内部登用と外部採用の割合は、当初の想定とは逆の60対40になった。


今後、重要性が低下するスキルを持つ、あるいはそうした役割についている従業員には、どのような変化やスキルの更新が必要になるかを理解させる手助けが必要だ。

それには忍耐が求められるだろう。多くの従業員は、新たなスキル、プロセス、ケイパビリティに関する徹底的な訓練を必要とするだろう。彼らに能力開発のための時間と予算を与える必要がある。企業は社内の能力開発、幹部向け教育機関、外部の資格認定プログラムを組み合わせて使用することが多い。そしていまや先進的企業では、エコシステムと協力して能力開発プログラムを構成することに着手し、2つの目的を同時に達成しようとしている例も見られる。

このような投資を行う場合は、より大きな目的を念頭に置くことが重要だ。エコシステム全体にはより良い協業を、従業員にはさらなる生産性の向上と充実感を求めることになるだろう。そして職場の多様性や公平性、柔軟な勤務条件、やりがいやコミュニティに関する従業員のニーズや要求を把握して、支援することも必要である。

5 手段——差別化するケイパビリティに投資して、従業員にパーパスに沿った機会を与える

パーパスを明確にして効果的に伝えたとしても、自社が不可欠だと判断した差別化するケイパビリティの設計、規模拡大、実践に投資しなければ、従業員は全力を尽くすことができないだろう。重要だと判断された業務を担当しているのに適切な経営資源を与えられないことほど、従業員のやる気を削ぐことはない。

事業環境が厳しいときには、特にこの問題に気をつける必要があるだろう。コスト管理や効率性を求める力が、将来の優位性を生み出すためのケイパビリティの確立を妨げないようにする必要がある。

イーライリリーのリーダーシップチームは、ＹＺ年のトランスフォーメーションに必要だった痛みを伴うコスト削減で10億ドルのコスト削減と数千人のレイオフを行い、そして、さらなる緊縮経営を求めるウォール街からの圧力の中でも、毎年Ｒ＆Ｄ支出を増やした。２００７年から２０１６年の間に、売上高に対するＲ＆Ｄ支出の比率は19％から25％へと上昇した[4]。

自社の成功の柱となるケイパビリティの構築に必要な経営資源は、どこで見つかるだろうか。従業員が思いついた有意義なアイデアに、どのように資金を提供できるだろうか。

そうした領域では競合他社を上回る支出が求められることから、それ以外のすべての領域での支出を最低限に切り詰める必要がある。同じ金額でも、自社を差別化するすばらしく強力なケイパビリティの開発を実現するために使うこともできるし、一貫性のない活動につぎ込めば自社の足かせにもなる。このことを理解し、すべてのコストを投資として扱う必要がある。

このようにコストを管理すると、新たなレベルの財務規律へと前進できる。

事業が好調な時期に、何十件ものプロジェクトに投資を分散させて希薄化してはならない。その代わりに成功確率が最も高い領域を特定し、そこに投資を集中させるべきである。事業が厳しい時期に、全面的なコスト削減をしてはならない。その代わりに戦略的な優先領域に投資し、それ以外のすべてを削減する道を見つけるべきである。

ただし、必要なのは資金だけではない。従業員が組織のビジョンやパーパスを実現できるようにするための構造、システム、プロセス、統制の準備も必要だ。この点を確認しないままだと、整合性のなさが有害な環境や不信感を生み、人々の巻き込みに失敗してしまう。

最後に重要な点だが、**従業員に対して、現在の仕事とは直接関係しないが将来のイノベーションやより良い実行方法につながる可能性のあるプロジェクトに、十分な時間を使う余地を明示的**

に与える必要がある。

最も有名な例が、グーグルの「20％ルール」である。同社の創業者は2004年以降、週に1日を、従業員が自ら選んだプロジェクトや将来的に同社の利益になる創造活動に当てることを推奨してきた。

こうした取り組みは、より伝統的な企業での経歴を持つリーダーには贅沢だとか非効率的だと映るかもしれないし、より多くの要員と新たな文化規範を必要とする。

しかし、従業員に「未来のために」働く自由度を与えることは、非常に大きな見返りを生み出しうる。グーグルの場合、GmailとGoogleマップはいずれも「20％ルール」のプロジェクトから出発したのである。

6 報奨――重要だが、それがすべてではない

金銭的報酬は、適切な人材を採用するうえでも、企業の利益の公平な分配の仕組みを設計するうえでも重要だ。しかし、給与が皆にとってどれほど重要であっても、ほとんど従業員がその他の形の報奨にも価値を置いていることを理解することが社会的契約の要点である。

従業員は、トランスフォーメーションのある面に有意義な貢献をしたこと、顧客の良い経験の重要な一部を担ってきたこと、あるいは成果指向チームの結成を助けたことなどを、自分でも確

認したいものである。
また、人は仕事を認められることに感謝し、たとえ「今月の優秀社員」のような単純な評価でも、従業員は価値を認められたという感覚を持つ。そしてビヨンド・デジタルの世界には、個人やチームを創造性豊かな新しい方法で評価するさまざまな機会がある。
ＳＴＣペイの前ＣＥＯであるサレ・モサイバが、その点をうまくまとめている。

「従業員には信頼と支援が必要です。そう、十分な報酬は必要ですが、彼らが金銭よりも価値を置くソフト面の要素もたくさんあります。そして、もし給与を増やしても、彼らが求めている敬意を払わず、自由を与えず、意思決定に参加させなければ、辞めてどこかへ行ってしまうでしょう。当社の従業員の中には、2倍の給料を出すというオファーを受けている者もいますが、当社を辞めることは彼らの眼中にありません。単純に、ＳＴＣペイを信じているからです。ここに自分の未来があると信じているからです。彼らは自分が社会に重要なインパクトを与えていると信じています。彼らは情熱にあふれていて、サクセスストーリーの一員になりたいと思っています」

報酬や福利厚生だけで人材獲得競争に勝てるわけではないが、企業の戦略やパーパスの実現に個人やチームが与えたインパクトを、彼らのインセンティブと密接に関連づけることの重要性は年々増している。自社の新たな価値の源がどこにあるか、その価値を基準にして成功をどう測定するかを明確にする必要がある。

それができたら、従業員のインセンティブを、その測定基準の達成具合と関連づける。株式、現金、あるいは別の形の手当など、報奨がどのような形になるかは、その人材の貢献が利益をもたらすまでの期間、その人材を自社にとどめておきたい期間、その人物のモチベーションの源といった要素などで決まる。人によって異なる報酬形式を管理すると、複雑になることは間違いない。しかし、複雑性を増すこの世界では、それはむしろ一般的なのである。

こうした点をよく表すストーリーの一つとして、STCペイは可能なことの限界を常に押し広げていくために従業員を巻き込んだ（同社が顧客に対する専有的知見を体系的に構築した経緯について、詳しくは第4章を参照）。前CEOのサレ・モサイバは、イノベーションセンターを作ることに反対である。彼は語る。

「イノベーションはコラボレーションと同様に基本原則です。イノベーションもコラボレーションも、全員が実践しなければなりません。コラボレーションチームを作ることがないのと同じ考え方で、イノベーション部門を作るべきではないと思うのです。私は大企業のイノベーション部門を多く見てきましたが、しばしば理論ばかりで現実とかけ離れています。しかし実際のイノベーションは現場で働いている人々が生み出します。顧客と日々接してサービスを販売している人、テクノロジーの構築やソフトウェアの開発に携わり、それらを顧客がどう使うかを知る人たちです。通常は、こうした人々が主なイノベーターなのです」

モサイバに言わせると、成功の出発点は従業員の個人的なコミットメントである。

「自分がＳＴＣペイに本当に夢中になっているか。自分のこれからの５年間がＳＴＣペイとともにあると思うか。これが確認できた従業員は、企業の将来のことを真剣に考えるでしょう。今後５年間の自社の一員として、自ら幹部、マネジャー、取締役のような意識を持つようになるでしょう。単に今年のＫＰＩの達成を心配するのではなく、長期的な視点を持って、２年後にならないと見返りが得られないかもしれないアイデアを考え出すでしょう」

モサイバは、適切で健全なプレッシャーを与えることや、高い目標を課したりリソースの条件を厳しくしたりすることも、必然的にイノベーションにつながるという意味で重要だと信じている。

「精神的なプレッシャーでなければ、プレッシャーは常に健全です。信頼、自由、支援を伴う限り問題ありません。これが実現すると多くの場合、従業員は革新します。よりいっそう努力し、献身的に働き、より多くのイノベーションを生み出すのです」

重要なのは信頼、自由、支援である。

モサイバは「従業員は、自分が意思決定に参加していて、自分が方向性を変えることができると認識している必要があります」と述べる。彼のもとには、しばしば従業員から彼の決断に疑問を投げかける電話がかかってくる。その指摘に納得することも多く、その問題を再考して必要に応じて方向性を変えるという。

「当社には、CEOの言ったことに従業員が盲目的に従うという文化はありません。どの幹部にも接触することができます。それは私たちが謙虚だからとか、人間性が優れているからという理由ではなく、ビジネスにおいては、それが合理的であり従業員の権利だからです。従業員はビジネスを知っていて、多くの場合は私たちより熟知しています。顧客と日々接する従業員や、全社の方向性を変えるような貴重なフィードバックをしてくれる可能性のある従業員の声に常に耳を傾けることが、私たちのビジネスにとって正しいことなのです」

しかし、従業員とエコシステムのパートナーを巻き込んで味方にできれば、変化のためのすばらしい機会を生み出すことができる。

待ち受ける仕事は困難で複雑だ。

らしい強さの源になる。彼らは自社が約束した価値提供を実現するためのモチベーションを持つだけでなく、リーダーにトランスフォーメーション実現の結果責任を果たせるようにしてくれるだろう。

ビヨンド・デジタルの世界における、従業員巻き込みの新たなモデルの重要性

企業は長らく従業員巻き込みの重要性を議論してきたが、大半の組織では依然として、従業員がほとんど組織の目的とつながっていない状態である。

しかし価値や競争優位の性質が変わり、それによって仕事の性質が変わったことから、インセンティブは大きく変化した。今日の価値創出モデルは本質的に、人々の経験、スキル、判断、価値観を、技術、資産、プロセスと一体化させ、それによって競争力の根幹となる差別化するケイパビリティを創出することに依存している。

このモデルでは、例えばスマートテクノロジーだけに依存して差別化することはできない。世界で最もスマートなテクノロジーも、次のイノベーションによって、あるいは単純に既存のテクノロジーが見直されることによって敗北する可能性があるからだ。

テクノロジーやロボットが人間に置き換わる可能性が高いと予想される分野（例えば倉庫

管理や組立製造）でも、新たなテクノロジーの活用方法を理解し、そこから価値を生み出すためには人間の存在が不可欠である。

企業は、例えば非常に有能な創業者や名の知られたリーダーシップチームが存在するだけで、他のどこよりもスマートな企業になれるわけではない。組織の上層部の思考という点で多少は有利かもしれないが、最前線や組織の他の場所で顧客とともに何かを成し遂げるためには、大人数の集団の能力を活用し、彼らの成功を支援できるかどうかがやはり重要なのである。

本書で取り上げた企業が再構想した立ち位置はどれも、求められる変化を推進するために、組織全体の多大な努力を必要とした。

例えば、専有的知見の体系を確立するためには、多くの機能部門のリーダーが、企業と顧客の接し方や知見の活用方法を見直すことになるだろう。エコシステムを巻き込もうとすれば、顧客、エコシステムのパートナー、そして自社組織の利益を同時並行で実現するために、数十人、おそらく数百人、場合によっては数千人の従業員が社外で新たな働き方を学ぶことになる。差別化するケイパビリティを基盤とする競争では、明確な成果を上げるためのチームが求められる。

そして、課題や機会に対処する意欲を持って日々出勤する従業員が必要である。多様性があり、持続的に進化し、ますます機能横断的に働きつつ、仕事の内容や方法を改善し続ける人々によるチームが必要である。顧客や社会の非常に大きな課題を解決することは簡単ではないため、仕事に全力を傾ける従業員が求められる。

そして、この規模のトランスフォーメーションでは、世界における自社の立ち位置を形成して確保することを担う、本質的により積極的で献身的なチームを支えるための新しい社会的契約が必要だ。

問題は、ここで必要となる草の根型の責任意識の創出に、大半の企業が苦戦していることである。私たちの研究によると、多くの組織では、戦略ビジョンを実行に移す責任のある従業員の過半数が組織の目標を理解しておらず、自社が独自に達成しようとしていることや、自分の業務が大きなビジョンにどう当てはまるのかも理解していなかった。

Strategy&が最近、世界の幅広い業界の従業員を対象に実施した意識調査によると、自分の会社の目的と完全に結びついていると感じると答えた者は28%にとどまった。自分が生み出している価値を明確に把握できると答えた者は39%、自分の長所を最大限に生かせる仕事をしていると答えた者はわずか22%、自分が企業の成功に大いに貢献していると思うと答えた者は34%だった。そして、自分の仕事に対して「多少はやる気がある」「多少は情熱がある」「多少は刺激を感じる」とさえ思わない者が過半数を占めた[a]。

一度、考えてみてほしい。

自社が実行しようとしていることを完全に理解していて、自分の仕事に献身的に取り組んでいて、自分が大いに貢献していると感じている従業員が、全体の3分の1しかいないという状況を。これが意味するのは、3分の2の従業員が参画しておらず、船を漕いでいないか、自社が決めた方向とは別の方向に漕いでいるということだ。これでは、壮大な戦略ビジョンも台無しである。企業に献身的に参画するチームが存在しなければ、ビジョンはおそらく夢のままで終わるだろう。

しかし、ここで朗報がある。私たちの研究では、**組織の目的を理解して受け入れている従業員は、目的意識のない従業員と比べて、自分の仕事に対する意欲や情熱が高い**ことも確認されたのだ。

実際にStrategy&の調査によると、顧客に対する価値創出の仕方を明確に定義して伝えている企業の場合、やる気があると答えた従業員が63%（その他の企業では31%）、仕事に情熱があると答えた従業員は65%（その他の企業では、32%）だった。

今日の企業には、人々の内なる価値観やモチベーションと企業の価値観や目的を結びつける、より全体的で協調的な従業員巻き込みの方法が必要である。そのためには、リーダーシップのモデルを、何をどう実行するかを人々に理解させるスタイルから、必要なことを行う力を人々に与えるスタイルへとシフトする必要がある。
つまりリーダーは、以下のことが求められるのだ。

- 従業員と結びつき、彼らの声を聞いて、彼らを理解することの優先順位を、従来よりも大幅に上げる。
- 彼らのモチベーションを理解して、企業のパーパスとつながりを持てるように支援する。
- 従業員が何を求めているかを知って、自社が目指す価値提供を実現できるようにする。
- 組織に必要な仕事の進め方を形成する権限を、従業員に与える。
- 従業員のコラボレーションや問題解決を、企業の価値観に沿った方法で即座に支援する。
- リーダーが従業員を引っ張るのではなく、従業員に牽引させる。

従来、従業員の巻き込みは人事や士気の問題として扱われることが一般的だった。しかし今日の環境で成功するためには、従業員の巻き込みをリーダーシップの課題の中心とすることが必要なのである。

a. Strategy&, "Our Research on the Connection between Strategic Purpose and Motivation," http://www.strategyand.pwc.com/gx/en/unique-solutions/capabilities-driven-strategy/approach/research-motivation.html.

1 Tomislav Mihaljevic, "Tiered Teams Solve Problems in Real Time," Consult QD website, October 5, 2018, consultqd.clevelandclinic.org/tiered-teams-solve-problems-in-real-time/.

2 Satya Nadella, *Hit Refresh* (New York: Harper Collins, 2017), 104.

3 PwC 24th Annual Global CEO Survey 2021, www.pwc.com/gx/en/ceo-agenda/ceosurvey/2021.html.

4 William R. Kerr and Alexis Brownell, "Transformation at Eli Lilly & Co. (A)," case 9-817-070 (Boston: Harvard Business School, November 7, 2016).

第 8 章

自身のリーダーシップのアプローチを創造的に破壊する

誰かの1000の欠点に気づくことよりも、
自分の一つの欠点に気づくことのほうが有益である。

——テンジン・ギャツォ（第14代ダライ・ラマ）

本書執筆のための研究の中で最も印象的だったことの一つが、インタビューをしたリーダーたちが口を揃えて、**自社のトランスフォーメーションのみならず、自分自身も変革しなければならなかった**と強調したことである。

彼らが自分のリーダーシップのアプローチを創造的に破壊させなければ、各自の企業の価値創出方法の再構想も、組織やリーダーシップチームの再構築も、適切な方法での従業員の巻き込みもできなかっただろう。言い換えると、リーダーシップのアプローチを創造的に破壊させなければ、企業をトランスフォーメーションして、ビヨンド・デジタルの時代に成功するためのポジションは得られなかっただろう。

フィリップスのCEOであるフランス・ファン・ホーテンは「私が必要としていたリーダーシップの旅は、奥の深いものでした」と振り返る。

ファン・ホーテンは1986年にフィリップスに入社し、マーケティング&セールス部門から始まって3つの大陸でグローバルリーダーシップのポジションを歴任した。2000年代初めから大組織を率いる機会を得てきたことは幸運だったと彼は言う。

彼のリーダーシップの旅における重要なステップの一つが、1999年に消費者向け電子機器事業のアジア太平洋責任者を引き受けたことである。「コル・ブーンストラ（フィリップス元CEO）が私をそこに送り込んだのは、ただの頭でっかちから脱却し、人々を率いることを学ばせるためでした。私にとっては一生忘れられない重要な試練でした」と彼は語る。

2004年、ファン・ホーテンは半導体事業のCEOに就任し、2006年のNXPセミコンダクターズの分離独立を主導して、同社のCEOを務めた。彼はこう説明する。

「これもまた、私のリーダーシップの大変革でした。オーナーは非常に要求が厳しく、私は半導体の専門家ではありませんでした。つまり、私よりもはるかに半導体に詳しく、変化に抵抗する人々に対して、臆せずに変化を推進しなければなりませんでした。当時はいくつものトランスフォーメーションを実行しました。これらの成果は上々でしたが、最終的には2008年末にさらなる危機に対処せざるを得ませんでした。屈辱的な経験でしたが、良い経験だったとも言えるでしょう。私は一つのドアが閉まったら別のドアが開くということを知っていました」

それから18カ月後、彼はフィリップスにCOOとして復帰し、次期CEOとなった。ファン・ホーテンは、変革の経験についてこう回想する。

「この時期に、従業員を通して成果を上げる必要があること、そして成果を達成するためには従業員の信念や行動を理解し、そこに影響を及ぼすことが不可欠であることをますます意識するようになりました。また、自分自身の動機、自分がなぜ仕事をするかという点を深く理解することに対して興味が膨らんだ時期でもあります。私が大変興味を持っているのは、人々の思考回路がどうなっていて、彼らの信念体系がどう行動に影響しているのかという深い要因を知ることです。そして私は自分の役割にこうしたソフト面のマネジメントを取り入れて、当社のもっと大きな集団にもその知見を紹介してきました。

もう一つ、ますます痛感するようになったのが、リーダーは正統性のある存在であるべきだということです。組織の大勢の人々に向かって馬鹿げたことを話すわけにはいきません。大組織を何年にもわたって率いる強さとエネルギーを持つためには、自分の強みを生かし、それによって正統性を得る必要があります。そして、これをパーパスと結びつけることができたら、非常に強力な方策になります。つまり従業員があなたのことを、自分の利益ではなく、もっと大きな目的を正統に目指している人物だと理解するのです。このことは、フォロワーシップを生み出します。もしあなたが、他の人たちにも成功の余地を生み出しつつ、これを実現することができたらなおさらです」

私たちは、これと同じような話を多くのリーダーから聞いた。例えば、リーダーが知識獲得のために自身の得意分野の外へ出た話。成功に向けたポジションの獲得につながる経験を得るための役割を、意図的に引き受けた話。自身の強みを見つけた話。世界がデジタルを越えて進んでいることを受けて、これまで自分の役に立ってきた習慣を捨てなければならないと気づいたなどである。

シティグループの現CEOであるジェーン・フレイザーと、前任者であるマイケル・コルバットは、シティ・ホールディングスでの経験から、同社を一度バラバラにしてもう一度組み合わせるのに近い方法で、内部の働きについての深い知見を獲得した。そして優れた判断とまずい判断の結末や、リスク、人材面の課題といった多くのことを学んだ。

クリーブランド・クリニックのCEO兼プレジデントのトム・ミハレビッチ博士は、独自の経験を生かして白紙の状態からアブダビに病院を設立し、それをクリーブランドをはじめ、同社が医療システムを展開する地域の医療オペレーションの改善に活用した。中西宏明は、日立グローバルストレージテクノロジーズ（HGST）の立て直しで得た経験に基づいて、親会社が直面していた課題を客観的に評価することができた。

フランス・ファン・ホーテン、ジェーン・フレイザー、マイケル・コルバット、トム・ミハレビッチ、中西宏明などのリーダーたちは、自社に求められる変革を率いるために自己を革新する必要に迫られた。

その道のりは会社にとって容易なものではなく、リーダーにとっても容易なものではない。実際、私たちが研究した企業が乗り越えなければならなかった道のりと、その企業のリーダーたちがたどる必要があった道のりには、多くの類似点があった。

リーダーたちもまた、世界における自分の立ち位置や目的を再構想する必要があった。絶対に欠かせないコアなリーダーシップのスキルを特定する必要があった。それから鏡を見て、自分に何が足りないかを判断する必要があった。そして、現状とあるべき姿のギャップを解消する方法を把握する必要があった。

だが企業と同様にリーダーも、そうしたケイパビリティをすべて自力で発展させる必要はない。企業はエコシステムの他のプレーヤーと提携して顧客に価値を提供でき、リーダーはメンバー同士が弱点を補い合えるようなチームの一員なのである。

デジタル時代に成功するリーダーの6つの特徴

リーダーがたどる道のりは人それぞれだが、私たちはリーダーたちとの継続的な仕事を通して、また本書のための研究を通して、企業のトランスフォーメーションに成功したリーダーたちに共通する一連の特徴を確認した。CEOに成功をもたらすただ一つの特性は見つかっていないものの、必要な一揃いの資質は判明している。

そして、**その多くは一見したところ矛盾しあうものである**。例えば、私たちは*Strategy That Works*の中で、リーダーは優れたビジョナリー、または優れた運営者のどちらかであるべきだという従来の視点に反して、リーダーは深い戦略的知見と強力な実践スキルという要素のバランスを取る必要性があるという点を集中的に議論した[1]。

私たちの同僚であるブレア・シェパードは著書*Ten Years to Midnight*で、そうした6つのパラドックスを紹介した[2]。このパラドックスは、本書執筆のための私たちの研究と大いに関連があり、大変有益だった（354ページ「リーダーシップにまつわる6つのパラドックス」を参照）。

リーダーは誰でも、自分の強みを仕事に生かすだろう。そして組織は隠れた戦力を見出して活用するべきだが、リーダーもそうすべきである。

リーダーは、理由があって組織を率いる機会を与えられている。したがって、自分の強みを確実に発揮する必要がある。それがトランスフォーメーションを前進させる力になるならなおさらだ。しかし、今日の環境ではより幅広いリーダーシップのアプローチが求められることも認識する必要がある。

このパラドックスは各自の自己開発のためのガイドマップとして利用できる。6つのパラドックスをすべて使いこなす必要はないが、少なくともこれらのパラドックスに対する感受性を高めて、自分やチームが適切なバランスを維持できていない場合に検知できるようになる必要があるだろう。

このパラドックスは、リーダーが自分に足りない部分を理解し、最も重要なことにエネルギーを集中させることに役立つ。自分が伸ばすべきスキルはどれか、また、すでにスキルを習得している他者と協力するべき分野はどこかを判断する指針になるだろう。

1 戦略的な実行者

今日のリーダーは優れた戦略家であるべきだということを、私たちは詳しく説明してきたが、良い戦略家であるだけでは不十分であり、以下のことを求められる。

- 実行者としても同等のスキルを持っている。
- 頭は空高く、足は地につける。
- 自社の目的地を決めて旅に出る前に、自社が何を実行できる能力を有しているのかを理解する。
- 組織や重要システム、キャリアモデルの設計であれ、スキルアップ計画や顧客エクスペリエンス設計のセッションであれ、その遂行に深く関与する。

・成功のための重要領域では必ず卓越性を達成するというシグナルを組織に発信しつつ、戦略的意図に沿った実行を保証する。

ハワード・シュルツが、2008年にスターバックスのCEOに復帰したときに示したのが、戦略的な実行者の姿である。職場でも家庭でもない「第三の場所」という彼の当初のビジョンを土台として、シュルツは詳細な変更を加えていった。香りを逃さない袋に詰めたコーヒー豆の使用を中止して、バリスタが豆を瓶から取り出して挽くようにし、店内を再びコーヒーの香りで満たした。大型エスプレッソマシンを移動させ、バリスタがコーヒーをいれる様子を客が見られるようにした。レジ周りに置いていた商品は売上にはなるが、シュルツが考える、マクドナルドやダンキンドーナツのような競合企業とは一線を画すスターバックスの経験を損なっていたため、これらを撤去した。

私たちが研究したリーダーの中で、戦略的な実行者の資質を典型的に示しているのが、ハネウェル・エアロスペースの元CEOのティム・マホーニーと、当時エレクトロニック・ソリューションズ部門のプレジデントだったカール・エスポジトである（両者とも第5章で紹介）。彼らは、コネクティビティが航空業界にもたらし得る革命的変化に関するビジョンの策定を、それに必要な技術が登場するはるか前の1990年代から開始していた。

そのため、技術が利用できるようになったときには準備が整っていた。カール・エスポジトは「目指すべき場所について、私たちの何人かはそうした幅広いビジョンを持っていました。買収、コネクティビティパイプ、航空・電子機器のデジタル化、機械系など、私たちが集めようとしていたピースが、どのように大きな戦略の構成要素になるのかも理解していました」と振り返る。

そして、コネクティビティ戦略の実現に向けて動き出す機が熟したとき、彼らがその実行を誰かに委任することはなかった。自ら手を動かして、プロダクトマネジャーの人選や、人事システム運用担当者の指揮命令系統の変更といった細かい点まで気にかけた。多くの細かい作業が必要だったが、彼らは深く関与し続けたのである。

エスポジトは、こう回想する。

「デジタルに大いに適性のあるコネクティビティと、サービス分野の人材を探さなければなりませんでした。旧来の事業体系から、サービス提供をより重視するものへとトランスフォーメーションする方法について考える必要がありました。私たちが提供できる新たな種類のケイパビリティの価格や価値をどう決めるか、また、それを支えるビジネスモデルはどのようなものかを理解しなければなりませんでした」

エスポジトはまた、さまざまな製品領域や専門技能に携わる大勢の人々をまとめて、個々の航空機の部品（エンジン、気象レーダーなど）をインターネットに接続した場合、あるいは新たな方法でデータを共有させた場合に何が起こるかを検討させるという点でも重要な役割を果たした。彼らは製品ラインを一つひとつ調べて、投資採算分析、顧客の関心事項、価値提供を策定した。

ティム・マホーニーとカール・エスポジトは、単なるビジョナリーでも単なる運営者でもなかった。彼らは真の戦略的な実行者であり、ビヨンド・デジタルの世界では、彼らのような人々が求められるのである。

2 テクノロジーに精通したヒューマニスト

今日の世界のリーダーは、成功のためにテクノロジーを理解し活用する必要がある。過去のリーダーは、自社のテクノロジー面の課題を最高情報責任者や最高デジタル責任者に丸投げしていたかもしれないが、そうしたアプローチはもはや通用しない。

いまやテクノロジーは、イノベーション、オペレーション、サプライチェーン管理、営業とマーケティング、財務、人事、その他、企業が行うほぼすべての活動の重要な構成要素であるため、自社のためにテクノロジーは何ができるかを、すべてのリーダーが理解する必要がある。このことは、世界における自社の立ち位置を再構想するときだけでなく、仕事を遂行する方法や、自社を差別化するケイパビリティを全社に拡大する方法、顧客や従業員を参画させる方法を定義するときにも重要である。

リーダーはテクノロジーに精通する一方で、顧客、エコシステムのパートナー、社内の従業員など、人間と、その要求やニーズについても理解し配慮する必要がある。市場調査を行って、顧客の要望を企業に理解させることだけでは不十分である。リーダーは、顧客に関する専有的知見を得るために、非常に人間的なアプローチを採用する必要がある。

また、従業員には思いやりと信頼性をもって働きかけて、彼らにとって大切なことと企業のパーパスを結びつける必要がある。これらのためには、リーダーが、消費者や労働力という言葉の背後にいる人々に目を向けて、彼らの要望や希望に対する心からの興味を示すことが必要になる。

STCペイの創業者でCEOのサレ・モサイバについて考えてみよう。モサイバは、テクノロジーとヒューマニズムの対立関係を極めて意識的に管理してきた。

「テクノロジーを頭に置いておくことは、できることは何かを理解する必要があるため重要です。しかし、モバイル、スマートフォン、ブロックチェーン、AI、ビッグデータなど、テクノロジーがもたらす可能性に呑み込まれてはなりません。これらは頭の片隅に入れておくべきですが、顧客を真っ先に考える必要があります。顧客に対するそうした共感を持つことが非常に重要です」

CEOの任期中、モサイバは伝統的な銀行のあらゆる活動と、STCペイのあらゆる活動に疑問を投げかけた。彼は、何一つ見逃さなかった。

「デジタル時代に実現可能なことを完全に理解するためには、自分の思考に常に疑問を投げかける必要があります」と彼は主張する。

STCペイは創業時に、テロ資金供与との戦いや取引の監視、その他諸々の目的のために反マネーロンダリングを専門とするコンプライアンス担当者を採用した。しかし、伝統的な銀行業務出身の彼らはソフトウェアやテクノロジーに触れてきていなかった。非常に伝統的なやり方でテクノロジーを利用してきたのだ。

モサイバは「何ができるのかを私たちが示したことで、彼らは違う夢を見るようになりました。彼らが求めることが、どんどん増えていったのです」と振り返る。

いまではSTCペイのコンプライアンス活動のかなりの部分が、金融機関ではこれまで見られなかった方法で自動化されている。「私たちは業界の専門家を雇用し、デジタル時代に何ができるのかを彼らに示すことによって、これを実現しました」

モサイバは、テクノロジーに精通する一方で、同社の提供物の開発では人間的なアプローチを採用することを徹底した。彼は説明する。

「私たちは10人のペルソナを作りました。一人ひとりに名前があり、それぞれが起きてから寝るまでにどのような一日を過ごすのか、一週間をどのように過ごすのか、週末に何をするのか、いつ給料が入るのか、給料が入ったら何をするのかがわかっています」

そして同社はブレインストーミングのセッションを行い、例えばペルソナの一人である商人のモハメドにどう対応できるかを検討した。「この人の悩みは、自分が何かを購入するたびに雇い主が必ず請求書の提出を求めることでした。彼と雇い主の間には信頼の問題が存在しています」

STCペイの設計は、すべてペルソナからスタートする。モサイバはこう主張する。

「私たちは、ユーザーになりきって彼らの生活をしてみなければなりません。それから、彼らのために私たちSTCペイにできることは何かと考えるのです。私たちが最初のソリューションを立ち上げれば、顧客がそれを利用しはじめて、彼らの実際の望みを教えてくれるでしょう。これを相互作用の出発点として、絶えず更新されていくユーザーからの要求に応えるために、サービスや機能を継続的に追加していくのです」

3 高潔な政略家

緩やかに調和した目標を持つ企業や個人が協力しあう今日のエコシステムの世界では、支援を獲得し、交渉して連携を図り、抵抗を乗り越えることがリーダーシップの能力として不可欠である。

リーダーには、妥協したり、柔軟にアプローチを調整したり、二歩進むために一歩退いたりすることが求められる。そして、その重要性はますます高まっている。

なぜなら、エコシステムのパートナーは自社の指揮命令系統の範囲外に存在しており、社内のあらゆる地位のステークホルダーが、次第に個人的な価値観と自分の職務を結びつけることを意識するようになっているからだ。

リーダーは、自社が世界における新しい立ち位置を目指すための旅に出ることについて、大勢のステークホルダーを説得する必要がある。そこにはおそらく、ポートフォリオの再定義、基盤となるビジネスモデルの変更、組織モデルの再定義、株主の期待の変化が含まれるだろう。待ち受ける変化の大きさを考えると、リーダーには、支援の波を生み出し、主要関係者がそれぞれの変化の道筋を理解できるように手助けするという高度なスキルが求められるはずだ。

これはまさに究極の政治であるが、よくある悪評とは無縁のものである。政治とは、多様でしばしば利益の異なる集団の間で、前進のために合意された道筋を見出す技術である。この種の政治は、リーダーが高潔さを保ち、すべての意思疎通で信頼を醸成しない限り成功しない。人々は、自分が重要だと考える大きな目標に貢献していることを自覚し、その目標をリーダーが守り続けるつもりであることを理解すれば、たとえそこに妥協や回り道があっても旅に加わり、実現のために戦う価値があると思えるアイデアに自身のキャリアやビジネスを賭けようとする。

マイクロソフトのリーダーは（彼らのトランスフォーメーションの物語については第5章を参照）、同社の価値創出におけるエコシステムの重要性を踏まえて、高潔な政略家というリーダーシップのパラドックスにとりわけ注意を払わなければならなかった。マイクロソフトの歴史を振り返れば、多くのパートナーとの法的な争いがあった。

サティア・ナデラはＣＥＯに就任するにあたり、パートナーシップの慣行を「ヒット・リフレッシュ」しなければならないことを理解していた。

「マイクロソフトは、すでに世界最大のパートナーのエコシステムを有している。（中略）私の最終目標は、他者の経済的機会を生み出すことに徹底的に注力し、あらゆる起業エネルギーを支える最大のプラットフォーム提供者になることだ。しかし、世界の何百万もの企業を新たに説得して、私たちのプラットフォームに賭けてもらうためには、まず信頼を得るところから始める必要がある。信頼は、長期的な一貫性によって築かれる。信頼は、私たちが最優秀になることを目指して競う領域が存在することや、各自の顧客に付加価値を提供するために協力できる領域があることを明示することによって築かれる。他にも信頼を構成する要素はたくさんある。例えば敬意、傾聴、透明性、注力分野の維持、そして必要に応じてリセットボタンを押す意思である。この点について、私たちは信念を持たなければならない」[3]

トップの思考がこのように変化したことにより、マイクロソフトは企業向け事業のトランスフォーメーションプログラムにおいて、パートナーを同盟相手として巻き込もうとするようになった。パートナーに対し、自社向けと同種の研修および能力開発のプログラム、そして自社従業員に提供しているケイパビリティを開放したのである。グローバルセールス・マーケティング・オペレーションズのフィールドトランスフォーメーション担当バイスプレジデントのニコラ・ホドソンは、「いまでは、当社が市販するすべてのソリューションについて、パートナーとその顧客にすべての認定資格を提供しています」と述べる。

マイクロソフトの企業向け事業のトランスフォーメーションで得た学びを振り返るとき、ホドソンの頭に真っ先に思い浮かぶのが、「速く進むためにゆっくり進む」ということだ。

「私は、米国のソフトウェア企業で働いています。つまりすばやい動きが好まれます。しかし望む成果を手に入れるためには、猪突猛進するだけでなく、ときには少し減速することも必要です。皆がついて来なければならないため、思い通りにスピードを上げられない場合があります。少々陳腐な表現に聞こえるかもしれませんが、支援のための適切な連携ができていないなら、おそらく前進するタイミングではないでしょう。私は、そのことを学びました」

彼女はさらに続ける。

「この職に就く時点で、仕事のかなりの部分がステークホルダー管理になるだろうということはわかっていました。しかし実際は、想像の少なくとも10倍がステークホルダー管理でした。組織の境界を越えて支援のための連携を構築し、スピードアップのために減速することは、私にとって大仕事でした」

4 謙虚なヒーロー

いまの時代には、不確実な状況でも大きな決断を下し、威厳と自信を示せるリーダーが必要だ。リーダーシップの7つの必須要素は、大胆な決断を下し、進むべき道にコミットすることを求める。これらの必須要素について調べたり評価したりするだけでは十分ではない。企業をトランスフォーメーションするには、勇気、決断力、そして物事が予定通りに進まなくても決めた方向性を守り続けるスタミナが必要である。

大胆さは必要だが、自分勝手とは違う。ビヨンド・デジタルの世界では、英雄的であることと同等に謙虚さが報われる。

実際、この2つの資質を車の両輪にする必要がある。リーダーが自分の知らないことは何かを知り、人々に支援を求めるためには謙虚さが必要である。このことは、ある特定の領域において自社より優れた位置にいるエコシステムのパートナーと連携する場合にも当てはまる。

また、自社のリーダーシップチームを再設計して、自分とまったく異なる思考や行動をする人物を追加する場合にも当てはまる。そして、組織全体の人々を巻き込む場合にも当てはまる。変化のスピードや任務の複雑性を考えると、いかなるリーダーや最上級チームでも、単独ですべての答えを持ち合わせることは望めない。リーダーは企業が進む方向を明確にしたうえで、顧客により近い、あるいはテクノロジーにより精通した人々に、その目標を実現するための活動の余地を与える必要がある。

フランス・ファン・ホーテンは、謙虚なヒーローというリーダーシップのパラドックスの典型例である。第2章で述べたように、ファン・ホーテンはフィリップスの一連のトランスフォーメーションを指揮した。彼はこう振り返る。

「最初の4年間はひどいものでした。これは非常に勇気あるトランスフォーメーションで、私たちリーダーシップチームには北極星が見えていましたが、その他の人々には見えていませんでした。株主はあまり信用していませんでした。結局、フィリップスの低迷の30年間という歴史的なイメージがあったからです。私たちを懐疑的に見る人は多く、『あなたたちは、何をやっているんだ』という声が聞かれました」

しかし、ファン・ホーテンと最上級チームは方針を維持した。照明事業の売却はトランスフォーメーションの道のりの転換点となり、新生フィリップスが形を現しはじめた。

「消費者向け電子機器、テレビ、音響映像事業は赤字だったので、撤退は必然だったとも言えるでしょう。しかし、創業時から続く照明ビジネスに別れを告げたことは、企業としての私たちのあり方を大きく変えました」

この難しい判断は、フィリップスの重点を医療技術に再設定し、成長を加速させる軌道に乗せるためのカギだった。そして売上や利益性が上がり、顧客とともに実現できることの限界が広がり、より優秀な人材を集めることができたのである。ファン・ホーテンの英雄的なリーダーシップは、組織に明確に評価された。

フィリップスの前最高イノベーション・戦略責任者であるイェロン・タスは「フランスがいなければ、私には達成できなかったでしょう。彼は明確にビジョンを持っていて、私はそれを確実に共有しています。目指す場所に全力でコミットしないCEOだったら、私はここまで来られなかったでしょう」と述べる。

しかし、ファン・ホーテンはいつでも非常に謙虚だった。彼は職責を果たすために自身がたどったリーダーシップの旅をオープンに明かし、引き続き自己開発を重視している。

彼はフィードバックに真摯に向き合い、チームに対し、うまく機能している点や、彼が改善できる点は何かを率直にフィードバックすることを促している。彼は組織全体の人々を巻き込むことに努めている。

それは、世界が極めて複雑であり、自身や最上級チームだけですべての答えを持つことはできないと明確に自覚しているからだ。エコシステムに対する考え方にも彼の謙虚さは表れる。フィリップスは、常にリーダーであることを目指してはいない。他にもっとリーダーにふさわしいプレーヤーが存在するならば、同社はエコシステムの一参加者という立場でも構わないのである。

そしてファン・ホーテンは、厳選したエコシステムのパートナーの代表者をフィリップスの最上級チームの会合に参加させて、彼らがこの極めて重要な関係から継続的に学べるようにすることにこだわりを持っている。

5 伝統を尊重するイノベーター

デジタル時代のリーダーは、組織の始まりの場所と、これから目指すべき場所のバランスを取る必要がある。私たちは第2章で、組織の隠れた強みを見つけ出し、それを将来の立ち位置の可能性を探る一つのヒントとして活用することを議論した。過去に目を向けることは場合によっては非常に効果的で、いまは使われていないが将来の成功に役立てられる何かが見つかる可能性がある。

しかし、リーダーは過去を振り返るばかりではいけない。

伝統は、足を引っ張るかもしれない。いまは過去のどの時代にも増して、イノベーションを推進し、新たな物事を試す必要がある。リーダーは失敗する勇気を持つ必要があり、他者の失敗を認めることも必要である。

ただし企業の一貫性を失わせる力、つまり変化の速度の加速や、組織の境界の曖昧化、トランスフォーメーションの道のりにおける多くの人の関与によって強まる圧力に屈してはならない。

そのため、実験やイノベーションは無秩序に実行してはならない。世界における自社の立ち位置に基づいて設定したガードレールの範囲内で行う必要がある。さもなければ経営資源が広範囲に分散し、大切にすべき顧客の喜びに結びつかない取り組みのために無駄な労力を費やし、必要なケイパビリティの規模拡大に失敗し、共同で調和の取れた努力を通して自社を前進させることに失敗するだろう。

第6章で検証したイーライリリーのYZ年のトランスフォーメーションと、同社の二人のCEO、ジョン・レックライターとデイビッド・リックスが示したリーダーシップは、このパラドックスをよく表している。

迫り来る特許権満了のプレッシャーと、失われる可能性のある売上の大きさが明らかになると、当時CEOだったジョン・レックライターは、大規模な合併、コスト削減、アニマルヘルス事業の売却を望む投資家から意見を受けたにもかかわらず、革新的なバイオ医薬品を中心とする同社のアイデンティティを忠実に守ることによって危機を乗り切ることを決断した。レックライターは、イノベーションによる成長という同社の伝統に賭けることを主張したのである。

YZ年は、従業員にとって多くの挫折や課題を伴う厳しい時期となった。CEOはパーパスを掲げて組織を率い、この時期を乗り越えた。前最高戦略責任者のマイケル・オーバードルフは回想する。

「ジョン（レックライター）のメッセージは、一貫していました。『自分たちのことばかり考えてはいけない。私たちは大丈夫だ。当社が直面してきた困難の中で、今回が最悪というわけではない。支援を受けられなくなる患者たち、私たちが必要な薬を提供できないために人生を変えることができず、記憶を守れない人々のことを心配するべきだ』。これはすばらしいメッセージでした。これを聞いた人たちは、『そうだ、また新たな課題が発生しただけだ。立ち上がって人々の命を守ろう』と応じました」

同社にとって、イノベーターとしての伝統に忠実であり続けることは、現状を維持することではなかった。まったく逆である。

実際のところイーライリリーは、当時、業界最低レベルの約13年を要していた医薬品開発を大幅にスピードアップしなければならなかった。目標は業界トップレベルを達成し、新薬を5年で市場に出すことだった。すでに説明したが、ジョン・レックライターはこれを実現するために最上級チームを徹底的に変更し、同社の組織を壊し、R＆D部門を改革した。

そしていまや、イーライリリーの開発期間は多くの治療分野で最短である。オーバードルフは「単なる漸進的な変化ではありません。昼と夜ほどの違いです」と述べた。

6 グローバル思考のローカリスト

昔と比べると、地球の裏側の顧客にたどり着くことがはるかに容易になり、遠く離れた場所にいる人々が円滑に共同作業をすることができる。たとえ一つの国、あるいは地域だけで活動する企業でも、サービスを提供する顧客、サプライチェーン、そして協力相手の人々は、おそらく昔よりもはるかにユニークな経歴を持ち、はるかに多様な要素の影響下にあるはずだ。

成功するリーダーは、さまざまな社会的トレンドを理解して世界に学ぶ必要がある。また、顧客、従業員、エコシステムのパートナーの共通のニーズや要求を明らかにし、適切なソリューションやイニシアチブを自社のビジネス全体に拡大できる必要がある。

しかしリーダーには、個々の顧客の状況や好み、従業員の文化的な違い、自社の活動地域のコミュニティやエコシステムが抱える課題や微妙な違いを深く理解して対応することも、これまで以上に求められる。

このような複雑な環境において、リーダーは全社で一貫性をもって推進する必要がある分野と、柔軟に対応してローカルな調整を認めることができる分野を決定しなければならない。実際のところ、企業が専有的知見を築く能力は、自社が活動するすべての市場から最高のものを集めたソリューションを生み出しつつ、個々の顧客との強力な関係を築く必要性を自ら重視するリーダーによって大いに高まる。

例えば、インディテックスのリーダーたちを見れば、このグローバル思考のローカリストのパラドックスとの折り合いのつけ方がわかる。

同社の成功の基盤は、消費者の声をじっくりと聞いて嗜好を理解すること、そうした知見を生かして同社が市場に提示するファッショントレンドを見極めること、それを他社の追随を許さない正確性と柔軟性で市場に出すことである。

ザラのニューヨークの旗艦店でディレクターを務めるソニア・フォンタンは言う。

「スペインにいるデザイナーと毎日話します。その内容は『このアイテムは最高でした。初日で完売しました。もっと必要です。もっとたくさんお願いします』ということかもしれません。ですが、『昨日、受け取ったネオンボンバー・ジャケットは、あまり売れませんでした』という話かもしれません。しかし、昨日に関する情報は指標になりません。雨天で客がいなかったのです。顧客がそのアイテムを気に入らなかったのではなく、単に天候のせいなのです」

フォンタンは、その旗艦店を10年運営しており、顧客を熟知している。

「一年の中でも、時期により来店者のタイプが異なります。例えば、夏にはブラジル人やアルゼンチン人のお客さまが大勢来店します。平日と週末でもお客さまのタイプは異なります。イースターやローシュ・ハッシャーナー（ユダヤ暦の新年祭）といった祝祭日はまた特別です。長い間店で働いていればわかることです。この専門知識に基づいて店内のレイアウトや商品の陳列方法を変えるのです」

このような各地のエキスパートとの議論と全商品の世界の販売データを組み合わせて、スペインのデザイナーたちが世界のトレンドを把握し、顧客の好き嫌いに基づいてコレクションを作り出す。こうして同社は、毎年6万5000種もの商品を開発し、週に2回のペースで新たなコレクションを店舗に送り出している。

インディテックスのリーダーたちが持つファッション業界に関する2つの基本的な信念には、グローバルでローカルな思考が如実に表れている。

1つ目は「お客さまの言葉は正しい」である。デザイナーは自らの能力や実績に大いにプライドを持っているが、場所を問わず、各地の一人ひとりの顧客の言葉は真実だということを謙虚に受け入れる必要がある。

2つ目の信念は「東京で美しいものは、その他どこでも、ニューヨーク、パリ、ロンドンでも美しい」である。これにより、ある地域の嗜好を何百万人もの顧客に展開する可能性を見出すことができる。

こうしたリーダーシップのパラドックスをすべて調和させようとすると、気が遠くなるかもしれない。自信があって安心できる要素もいくつかあるだろうが、その他は難題だと感じるかもしれない（357ページ「リーダーシップにまつわる6つのパラドックスの重要性と、リーダーにとっての最大のギャップ」を参照）。

喜ばしいことに、一人の人間がすべての要素を完璧に調和させる必要はない。リーダーシップのパラドックスというレンズを通して自分自身やチームを見つめると、おそらく自分に特別な強みがある領域と、自分に限界があり、それを補うスキルを持つ他のチームメンバーと調整すると良い領域が特定されるだろう。

しかし、有能なリーダーとして、そして組織の変革者として、自分自身にレベルアップの必要がある領域が見つかることも避けられない。

自分自身と次世代のリーダーを改革する

もし、あなたがすでにリーダーならば、時間は最も希少な資源の一つだと知っている。毎日、火消しをしながらも、ビジネスをうまく遂行しつつ必要なトランスフォーメーションの指揮を執り、自社を長期的な成功にふさわしいポジションに導く時間を見つけなければならない。

一歩退いて、自分のリーダーシップのスタイルや実践するべき自己開発の課題について考える時間と気持ちの余裕を見出せる企業幹部は非常に少ない。しかし私たちが研究した成功しているリーダーたちは、自己開発に取り組まなければならないことを十分に認識している。

では、その道のりを歩みはじめ、会社が自分に求めるリーダーシップの特徴を伸ばすためにはどうすればよいだろうか。その過程で、より幅広く自社全体のリーダーシップ開発を見直すにはどうすればよいだろうか。

結局のところ、リーダーシップの能力はあなたにとって重要なだけではなく、現在のチームや次世代のリーダー、あなたが去った後もずっとトランスフォーメーションを続けることになる人々にとっても重要である。

最初のステップは、自社にとって**最も重要なリーダーシップの特徴を明らかにする**ことになるだろう。すでに述べた6つのパラドックスはいずれも重要だが、自社の戦略や固有の出発地点に応じて、とりわけ緊急性の高いものがあるはずだ。

私たちが、リーダーたちと仕事をするときによく利用する原則をいくつか提示したい。これらは自己開発の旅の計画に役立つだろう。

• 批判的な自己認識をする

自分の強みだけでなく、どこに弱みがあるかという点についても自分と正直に対話する必要がある。自分の状況はよくわかっているかもしれないが、それを他者の、例えばコーチ、上司、同僚、チームメンバー、友人、家族からのフィードバックで補完することが重要である（私たちが提供する使いやすいオンライン診断ツールは、自分が最も重要だと考える事柄と、最も大きなギャップがあると考える領域の比較を支援する。この診断結果を、自分の計画を策定するための、同僚やメンターとの対話の出発点にすることができる。strategyand.pwc.com/beyonddigitalを参照のこと）。

• 強みを生かして弱みを克服する

例えば、規律に優れているがそれほど創造力がない人は、その規律を生かして、創造的なセッションに没頭できるダウンタイムを作り出そう。几帳面さはあるが人間関係作りが苦手な人は、人間関係マップと人間関係管理プランを作成し、得意としてきた体系的アプローチを用いてプランを実践してみよう。

・自分ではない誰かを研究する

多くの人は似た者同士で交流することを心地よく感じるが、そうではない人々から得る学びのほうがはるかに多い。自分とは違う分野に秀でた人を探し、行動を観察し、自分に合った学習、模倣、変化への順応のアプローチを開発しよう。

・適切な経験を求める

これらの特徴はいずれも、経験なしに身につけることはできない。新たな行動を試し、学べる状況に身を投じることが必要だ。多くの場合は自分の快適なゾーンから出ることになるだろう。しかし、行動する以上に効果的な学びの方法はない。

表8-1に、リーダーシップにまつわる6つのパラドックスにうまく対処するために必要な知識やマインドセットを身につける方法をいくつか挙げた。これは網羅的なリストというわけではなく、各自が自己開発プランに取り組む中で、ここに集めたアイデアをヒントにさらなるアイデアを生み出してもらいたい。

自己開発計画はもちろん人によって異なるが、これらのサンプルがプラン策定時の検討材料になれば幸いだ。図8-1のワークシートを指針にするとよいかもしれない。

表8-1　6つのパラドックスに関する自己開発方法の典型例

リーダーシップのパラドックス	知識と経験を築く方法の典型例	マインドセットと信念体系を進化させる方法の典型例
戦略的な実行者	・ビジネスを立て直す ・戦略の役割に従事する（最高戦略責任者など） ・現地オペレーションやマーケットを管理する ・スタートアップ企業で働く	・協力しあい自己開発を支援してくれるコーチを見つける ・快適ゾーンから出る必要がある経験に身を投じる（大勢の前で話す機会、スポーツ、冒険プログラムなど） ・リーダーシップではない役割を探す（ボランティアや社会奉仕活動など） ・自分の知らない分野を教えてくれる人と逆メンタリングの関係を築く ・自分のケアを優先事項とする ・具体的な行動についてのフィードバックを求め、オープンに受け入れる（同僚、配偶者、友人などから） ・環境や社会の課題を学び、世界に影響を与える課題への理解を広げることに努める ・バックグラウンドの異なる友人や同僚と対話し、彼らの社会経験や世界観を学ぶ ・新たな言語を学ぶ ・食事を通して新たな文化を学ぶ
テクノロジーに精通したヒューマニスト	・テクノロジー企業（エコシステムのパートナーなど）やテクノロジー部門で一定期間勤務する ・非営利組織で勤務する ・新しい分野の知識を得るためにオンラインコースを受講する	
高潔な政略家	・M&Aのディールに参加する ・合併後の統合を支援する ・顧客との交渉に携わる ・エコシステムのパートナーとの仕事に携わる	
謙虚なヒーロー	・自分が精通していないビジネスを率いる ・コスト改善プログラムを率い、困難なトレードオフを解決する ・ビジネスを立て直す役割を引き受ける	
伝統を尊重するイノベーター	・スタートアップ企業で一定期間勤務する ・既存組織の真の差別化要素を特定する	
グローバル思考のローカリスト	・国際的な勤務経験を積む（外国にいる従業員を率いるだけでなく、そこに居住する） ・海外駐在者のコミュニティを出て、現地の人々とつながりを持つ ・グローバルなケイパビリティチームを率いる	

図8-1　自己開発計画策定用ワークシート

自社をデジタル時代に成功できるポジションに導くために必要なこと

・世界における自社の立ち位置を再構想する
・エコシステムを作り上げて価値を創出する
・顧客に関する専有的知見を体系的に構築する
・成果指向の組織にする
・リーダーシップチームの焦点を反転させる
・従業員との社会的契約を再定義する
・自身のリーダーシップのアプローチを創造的に破壊する

そのためには、一見パラドックスに思える6つの形質を体現する、新たなタイプのリーダーが求められる	自社の成功に対するパラドックスの重要度（高、中、低）	パラドックスへの自身の習熟度（高、中、低）	知識と経験を築く方法	マインドセットと信念体系を進化させる方法
戦略的な実行者			・・・	・・・
テクノロジーに精通したヒューマニスト			・・・	・・・
高潔な政略家			・・・	・・・
謙虚なヒーロー			・・・	・・・
伝統を尊重するイノベーター			・・・	・・・
グローバル思考のローカリスト			・・・	・・・

出所：Strategy&

他の優先事項の緊急性がいかに高かろうと、自己開発の時間を捻出することに大いに関心を向ける必要がある。

リーダーシップの開発は常に重要だ。結局のところ、リーダーは超人ではない。私たちは皆、強さも弱さも持っている。

しかし、これから自社を率いて遂行しなければならないトランスフォーメーションの規模と性質を考えると、あなたのいくつかの弱点によって会社の変革が大きく妨げられる可能性がある。**あなた自身の自己開発が成功のカギを握る**。それを優先事項にする必要がある。それが自分自身に対する義務であり、会社やあなたが率いる人々に対する義務なのである。

リーダーシップにまつわる6つのパラドックス

ブレア・シェパードと彼のチームは最近の著書*Ten Years to Midnight*で、世界の人々が抱いている懸念を「ADAPT」フレームワークにまとめた[a]。

- 富と機会の**非対称性**（Asymmetry）
- 技術や気候がもたらす、想定外でしばしば問題をはらむ影響が引き起こす**創造的破壊**（Disruption）

- **人口**（Age）の不均衡――若年人口あるいは高齢人口の極端な多さがもたらす圧力
- 世界や国家のコンセンサスの崩壊につながる**二極化**（Polarization）
- 社会を支え安定させる諸機関への**信頼**（Trust）の喪失

このチームは、以上の懸念がもたらす危機の発生源と脅威を、時間をかけて理解したリーダーや、「皆が問題を特定できずに苦しむ中で、クリエイティブなソリューションを提供した」リーダーを研究した。するとそのようなリーダーは、リーダーシップにまつわる6つのパラドックスという、表面的には不整合に見える資質を調和させ、さらに自身の強みを活用していることがわかった。

シェパードは次のように書いている。

「各パラドックスの中心には、同時かつ長期的に存在する、矛盾しつつ関連しあう要素が絡む根本的な緊張関係が存在する。これらの要素が調和していない場合、ほぼ間違いなく残念な結果になる。例えば、ある英雄的な企業幹部がいて、その人物は組織を大惨事から救おうとしているが、人の助言を聞く謙虚さや方針転換の能力に欠けているとする。この場合、取り組みは失敗に終わる可能性が非常に高い」

リーダーシップにまつわる6つのパラドックス

戦略的な実行者

どうすれば高度に戦略的でありながら、効果的に物事を推し進めることができるか。

戦略的：未来を見据えた知見や知識を得て、現在の意思決定に生かすこと。
実行者：今日の課題を見事な手腕で解決すること。

テクノロジーに精通したヒューマニスト

どうすれば、テクノロジーにさらに精通しながらも、組織を動かすのは人であり、組織は人のために存在することを忘れずにいられるか。

テクノロジーに精通：テクノロジーの強化を推進し、将来の成功につなげること。
ヒューマニスト：いかなる体系においても、人間の果たす役割を深く理解していること。

高潔な政略家

どうすれば事を成すためにうまく立ち回りながらも、誠実さを保てるか。

高潔：誠実に、すべての意思疎通において信頼を醸成すること。
政略家：常に進歩するために支援を引き出し、交渉して連携を図り、抵抗を乗り越えること。

謙虚なヒーロー

どうすれば不確実な世界で行動を起こす自信を持ち、かつ自らが誤っているときにそれを認める謙虚さを持つことができるか。

謙虚：自分自身および周りの復元力を育み、他者を助け、他者に助けられことが必要な場合があると自覚すること。
ヒーロー：競争力のある才能と威厳を持ち、自信を持って行動すること。

伝統を尊重するイノベーター

どうすれば過去を将来の成功の指針として生かしつつ、イノベーション、失敗、学習、成長を可能にする文化を創出できるか。

伝統を尊重：元々の考え方の目的を深く理解し、現在の価値に関連づけること。
イノベーター：イノベーションを促し、新たな物事に挑戦すること。失敗を恐れず、他者の失敗も許容すること。

グローバル思考のローカリスト

ますますグローバルかつローカルになりつつある世界を、どうすれば自在に渡りゆくことができるか。

グローバル思考：信念体系やマーケット構造に依存せず、世界に学ぶこと。
ローカリスト：個々のマーケットでの成功に全力で取り組むこと。

出典：Blair H. Sheppard, *Ten Years to Midnight: Four Urgent Global Crises and Their Strategic Solutions* (San Francisco: Berrett-Koehler Publishers, 2020)に基づく。

シェパードによると、各パラドックスの両方の要素を併せ持つことは「簡単なことではない。多くのリーダー、もっと言えば私たちは皆、スイートスポットに引き寄せられる。しかしリーダーシップのパラドックスは、その定義からして、自分の最高のスキルを生かすと同時に、目をつぶりたい形質を改善することを求めるのである」。

a. Blair H. Sheppard, *Ten Years to Midnight: Four Urgent Global Crises and Their Strategic Solutions* (San Francisco: Berrett-Koehler Publishers, 2020), 162.

リーダーシップにまつわる6つのパラドックスの重要性と、リーダーにとっての最大のギャップ

Strategy&は2021年春に、さまざまな地域と業界の500人以上を対象として調査を行い、人々が自社の将来の成功のために最も重要だと考えるリーダーシップの資質は何か、また、彼らの最上級リーダーがその資質についてどの程度優れているかという点について、知見を獲得した。その調査結果は、私たちが本書執筆のための研究で得た情報や、クライアント企業のリーダーとの長年の仕事を通して観察してきたことを裏付けるものだった。

リーダーシップにまつわる６つのパラドックスの重要度と習熟度

■ 重要度：自社の将来の成功のために、パラドックスを構成する２つの資質がともに重要あるいは必要不可欠だと答えた回答者の割合（%）
■ 習熟度：自分の組織の最上級リーダーが、パラドックスを構成する資質の両方について、優秀あるいはクラス最高だと答えた回答者の割合（%）

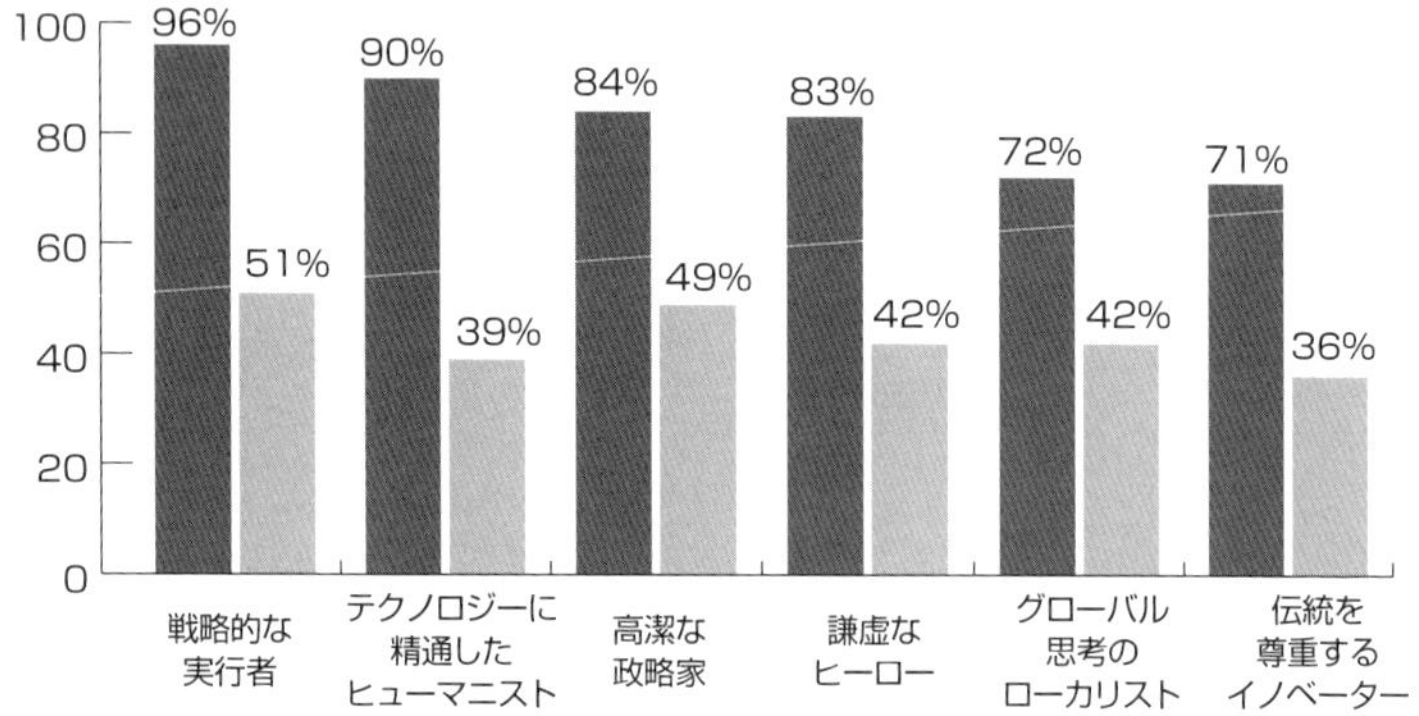

出所：Strategy&が2021年に実施した回答者515人の調査を分析。

実際のところ、リーダーシップにまつわる６つのパラドックス（および12の特性）を、回答者の圧倒的多数が、成功のために重要あるいは必要不可欠だと考えている。

回答者が最も重要だと評価したのが「戦略的な実行者」のパラドックスである（戦略的かつ実行者であることが、自社の将来の成功のために重要あるいは必要不可欠だと考える回答者が96％）。僅差の２位が「テクノロジーに精通したヒューマニスト」のパラドックス（90％）で、「高潔な政略家」（84％）、「謙虚なヒーロー」（83％）と続いた。

「グローバル思考のローカリスト」のパラドックスは、２つ以上の地域で事業を行う企業の場合に評価が高かった（主要事業を２つ以上の地域で行う企業に所属する回答者の82％が、グローバル思考とローカル主義を兼ね備えることが成長のために重要または必要不可欠だと回答。一地域だけで事業を行う企業の回答者では67％だった）。

「伝統を尊重するイノベーター」は興味深いパラドックスで、回答者は全般的に革新的であることを伝統を尊重することよりも重要だと考えていた（それでも71％が、自社の成功のためには両方が重要または必要不可欠だと考えている）。

これらの資質に対するリーダーの習熟度については、大きなギャップがあることがわかった。どのパラドックスについても、調査回答者の半数以上が、それらを構成する一つ、または両方の資質について自組織の最上級リーダーは優れていないと考えている。

このギャップが特に大きいのが「伝統を尊重するイノベーター」（リーダーが両方について優秀あるいはクラス最高だと答えた回答者がわずか36％）と「テクノロジーに精通したヒューマニスト」（同39％）だが、「グローバル思考のローカリスト」（同42％）、「謙虚なヒーロー」（同42％）、「高潔な政略家」（同49％）、「戦略的な実行者」（同51％）についてもかなり大きなギャップがある。

1 Paul Leinwand and Cesare Mainardi, with Art Kleiner, *Strategy That Works: How Winning Companies Close the Strategy-to-Execution Gap* (Boston: Harvard Business Review Press, 2016), chapter 7.

2 Blair H. Sheppard, *Ten Years to Midnight: Four Urgent Global Crises and Their Strategic Solutions* (San Francisco: Berrett-Koehler Publishers, 2020).

3 Satya Nadella, *Hit Refresh* (New York: Harper Collins, 2017), 134.

第9章

成功に向けて加速する

木を植える最も良い時期は、20年前だった。
次に良い時期は、いまである。

——中国のことわざ

ここまで読み進めたあなたが、目の前に広がる機会に触発されるとともに、これまでとはレベルの違う価値創出を目指す道のりに存在し得る大きなギャップに気づいていたら幸いだ。

本書で概説したリーダーシップの7つの必須要素と、12社の事例がロードマップとなって、あなたにもビヨンド・デジタルの世界で自社の立ち位置を確保できる自信が生まれるはずだ。

それと同時に、7つの必須要素を前に途方に暮れてしまう可能性も、私たちは理解している。一つひとつの要素なら通常のビジネスの中で対応できる可能性もあるが、これらをすべて、あるいはいくつかでも実践しようとすると、相当の持続的な努力が求められるだろう。この点については、はっきり言うしかない。**価値創出方法のトランスフォーメーションが一夜にして実現することはなく、何年にもわたる道のりになる。**


大規模なトランスフォーメーションプログラムがしばしば約束を果たせないことは、各種統計で明らかになっている。企業の方向性を変えるための重大な決断が、将来に対するあまりの不透明感のために尻すぼみとなってしまい、選択肢に対してリスク回避策を取ってしまう。短期的な業績を求める圧力も、たびたび長期的目標から関心や資金をそらす原因になる。企業幹部は自分の残りの在職期間を考えて、ときに行動を遅らせることがある。昔ながらのビジネスが、引き続き企業のエネルギーや経営資源の大部分を奪っている。そして組織は、過去に実行され残念な結果に終わった取り組みの重荷に苦しめられている。

他社が失敗してきた中で、あなたはどうすれば成功できるのだろうか。そのためには、一連の問いに答える必要がある。自社が説明してきた未来の可能性を信じているか。その未来を実現することに対する結果責任を、チームや組織に果たさせるつもりか。課題に直面したらそれを打破して前進するつもりか、それとも妨害されるままか。変革を加速させるつもりか、それとも漸進的な方法にとどまるか。

あなたの最も重要な仕事は、リーダーシップの7つの必須要素のそれぞれに求められる決断力と誠実さを示すことになるだろう。プロセスを開始するこの時点で妥協すれば、これから試みるすべての物事のパワーを台無しにするシグナルが発信されるだろう。

そこでここからは、現在地から目的地までの道を外れずに進むことに役立ついくつかの仕組みを紹介する。

確実に前進するための仕組み

私たちの経験上、組織はトランスフォーメーションを始める際に、緊急課題と思われる領域に関心を奪われやすい。例えば、競合他社が発売した新しい商品・サービスに早急に追いつくといった課題である。しかし緊急性は長くは続かない。そして、バラバラの取り組みを次々に実行しても、目指す目的地にはたどり着かないだろう。

まずは一歩退いて、7つの必須要素に取り組むことから始める必要がある。すなわち、世界における自社の立ち位置、エコシステム、専有的知見、組織、リーダーシップチーム、従業員との社会的契約、自身のリーダーシップのスタイルの再検討である。7つの必須要素を順々に実践する場合もあるかもしれないが、重要なのは全体で一つのパッケージだと明確に理解することである。1つや2つを実践するだけでは成功しないか、必要以上の苦労を強いられる可能性が高い。

7つの必須要素は、一貫した取り組みの中で実践しなければならない。従業員を巻き込んで業務の組織化の方法を変えなければ、自社が新たな形で機能することは見込めない。リーダーたちに、単なる努力や一夜での変化を期待しても無駄である。

まずはあなた自身が、リーダーシップチームを再構築しなければならない。そして世界における自社の立ち位置を、エコシステムに存在する他社（自社の決断をじっと待ってはくれない）とどう調和させるかという点を含めて再定義しない限り、どこにも到達できないことは明らかだ。

最初の段階で7つの必須要素をパッケージとして明確にしておけば、それだけ実際の成功に必要な事柄に対する理解が深まり、取り組みを推進するための大きなエネルギーを生み出せるだろう。

しかしあなたとチームは、7つの必須要素の足りない部分について徹底的に正直でなければならない。それを怠ることが最大の失敗原因の一つになることを、私たちは研究やクライアントとの仕事で目の当たりにしている。

私たちの同僚で、*Results*の共著者であるゲイリー・ネイルソンの表現を借りると、トランスフォーメーションにおいては**「過去に恩赦を与える」**ことが決定的に重要だ[1]。

企業幹部は、過去に欠陥に対応してこなかった理由ではなく、成功のために何が必要かを明確にすることに専念しなければならない。欠陥がたくさん残っているとしても、それは仕方ない。しかし、近視眼的な姿勢でスタートを切ることはできない。真の欠陥はそこにはない、あるいは簡単には埋められないということを、自分自身が納得することもできないし、他者に理解させることもできないだろう。

たとえ、すばらしい意図、誠実さ、情熱を持っていても、行動する中で当然ミスはあるだろう。

そこで私たちは研究対象のリーダーシップチームに、うまく成し遂げた物事と併せて、痛い思いをして得た最も重要な教訓を話してもらった。それぞれのストーリーには個人的な違いがあったものの、そこには驚くほどシンプルだが目の覚めるような共通点があった。

以下に、次のステップに進む際に参考になる教訓を紹介する。

必須事項について取締役会と協力しあう

トランスフォーメーションの実行はリーダーにとって大きなリスクを伴うものだ。市場に関する前提が間違っていたらどうなるだろうか。短期的業績への打撃が大きすぎたらどうなるだろうか。単純に、目的地を目指すための能力が組織に欠けていたらどうなるだろうか。

私たちがインタビューした多くのＣＥＯが、価値創出の方法、目指す目的地、そこにたどり着くための関連しあう必須要素について、事前に取締役に働きかけたことが成功のカギだったと話した。

取締役会は組織について長期的ビジョンを持つことが多く、このような問いをまさに検討している可能性が高い。また、何らかの変革を求める圧力を彼ら自身が外部から受けていたり、経営陣に課していたりするかもしれない。取締役会と対話をするときは、自分のビジョン、現在のモデルの課題と可能な代替案、組織のケイパビリティ、トランスフォーメーションを通して何を達成できるかという点を重視するとよいだろう。

私たちが話を聞いたリーダーはほぼ全員、**厳しい状況に置かれたときは、特に目標の一貫性を保つことの重要性を重視**していた。新たな知見とエネルギーを得るために、取締役会の構成自体が変更されたケースもあった。あるいは、取締役会の会合の冒頭で必ず変革の全体の道のりに対する進捗状況を確認することによって、取締役会の責任意識や支援を促した例もあった。仕組みはどうあれ、目的地とそこに至る道のりを取締役会とともに明確にすることが、必要な変化の実現に力を与え、維持するためのカギである。

主要株主に働きかける

主要株主への働きかけはトランスフォーメーションの余地を生み出すことに効果的である。これは変革によって経済的なトレードオフが発生する場合、例えば長期的な成功のために短期的な痛みを伴うような場合には特に当てはまる。

これから自社が解決しようとする大きな問題は何か。自社がそれを解決できる特別な立場にあるのはなぜか。それをどのように達成するのか。変革すること（あるいは変革しないこと）に伴うリスクは何か。自社の業績にどのような影響が見込まれるか。

これらについて、主要株主の理解を助けることには大きな効果がある。ＣＥＯやＣＦＯの中には、トランスフォーメーション計画のストーリー、例えば所要時間、不透明要素、必要な取り組みの多さなどを株主と共有したことによって、予想外の変化の推進力が新たに得られたと話す者もいた。

幹部らは四半期収益を重視しないことを批判される覚悟をしていたが、主要株主も彼らと同様に、たとえ大きなリスクを伴おうとも大胆な変化を起こすことに意欲的であり、今日の利益のために将来を捧げたくはないと考えていることが判明した。株主にとってトランスフォーメーションは重要事項であり、企業に対し、いますぐ未来を守るための行動を取ることを期待しているのである。

顧客を中心に優先順位を決める

世界における自社の立ち位置、顧客やエンドユーザーに関して築いた専有的知見、自社がエコシステムの中で果たす役割はすべて、顧客に対し価値を創出するためのものである。

あらゆるトランスフォーメーションの存在意義は、顧客の実際の問題を解決し、実際のニーズに対応することにある。

したがって、変革の勢いを生み出すためには顧客を拠り所にした努力が最善だ。

このことは従業員、リーダー、株主、エコシステムのパートナー、そして顧客自身を含めた皆の刺激になる。バックオフィス業務の効率改善や新規技術の導入によるコスト削減を叶える方法を考える前に、顧客に対する価値創出の中心となる、自社を差別化するケイパビリティをいかに強化するかという点にエネルギーを集中させよう。顧客の心をつかむようなソリューションを中心に、そして組織における顧客対応の最前線を中心に、デジタル化の取り組みを構築しよう。そうした最前線での取り組みは大抵、自社が創出する新たな価値を最初に具体的に証明する場になる。

そして多くの場合、行動を引き出すストーリーを提示する。顧客のために違いを生み出して成功する方法を目にすることは、人々に変化のエネルギーを与えるという点で、社内向けに実行する取り組みや、「売上を伸ばす」とか「市場シェアを獲得する」といった企業目標よりもはるかに大きな力を持つ。

私たちがリーダーシップチームに話を聞いたところ、社内の課題の解決を目指して変革を始めたチームでさえ、市場で勝利するための目に見える違いを生み出す方法を、取り組みの拠り所にすることが重要だと強調した。

デジタル化の取り組みではなく、ケイパビリティや成果を重視する

自社が構築する必要のある差別化するケイパビリティの大部分で、何らかのテクノロジーが必要になることは避けられない。各々のケイパビリティがもたらすすばらしい成果について青写真を描くところから始めよう。

そしてデータ、システム、人材、プロセスを含めて、変えなければならない要素の詳細を詰めていく。実際にデジタル化を実行するときは、新たなシステムやツールが本番稼働した時点で勝利を宣言してはならない。プロセスの変更や従業員のスキルアップという点で、やるべきことは山ほど残っているからだ。

自社が達成したい最終的な成果（例えば顧客サービスの改善、予測精度の向上、ビジネスの予見可能性の向上など）を軸に目標を設定すると、単に一部のテクノロジーを導入しただけで勝利を宣言するのではなく、そうした成果を達成することにチーム全体の目を向けさせることに役立つ。成果を重視することは、投資の適切な流れや、その投資を確実に成功させることについて機能横断的チームが相互に責任感を持つことを促す。

最初から従業員に投資する

リーダーシップの7つの必須要素は、自社の人々、すなわち周りのリーダーや組織内の人々を巻き込むことを非常に重視する。

私たちがインタビューしたリーダーシップチームは、ほぼ例外なく、人々を巻き込んで変化のエネルギーを与えることに、初期に投資することが重要だという点で一致していた。しかし巻き込みという話題は、もっと後で取り上げられたり、「チェンジマネジメント」に委譲される作業に埋もれてしまったりすることが多い。最初は、新たなデジタルソリューションの開発や新たな事業分野の創出に注力したいという誘惑に駆られるかもしれない。

しかしそれらは往々にして、競争優位を生み出せるほどのスピードで規模拡大をすることができない。これに対し、違いを生み出すことを求める従業員がいて、彼らが自社の新たな立ち位置へと向かうように動機づける取り組みがあると、その見返りは大きく、変化に取り残されるという従業員の恐怖の源になりがちな要素にも対抗することができる。

自社の将来を形成する中で従業員の変化を後押しすると、変化を自動運転で進ませるような勢いが生まれる。

実際、私たちがインタビューした最も成功している幹部たちは、会社が従業員を尊重していることを確実に理解させることの重要性を強調した。また、従業員のデジタル面の能力、スキル、順応力の強化を支援することのほうが、新たなソリューションの開発に何百万ドルも費やすことよりも有益だと指摘した。

新たなソリューション、新たな顧客との接し方、大きな追加的価値の新たな創出方法はいずれも、組織が前進する準備が整って初めて規模を十分に拡大できる。

実際にリーダーの中には、従業員に新規スキルの習得を任せたことが、従来ならはるかに長い時間と多くのコストを要したはずの新たなソリューションや働き方の創出につながったと話した人もいた。自社の人材やエコシステムが持つ、変化に力を与える能力に早い段階で投資することは、自社が必要とする競争優位を生み出すための触媒になる。

自社の人材には、リーダーも含まれる。そして、この先のトランスフォーメーションを管理するための適切なリーダーとリーダーシップチームが存在することの重要性は、強調してもしすぎることはない。

正しいマインドセットを持った適切なリーダーの力を、集合的取り組みに結集しなければならない（私たちが研究してきたトランスフォーメーションの中で、個人の行動だけで実現したものは一つもない）。

そして、あらゆる変化を推進する余地をリーダーシップチームに与えるための、適切な仕組みも準備しなければならない。そうしなければ成功の道筋を思い描くことは難しい。

新から旧を切り分ける

旧来のビジネスを直しながら同時に新規のビジネスを立ち上げることは、一つのチームの手に余る仕事かもしれない。そのため、新旧ビジネスを切り分ける組織モデルを採用する企業がある。

このモデルは、さまざまな形を取り得る。

企業の中には、２つの独立したチームを設置するところがある。

一方のチームは、旧来のビジネスをフル活用し、大規模なキャッシュ創出力を維持し、場合によっては将来的に売却する方法を見極める。

もう一方のチームは、新規ビジネスを開発し、必要なケイパビリティを構築し、新たなエコシステムと協力して価値を創出する方法に専念する。他には、コアビジネス以外のビジネスのスピンオフや売却を行う企業もある。

アプローチは異なっても、目指すゴールは同じである。すなわち、新規ビジネスが過去の遺物に足を引っ張られずに発展できるようにすることだ。


私たちが研究した企業やリーダーシップチームは、新規モデルを独自のルールで成功させ、発展させることの重要性を強調した。

新しいビジネスモデルやソリューションを、古いモデルの構造、業績評価基準、システムで束縛することは、確実に失敗に至る道としてあちこちで見られる。旧来のビジネスから得たケイパビリティを充実させることは当然有効だが、成功に求められる新たな思考やオペレーションは古いモデルでは得られなかったのだ。

時間をかけて段階的に変化を進めて、古いモデルから未来のモデルへと安定的に移行する場合でも、新たな組織モデルは必要である。シティグループが旧来のビジネスをシティ・ホールディングスとして分離していなければ、新たな銀行として立ち上がることはできなかっただろう。STCペイが母艦の近くに留まっていたら、スピードボートのような動きはできなかっただろう。

新と旧をさらに明確に切り分けた企業もある。そうした企業は、トリガーイベントやM&Aなどのメカニズムを使って、過去から離脱して未来にフォーカスするという明確なシグナルを発信した。

このような変化は、内外のステークホルダーに、価値創出方法をめぐる長年の固定観念に疑問を持つことを促す効果があった。フィリップスが医療事業の改革に注力するために、基盤だった照明ビジネスを売却したことは、過去からの決別を宣言したおそらく最も顕著な例である。

このように非常にわかりやすい変化の象徴を示したことにより、同社の廊下で、あるいは投資家との間で、成功に必要な物事に関する新たな対話やエネルギーが生まれた。これを転換点として、同社に対する人々の見方が変わり、未来に向けた新たな重点が生まれたのだ。

選んだ仕組みが何であれ、ここで得られる明確な教訓は、新と旧を切り分けるために早期に迅速に動くべきだということである。

私たちのインタビュー相手の中で、新たな方向性の見極めや規模拡大にもっと時間をかければ良かったと話した者は一人もいなかった。**明確にすばやく転換することが勢いを生み出したのだ。**

これは何も、過去を尊重し、評価し、そして何より活用する必要がないという意味ではない。遺産にはすばらしい存在価値があるが、新しい物事は、その影では成功しないのである。

将来を形成することを望むのは、ビジネスリーダーたる私たちの特性の一部である。真のリーダーシップには漸進主義を避けることが求められる。

あなたはすでに、自らの役割の責任の大きさを自覚している。これはあなたにとって、ほとんどの人が解決し得なかった物事を解決する機会である。すなわち、意味のある未来を実現し、顧客や社会の根本的な課題に対処し、その本質を見抜くことである。

あなた自身、そして明らかに周りの人々も「できるわけがない」「私たちの仕事ではない」「もう成功している」「もう計画は立てた」と考えていて、漸進主義をけしかける無数の声が聞こえてくるような状況が多々あるかもしれない。

そんなとき、あなたはトランスフォーメーションのすばらしい物語とその差し迫った必要性を思い出して、人々がビヨンド・デジタルの世界の潜在力を理解できるように後押しできるだろう。

それこそが、あなたが自分自身に、そして組織や他の人々に残す遺産を決めるのである。

1　Gary Neilson and Bruce Pasternack, *Results: Keep What's Good, Fix What's Wrong, and Unlock Great Performance* (New York: Crown Business, 2005). 邦訳『最強企業が最強であり続けるための組織デザイン』（ゲイリー・L・ネイルソン／ブルース・A・パスターナック著、鬼澤忍訳、日本経済新聞社、2006年）

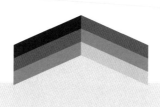

付章

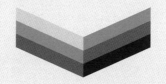

ピュアトーンの実践方法

顧客やその顧客に対する付加価値の提供方法についての新たな考え方に挑戦しやすいように、価値創出の一般的な戦略的類型、名づけて「ピュアトーン」を以下に概説する。これらは通常、企業の究極的な価値提供の必須要素となり、その価値提供が自社のビジネスにとって適切かどうかを理解することに役立つ。

ピュアトーンの実践方法の中には、このところ広がりを見せているものもあれば（例えば、プラットフォーム提供者や経験の提供者）、重要性を失ったものもある（例えば、カテゴリーリーダーや業界内の再編者）。

表A－1は、私たちが研究で明らかにしたピュアトーンの実践方法と、それを実践する企業の例を示し、それぞれについてデジタル時代の新たな競争力学がどのように影響しているかを議論したものである。自社に適切な世界における立ち位置を特定する際に、このリストを出発点として活用するとよい。

企業は一般に、単一のピュアトーンの実践方法のみで価値を創出するのではなく、通常はいくつかのピュアトーンの要素を組み合わせて勝利できる価値提供を実現する。

世界最大の家具企業であるイケアを考えてみよう。同社が、手頃な価格の家具を提供することに尽力するバリュープレーヤーであることは間違いない。しかし同時に、スウェーデンスタイルのレストラン、遊び場、子ども用トイレなど独自の店の雰囲気を作り出す経験の提供者でもある。同じ企業が複数のピュアトーンに掲載されていても驚かないように。

ピュアトーン	定義	例	ビヨンド・デジタルの時代における進化
経験の提供者	楽しさ、関係性、愛着心を強力なブランドや経験を通して形成する	・アップル ・デザイン訴求型など特徴的な価値提供をするホテルチェーン ・スポーツカーメーカー ・スターバックス	重要性が増加：いまや顧客の経験は非常に重要であり、どの企業も、ある面で経験の提供者でなければならないと思われる場合がある。主にこの分野で競争することを選んだ企業には、高い期待値が課される。
ファストフォロワー	イノベーターが築いた土台を利用して、競合商品やサービスをすばやく提供する。その際、より手頃な価格、あるいはより幅広い消費者向けにすることが多い	・ジェネリック医薬品メーカー ・グーグル（アンドロイド） ・ヒュンダイ ・中国の山寨企業（革新的な「模倣品」メーカー）	重要性を喪失：低コスト提供者としての競争を選んだ企業の構成要素にはなるかもしれないが、顧客が求めつつあるソリューションを考慮すると、単純に商品を模倣するだけでは十分な差別化にならない可能性がある。
イノベーター	斬新で創造的な商品・サービスを市場に導入する	・アップル ・インディテックス ・最先端のバイオテクノロジー企業 ・プロクター・アンド・ギャンブル	変化なし：この戦い方は依然として非常に重要である。イノベーターが勝つためには、イノベーションの努力の指針となる、顧客に関する専有的知見の獲得に長けている必要がある。
インテグレーター	関連する商品・サービスを組み合わせ、わかりやすくして、セットで提供する	・さまざまなサプライヤーのサービスを組み合わせて建物の新築や改築を行うゼネコン ・多様な医師、医療サービス、診療所を一つの医療システムに統合して患者にサービスを提供する病院 ・航空便、地上交通、宿泊、ツアーガイドなどを一つの提供物にバンドルする旅行代理店	重要性が増加：多くのエコシステムは、インテグレーターが複数の提供者の商品・サービスを組み合わせて一つの提供物にすることにより、煩わしさのない顧客経験を実現している。インテグレーターはしばしば仲介業者を中抜きするが、そこからさらに数歩進み、一連の商品・サービスを整理、管理、集積して最終顧客のための単純化を図っている。

表A-1　ピュアトーンのリスト

ピュアトーン	定義	例	ビヨンド・デジタルの時代における進化
アグリゲーター	ワンストップ・ショッピングの利便性とで簡便性を提供する	・アマゾン ・イーベイ ・エアビーアンドビー ・旅行代理店 ・WWグレンジャー	変化途上：デジタル時代には集約が容易になり、その価値は非常に高まった。しかしアグリゲーターにはしばしば、それ以外のメリットの提供も求められる（特にコンテンツや提供物をわかりやすくして、入手可能なすべての提供物を顧客が理解できるようにすること）。
カテゴリーリーダー	あるカテゴリーで市場シェア首位を維持し、その地位を生かして下流のチャネルや上流のサプライヤー市場を形成して影響力を行使し、レバレッジと顧客のロイヤルティを獲得する	・コカ・コーラ ・フリトレー ・インテル ・ロレアル ・スターバックス ・ウォルマート	重要性を喪失：ビヨンド・デジタルの時代に、規模だけで勝負することはもはや選択肢ではない。政府の影響力などの参入障壁が非常に高い場合を除けば、企業は一般的に、業界内で通用する以上の差別化が必要である。
業界内の再編者	買収による業界支配（「業界のロールアップ」）を通して、消費者に手頃な価格というメリットを提供、または従来は利用できなかった商品・サービスのプラットフォームへのアクセスを提供する	・ダナハー ・GE	重要性を喪失：この戦い方が、単独で顧客に直ちに価値を提供することはない。摩擦のない環境へと向かうにつれて提携のハードルは下がり、企業が規模を獲得するために必ずしも買収をする必要はない。同様に、規模拡大を通して経済的利益を生み出すだけでは強力な価値提供は生まれない。とはいえこの戦略は、実際の差別化の中で規模が求められ、シナジー効果への投資が必要な、顧客中心の戦い方の一要素になる可能性はある。
カスタマイザー	洞察力や市場情報を活用して、特別仕様に応じた商品・サービスを提供する	・バーガーキング（「ハブ・イット・ユア・ウェイ」キャンペーン） ・電子機器やコンピュータシステムを受注生産する企業 ・インディテックス	重要性が増加：顧客は自分のニーズや要求がはるかに細かいレベルで満たされることを期待している。企業はテクノロジーの力によって、小規模でも利益を上げられるようになった。
中抜き	顧客にとって利用困難あるいは割高なチャネル、あるいはバリューチェーンの一部を回避できるようにし、従来使えなかった商品・サービスを利用可能にする	・ウーバー（配車とタクシー免許証保有者を中抜き） ・ウェイズ（地図製作者を中抜き）	重要性が増加：テクノロジーの力で、従来は仲介業者を必要としていたプレーヤー同士の協力が可能になった。

ピュアトーン	定義	例	ビヨンド・デジタルの時代における進化
評判プレーヤー	信頼できる提供者として、顧客から高い対価を得たり、顧客に特別なアクセスができる	・コストコ ・誠実さで評判の高い金融サービス会社 ・タタ・グループ ・セブンスジェネレーション ・ボルボ（吉利汽車）	変化なし：評判や信頼は、顧客の心を開かせて、企業が専有的知見を得るために重要である。
リスク吸収者	顧客のために、市場リスクを軽減または負担する	・コモディティ・ヘッジファンド ・カイザー・パーマネンテのモデルを手本とした新たな混合医療の提供者-保険会社 ・多くの保険会社	変化なし：リスク吸収者は、他者の起業家的な展開や不確実性の管理を支援するために、引き続き必要とされている。
ソリューション提供者	顧客のニーズにフルに応える商品・サービスをセットで提供する	・フィリップス ・日立 ・マイクロソフト	重要性が増加：あらゆるB2B企業と多くのB2C企業は、おそらくソリューション提供者になることを検討しなければならないだろう。顧客や場合によっては競合他社のものも含めて、まったく異なるテクノロジーや手法を組み合わせる必要があることから、その多くはプラットフォーム提供者にも該当するだろう。
バリュープレーヤー	同等の商品・サービスを最安値で、または同等の価格の中で最も高い価値を提供する	・イケア ・ジェットブルー ・マクドナルド ・ライアンエアー ・サウスウエスト航空 ・ウォルマート	変化なし：成功するバリュープレーヤーは、デジタルツールやテクノロジー一式を活用して、バリューチェーン全体のコストを削減している。

ピュアトーン	定義	例	ビヨンド・デジタルの時代における進化
オーケストレーター	顧客により大きな価値を届けるために、複数のエコシステム参加者のコラボレーションを実現する	・コマツ ・患者を紹介しあう医師ネットワーク	重要性が増加：完全な統合サービスという形は取らずに、個々の貢献者の働きをより適切に調整することによって、顧客にさらに多くの価値を提供するエコシステムを実現する。インテグレーターとは異なり、オーケストレーターは必ずしも商品やサービスをバンドルする必要はなく、エコシステム全体を調整して、これまで存在しなかった新たなソリューションを提供することを重視する。
プラットフォーム提供者	経営資源やインフラを共有する仕組みを運営し、監視する	・アマゾン ・フェイスブック ・マイクロソフト ・ニューヨーク証券取引所	重要性が増加：多くのエコシステムはプラットフォーム提供者によって実現している。企業はプラットフォーム提供者を使うことにより、テーブルステークスのケイパビリティを実際には自社で保有せずに利用できる。
プレミアムプレーヤー	高級な商品・サービスを提供する	・ハーマン・ミラー ・BMWなど高級自動車メーカー ・LVMH ・リッツ・カールトンなど高級ホテルチェーン	重要性を喪失：その他の価値を提供せずに、純粋なプレミアムプレーヤーとして存在することは難しくなっている。プレミアムプレーヤーが差別化を維持するためには、関連する経験やその他のメリットが必要とされるようになっている。
規制ナビゲーター	従来利用できなかった商品やサービスにアクセスできるようにするため、政府の規制や監視の範囲内でうまく対応する、もしくは影響を与える	・医療保険会社 ・規制対象の公益企業 ・中国海洋石油集団有限公司（国営） ・中国工商銀行（国営） ・一部の商社（三井物産）	変化なし：これらのプレーヤーは、開放されていない市場で引き続き存在（そして繁栄）している。

［著者紹介］

ポール・レインワンド

PwCの戦略コンサルティングビジネスを担うStrategy&で、ケイパビリティに基づく戦略と成長を主導するグローバル・マネージング・ディレクター。

PwC米国のプリンシパルである。レインワンドは戦略と変革の大規模な取り組みを通して、世界のクライアントのために尽力する。現在は米国ファームのビジネスを率い、消費者と医療の交点に立って大手消費者組織や医療システムと仕事をする。

共著として*Strategy That Works*（2016）、*The Essential Advantage*（2010）、*Cut Costs and Grow Stronger*（2009）などをハーバード・ビジネス・レビュー・プレスから出版。そしてハーバード・ビジネス・レビュー誌、*strategy+business*、ウォール・ストリート・ジャーナル誌に、"Why Are We Here?" "The Coherence Premium" "Digitizing Isn't the Same as Digital Transformation" "6 Leadership Paradoxes for the Post-Pandemic Era" "The Cure for the Not-For- Profit Crisis" "Ask an Expert: How Do I Become a CEO?"など、戦略やリーダーシップに関する多数の論文を共同執筆している。

レインワンドはノースウェスタン大学ケロッグ経営大学院の戦略論の非常勤教授のほか、多くの非営利組織のアドバイザーを務める。ケロッグ経営大学院でMBAを取得。ワシントン大学セントルイス校で政治学の学士号を取得。

マハデバ・マット・マニ

PwC Strategy&のプラットフォーム変革を率いている。PwC米国のプリンシパルである。ビジネスモデル変革や業績改善について、各種業界の企業やリーダーのシニアアドバイザーを務める。デジタルを越えた時代に、企業が経営の抜本的な変革をグローバルに達成して潜在能力を最大限に発揮できるように、「腕まくりをして」活動している。ハーバード・ビジネス・レビュー誌や*strategy+business*に、"Digitizing Isn't the Same as Digital Transformation" "6 Leadership Paradoxes for the Post-Pandemic Era" "The Redefined No of the CFO" "How to Engender a Performance Culture" "After the Crisis: Three Actions to Reset Cost and Reshape Your Business for Growth"など、価値創出やビジネス変革に関する複数の論文を共同執筆。
ジョンズ・ホプキンズ大学高等国際問題研究大学院で、国際公共政策の修士号を取得。アメリカン大学で金融・マーケティングの学士号を取得。

［訳者紹介］

PwC Strategy&

Strategy&は、他にはないポジションから、クライアントにとって最適な将来を実現するための支援を行う、グローバルな戦略コンサルティングチームです。そのポジションは他社にはない差別化の上に成り立っており、支援内容はクライアントのニーズに応じたテイラーメイドなものです。PwCの一員として、私たちは日々、成長の中核である、勝つための仕組みを提供しています。圧倒的な先見力と、具体性の高いノウハウ、テクノロジー、そしてグローバルな規模を融合させ、クライアントが、これまで以上に変革力に富み、即座に実行に移せる戦略を策定できるよう支援しています。
www.strategyand.pwc.com/jp
日本におけるStrategy&は、PwCコンサルティング合同会社の中でストラテジーコンサルティングを担うチーム。

PwC Strategy& 東京オフィス『Beyond Digital』チーム
北川　友彦：Strategy& パートナー
堤　裕次郎：Strategy& パートナー
岸本　義之：Strategy& シニア・エグゼクティブ・アドバイザー
高松　泰司：Strategy& シニアマネージャー

PwCコンサルティング合同会社『Beyond Digital』チーム
井上　貴之：Transformation Strategy パートナー
池内　俊之：Transformation Strategy ディレクター
大原　正道：Technology Strategy パートナー
岡山健一郎：X-Value & Transformation シニアマネージャー
三善　心平：Data & Analytics パートナー
丹　　明善：People Transformation ディレクター

ビヨンド・デジタル
――企業変革の7つの必須要件

2022年11月29日　第1刷発行

著　者――ポール・レインワンド
マハデバ・マット・マニ
訳　者――PwC Strategy&
発行所――ダイヤモンド社
〒150-8409　東京都渋谷区神宮前6-12-17
https://www.diamond.co.jp/
電話／03・5778・7235（編集）　03・5778・7240（販売）
ブックデザイン―近藤由子
製作進行/DTP―ダイヤモンド・グラフィック社
印刷／製本―ベクトル印刷
編集担当――久我　茂

ISBN 978-4-478-11644-9